大学教学共享空间建构

熊 岚 —— 著

华东师范大学出版社
·上海·

图书在版编目(CIP)数据

大学教学共享空间建构/熊岚著. —上海:华东师范大学出版社,2023
ISBN 978-7-5760-3625-1

Ⅰ.①大… Ⅱ.①熊… Ⅲ.①高等学校-教学研究 Ⅳ.①G642.0

中国国家版本馆 CIP 数据核字(2023)第 026789 号

本书为全国教育科学规划国家一般项目(BIA160107)成果。

大学教学共享空间建构

著　　者　熊　岚
责任编辑　彭呈军
特约审读　李　鑫
责任校对　刘伟敏
装帧设计　刘怡霖

出版发行　华东师范大学出版社
社　　址　上海市中山北路 3663 号　邮编 200062
网　　址　www.ecnupress.com.cn
电　　话　021-60821666　行政传真 021-62572105
客服电话　021-62865537　门市(邮购)电话 021-62869887
地　　址　上海市中山北路 3663 号华东师范大学校内先锋路口
网　　店　http://hdsdcbs.tmall.com

印　刷　者　常熟市文化印刷有限公司
开　　本　787 毫米×1092 毫米　1/16
印　　张　17
字　　数　274 千字
版　　次　2023 年 11 月第 1 版
印　　次　2023 年 11 月第 1 次
书　　号　ISBN 978-7-5760-3625-1
定　　价　62.00 元

出 版 人　王　焰

(如发现本版图书有印订质量问题,请寄回本社客服中心调换或电话 021-62865537 联系)

前　言

高等教育变革面临三大传统障碍：一是有造诣高成就教学的不可见；二是奉行大学教师教学自主和个人责任的文化，将教室活动和教学作为个体教师责任而非院系和院校整体的共同责任；三是秉持简单化的大学教学观，忽视大学教学丰富复杂的内涵和需要教师不断探索与创造的特性。基于教学学术走向公开和纵深发展，发挥教学学术在高等教育质量提升中独特价值而建构教学共享空间，应是破解大学传统教学变革困境之良方。

长期以来我国大学教师的教学发展，主要是沿袭总结自身工作经验和借鉴他人工作经验，以达到提升自身教育教学能力和职业修养的经验主义取向模式。导致结果是大学教学活动的专业性和研究性相对不足。教研室与教学发展中心，作为我国大学在特定历史阶段和背景下的两种教学共享组织，虽在一定程度发挥了支持和促进教师教学发展的作用，但不同职业生涯发展阶段教师的真实需求与所需支持难以从中获得充分满足，教师们常常有"单枪匹马"无所依托的失落感，缺乏归属感及专业发展机会受限。为更好地应对信息化时代对教学变革的挑战和机遇，顺应世界高等教育质量提升的共同趋势，我们需要深入思考如何突破当前教学共享组织建制与运行机制的困境与局限，探索更为健全的大学教师教学发展支持机制，创建新型大学教学生态。

本书前两章以博耶的"教学学术观"和吉登斯的"结构二重性"原理作为理论基础，基于"信息与学习共享空间""实践共同体"两组相关概念的辨析，厘清"教学共享空间"（the Teaching Commons）这一演化性概念的含义及建构价值。从研究问题与研究方法、研究对象选取、概念框架的构建、数据资料收集方法与分析工具等方面陈述了研究设计以及所遵循的伦理原则。第三章以质性研究为主要研究取向，运用案例法、访谈法、文本分析等具体研究方法，利用三级编码和 Nvivo 质性分析软件等，选择我国大学教研室、教师教学发展中心等为分析对象,描摹我国大学教学共享既有组织建制的现状,剖析主要问题与局限,表明将教学共享空间作为支持教师教学发展的新路径或新方向建构与探索的必要性。作为缘起与镜鉴,第四章以美国卡内基教学基金促进会CASTL项目、迈阿密大学教师学习共同体探究行动以及斯坦福大学教学共享空间作为典型案例,描述美国大学从非专门化到专门化的实践样态与探索过程,对其中蕴含的核心要素、本质特征与原则进行提炼概括,提供对比性参考依据和借鉴。第五章以X大学跨学科课程团队创建与运行为例,呈现我国大学基于校本情境的教学共享空间的实践探索,提炼大学组织情境与身处其间的行动者及其教学探究与创新行动之间的互动关系模型,从教师和学生感知与体验视角进一步探究这一建构过程或机制的效应。在中美大学实践层面探索经验基础上和结合相关理论,第六章透视影响教学共享空间建构的关键因素及其作用机理,进一步揭示大学教学共享空间建构机制及其本质,并探讨了促进教学共享空间建构的策略。

    因此本研究旨在针对我国大学教师教学发展机制相对匮乏与不健全的现实问题,探索更为健全的教师教学发展支持机制,植根于大学组织情境的价值、信念、承诺与行动的文化培育与组织变革,有助于形成良性的教师合作研讨、交流与分享的空间与环境,唤醒和激发教师自主发展与变革的原动力,驱动大学教师积极主动地探索多样化、开放性和专业化的教学模式,引领大学教师投身于教学创新与变革的日常行为,推进大学教师持续的实践改善。在理论层面将有助于深化与拓展教学学术理论研究,丰富和完善植根于我国大学现实发展背景的本土化理论研究成果,从理论上厘清教学共享空间内涵与本质,完善教学共享空间构建设想的学理探讨。通过研究有助于增进教师对教学变革的认同与承诺,推动"高校本科教学质量与教学改革工程"有效运行,培育重教学价值文化,营造鼓励教师探究与创新的环境。探索大学教学共享空间建构的本土化理论和赋予实践意蕴,使我们对于大学教学共享空间的理想样态与良性运行机制有更新更完善的理解。

目 录

导论 … 1
   一、问题缘起 … 1
   二、研究价值 … 7
   三、文献述评 … 11
   四、内容框架 … 37

第一章 研究设计与研究伦理 … 40
   第一节 研究设计 … 40
   第二节 研究伦理和效度 … 50

第二章 大学教学共享空间建构的理论阐释与价值意蕴 … 53
   第一节 大学教学共享空间建构的理论阐释 … 53
   第二节 大学教学共享空间建构的价值意蕴 … 67

第三章 我国大学教学共享组织的问题透视 … 74
   第一节 功能弱化与形同虚设的大学教研室 … 74
   第二节 政府主导与制度安排下的大学教师教学发展中心 … 95

第四章 美国大学教学共享空间的实践样态与经验 … 113
   第一节 大学教学共享空间建构的非专门化路径 … 113
   第二节 大学专门化的教学共享空间 … 136

第三节　美国大学教学共享空间的建构经验　　155

第五章　我国大学教学共享空间建构的实践探索　　175
第一节　大学组织教与学情境——结构剖析　　175
第二节　大学教师教学探究与创新实践　　196
第三节　大学组织中结构与行动的关系　　215

第六章　大学教学共享空间建构机制与策略　　220
第一节　教学共享空间建构机制　　220
第二节　教学共享空间建构策略　　225

结语　　250

附录　　255

后记　　259

图目录

示意图 1	朝向学习共享空间的演化	16
示意图 2	研究框架图	38
图 1-1	概念框架图	44
图 2-1	教学共享空间——一个演化的概念	54
图 3-1	J 大学教研室访谈文字节点之词汇云	79
图 3-2	B 大学 FED-CELD 的发展历程	96
图 3-3	B 大学 CELT 使命与属性	99
图 4-1	智力共同体的侧面	116
图 4-2	哈克尼斯圆桌教学法	128
图 4-3	教师学习共同体（围绕"质量保障计划"主题）	130
图 4-4	沉浸式体验与虚拟现实（教学探究与创新行动示例 1）	133
图 4-5	沉浸式体验与虚拟现实（教学探究与创新行动示例 2）	134
图 4-6	反种族主义——2020 年秋批判教育学阅读小组阅读书目	136
图 4-7	教职工 Showcase	136
图 4-8	斯坦福大学教学共享空间	138
图 4-9	斯坦福大学教学共享空间入口	138
图 4-10	TEACH 框架图	141
图 4-11	与资源相联结的在线旅程	142
图 4-12	"事件与机会"栏目的年度学术会议	143
图 4-13	重新捕捉班级教学动态要素的在线课程实验	144
图 4-14	为合作与表达提供先进资源的教室	148

图4-15	迈阿密大学校园共享空间示意图	156
图4-16	传统教室与重构的教室	157
图4-17	为团队合作工作配置家具的共享空间	158
图4-18	劳伦斯大学(Lawrence University)教与学中心	158
图4-19	通过视频会议分享田野体验的空间	160
图4-20	数字演播室	161
图4-21	友好的门厅	162
图4-22	优化共同体设计的空间	169
图4-23	圣母堂门厅	170
图4-24	开放、灵活的门厅共享空间	173
图5-1	教育总长特奖学校匾额	176
图5-2	1933届"一班四院士"所在班级学生成绩单	176
图5-3	肯·贝恩教授在X大学的讲座	184
图5-4	首期研修班+教学工作坊	185
图5-5	经典名著共读海报	189
图5-6	"新君子六艺"课程内容体系	206
图5-7	《悠然见君子》第7期(2020年春期)排课表	207
图5-8	《悠然见君子》课程自组织流程	207
图5-9	《生命之舞》学生课程报告之词汇云	214
图5-10	跨学科课程的迭代与升级	217
图5-11	教学共享空间的动态生成模型	219
图6-1	反思:实践者与情境的对话与互动	241

表目录

表 2-1	教学共享空间	55
表 3-1	J 学院 A 教研室被访教师基本情况	74
表 3-2	W 老师访谈文字开放编码——贴标签与发现类属	76
表 3-3	W 老师访谈文字开放编码——寻找属性与维度	76
表 3-4	Y 老师访谈文字开放编码——贴标签与发现类属	77
表 3-5	Y 老师访谈文字开放编码——寻找属性与维度	78
表 3-6	S 老师访谈文字开放编码——寻找属性、维度与类属	78
表 3-7	W 学院 X 教研室教师构成基本情况	80
表 3-8	L1 老师访谈文字开放编码——寻找属性、维度与类属	80
表 3-9	W2 老师访谈文字开放编码——寻找属性、维度与类属	82
表 3-10	大学教研室资料矩阵表内容分析	85
表 3-11	愿景/使命陈述对比	100
表 3-12	中心领导结构	101
表 3-13	布朗大学谢尔丹教与学中心专职人员配置	104
表 3-14	布朗大学谢尔丹教与学中心教学资源构成	105
表 3-15	示范与非示范教学发展中心发展状况	109
表 4-1	"学习创新与教师参与"团队主管关键话语分析	125
表 4-2	"通过讨论与对话的学习"的专门网站	127
表 4-3	哈克尼斯圆桌教学法	127
表 4-4	LIFE2019/2020 年度报告的对比分析表	128
表 4-5	学术技术单位支持的教师学习共同体	130

表4-6	教职员年度分享与展示	131
表4-7	斯坦福大学教学共享空间	138
表4-8	教学共享空间栏目之教学指南	139
表4-9	2019年斯坦福教室的重新构想计划	147
表4-10	斯坦福大学CTL团队组织架构	149
表4-11	教学共享空间非专门化到专门化建构的共同要素分析表	165
表5-1	"资源"视角下的组织教与学情境——结构解析	179
表5-2	《悠然见君子》跨学科课程团队成员构成	203
表6-1	教学共享空间建构的影响因素	221
表6-2	斯坦福大学愿景及其蕴含价值	230
表6-3	有影响力实验室——公共影响的新模式	231

导论

一、问题缘起

自互联网诞生之日起,信息技术日新月异,智能手机、平板电脑等电子信息设备的更新换代,云计算以及"大数据"的运用,在技术领域及人类的认知领域掀起了一场巨大的"知识革命",它以全新的媒介、技术和价值观念,对高等教育领域带来巨大冲击和影响,为大学教学变革与创新既创造了前所未有的契机,也提出了新的要求和挑战。

(一) 信息化时代对大学教学变革的机遇与挑战

信息技术、人工智能及互联网的广泛应用,为高等教育领域的教学变革与创新提供了诸多机遇:一是改变了大学知识的创生、储存与传播方式,使知识的内涵和外延不断丰富与扩展。二是新媒介的不断涌现为教师教学过程中教学材料、资源和观念交流提供了更便捷的手段和形式。大量可资利用的学习形式、教育资源和教学支持网络与平台,使大学师生获取、处理知识信息突破了原有的时空限制,有了更多选择性和灵活性。"大数据"在教学评价和教学学术研究中的应用,也引发了学习科学、教学设计、教学评价与管理手段、技术创新和方法论的变革。[①] 三是新媒体的运用为教与学以创新的方式进行表达、分享与展示也提供了更多的可能性。

这一进程也对大学教学变革提出新的要求和挑战。首先,"开放、平等、协作、共享"的互联网精神,基于丰富资源,具有"跨界融合、平台开放、用户至上、免费为王、体验为核、大数据应用"等特征的立体网状结构的互联网思维,它呼唤与之相适应的创新的教育教学模式,构建起数字时代的新型教育生态体系。[②] 其次,数字媒体和互联网

[①] 谢阳斌,桑新民. 教学学术运动面临的三大难题与破解之道[J]. 中国高教研究,2015(7):102—106.
[②] 尚俊杰,曹培杰. "互联网+"与高等教育变革——我国高等教育信息化发展战略初探[J]. 北京大学教育评论,2017,15(1):177—178.

的运用,使构成教学环境的要素、教学资源的形态和教学要素间的互动方式都悄然改变。随着通信技术的迅速发展和智能手机的普及,即时的互联通信使师生之间可实现零距离的交流互动,学生获取知识信息变得快捷、灵活,可移动的自适应性学习逐渐成为当代大学生的主要学习方式,而学生的学习体验变得更加丰富复杂并且具有高交互性特征,这就使得大学教师在教学内容、教学方法以及选择与学生有效互动的有效方式上,需要去探索更加多样化、开放性和专业化的模式。

《国家中长期教育改革和发展规划纲要(2010—2020年)》明确指出:"信息技术对教育发展具有革命性影响,必须予以高度重视。"2015年李克强总理在《政府工作报告》中明确提出旨在促进信息技术与各行业深度融合,创造新的发展生态的"互联网+"战略。在高等教育信息化过程中如何贯彻这一战略,创造可持续发展的新教育生态也是当前高等教育亟待研究的课题。从相关调查研究中发现,"信息技术与教学的结合"被视为高等教育信息化面临的最大难题。因为信息技术在高等教育中的应用,需要的是身处大学系统中作为主体的人赋予它正确的价值取向与合理的驾驭。伴随着更复杂的教学愿景的生长,利用信息技术的整合不仅可改变传统意义上的学习与教学的时空观,更为关键的还在于可以探寻到师生与信息技术的最佳结合点,利用信息技术以促进师生的深度参与。若能利用多媒体应用的汇聚和基于网络的工具和信息系统,建立起富有功效的教学共享空间,便可唤醒大学教师去询问和解答仅依靠传统智慧和资源无法完全回答和解决的问题,突破单纯依靠信息技术也难以克服的传统变革障碍。

(二) 大学教师教学发展取向上的转变与超越

长期以来,大学教师发展被视为教师个人事务而不是大学整体的责任和义务。因此,教师教学发展主要通过观摩他人教学、试错纠错式的自我摸索以获取有效的教学方法和手段,并经过不断实践,伴随有意识和无意识的自省等,即沿袭总结自身工作经验和借鉴他人工作经验以达到提升自身教育教学能力和职业修养的经验主义取向的发展模式。[①] 大学教学研究因为很少有人涉足,因此也难以积累系统且高水平的知识和经验,基于经验原则和方向的大学教学活动的专业性和研究性的不足,导致的负面影响,使大学教学质量不能持续有效地提升。伴随着世界高等教育的快速发展以及对质量提升的要求,20世纪六七十年代,部分欧美国家大学开始陆续提出一些有关大学

---

① 别敦荣,李家新.大学教师教学发展中心的性质与功能[J].复旦教育论坛,2014,12(4):41—47.

教师发展的新理念和新方法,探索教师发展的新模式。1962年,美国第一个大学教学支持服务中心——密歇根大学"学习与教学研究中心"(Center for Research on Learning and Teaching, CRLT)创立,它创建的目的在于促进教师对学习与教学的研究以更好地从事教学并提供能提升教学水平的研究成果,开启了教师发展制度化阶段。此后教师教学发展中心在美国及其他国家纷纷建立,成为大学教学改革专业化的结果与必然趋势,也形成了大学教师发展依托高等教育学科基础,通过理论学习与实践训练相结合的专业发展模式,体现了教师发展内在规定性与组织建制等方面的变化与转型。[①]

新中国成立后的20世纪50年代,伴随院系大调整的高等教育改革,我国高校沿袭苏联模式,按照专业或课程设置的基层教学组织为"教学研究指导组",后更名为教学研究室,即教研室。它所承担的主要任务是"讨论、研究、制定和实施本组课程的教学计划与教学大纲;收集有关教学资料,编写教材;研讨教学过程中发生的问题,交流教学经验和切磋教学方法。"[②]大学教研室这一组织建制及其集体研讨教学的观念与制度,体现了我国大学重视教学的价值取向和对教师合作研讨氛围的有效培育。自20世纪90年代起,随着大学内部机构体制的变迁,教研室逐渐转变为学院下辖的学系。由于学校功利主义评价的片面导向、大学教师对教学的学术性和同行合作价值缺乏理性认识,以及教研室角色定位的偏差及自身建设、管理制度的不完善等种种原因,使得目前许多大学基层教研室组织建制形同虚设,组织功能也严重弱化。[③]

20世纪80年代就有学者曾指出:"大学对一切都进行研究而就是不研究它们自己,同时人们公开地指责它们准备对一切进行改革而不准备改革它们自己。"[④]王建华也认为,"大学必须重视教学,大学教师必须研究教学开始逐渐成为一种共识。"[⑤]国内大学教师教学发展中心的建立是基于教学及研究重要性的共识,主动回应高等教育变革需求以及借鉴发达国家建设经验基础上的探索。2012年教育部高等教育司《关于启动国家级教师教学发展示范中心建设工作的通知》(教高司函〔2012〕107号)颁布,30个国家级大学教师教学发展示范中心相继建立,明确了其应承担的主要职能,以及"开展教师培训、开展教学咨询服务、开展教学改革研究、开展教学质量评估、提供优质

[①] 别敦荣,李家新.大学教师教学发展中心的性质与功能[J].复旦教育论坛,2014,12(4):41—47.
[②] 胡建华.现代中国大学制度的原点:50年代初期的大学改革[M].南京:南京师范大学出版社,2001:252.
[③] 熊岚.高校教研室功能的回归与重建[J].现代教育管理,2010(6):33—35.
[④] 德拉高尔朱布·纳伊曼.世界高等教育的探讨[M].令华,严南德,等译.北京:教育科学出版社,1982:13.
[⑤] 王建华.大学教师发展——"教学学术"的维度[J].现代大学教育,2007(2):3.

教学资源、促进区域内高校加强教师教学发展中心建设的相关任务,发挥示范、辐射、引领作用"等六项中心任务。国家级教师教学发展示范中心的创建也带动了其他不同类型和层次的大学纷纷建立起教学发展中心。别敦荣等通过对全国54所大学的调查研究发现:教师教学发展中心的组织建制呈现出较大的差异性,运行方式也表现出多样性,功能发挥具有较明显的一致性,内涵建设与外部关系的协同合作仍有待于加强和完善。① 也就是说,从现实层面看,教师教学发展中心在性质与定位、组织建制、运行方式、功能发挥等方面仍然存在一些值得探讨与亟待解决的问题,不同大学间的发展状况与水平也相当不平衡。教学发展中心的实质性功能与作用并未充分体现,中心地位也尚未确立,科学有效且适用于我国大学现实发展情境的运作机制还没能真正形成。

(三) 教学质量提升的政策关注与问题审视

自世界高等教育进入质量管理的新时代以来,对高等教育质量管理从过多关注于如何掌握质量认证、监控、评估的工具的自上而下的技术主义路径或机制,转向了全面的文化发展观:关注对变革的掌控,个人发展归属以及如何更好地发挥大学组织中人的能动性等方面。乌尔夫·丹尼尔·埃勒斯(Ehlers, Ulf Daniel)的《理解质量文化》一文,通过对已有文献中"组织文化"的代表性观点的梳理,作为发展"质量文化"的概念性桥梁,完成了对高等教育质量与大学组织中对"质量文化"的综合理解以及教育的质量文化的概念模型建构。② "质量文化"作为大学组织文化的重要构成,植根于组织文化与情境中,被建构为由结构性要素、使动性因素、文化性要素以及贯通性要素四大类基本要素构成的整合性概念。大学质量文化成功的关键是大学组织中的人通过发展愿景、共享价值和信念,通过交流、参与以及自上而下与自下而上互动的联合。③ 因此大学质量文化提升应关注于组织中个体行动者持续地改善实践。质量文化是质量管理制度与工具、胜任力以及个体与集体的价值联结成整体的概念,是大学所有参与者与教育场景的关系。④ 王建华从文化的角度分析和看待高等教育质量,指出目前大学的质量管理是为了解决质量问题的管理性方案。在技术主义路径指引下,大学始终期望通过定量的评价指标体系制订和规范化的质量监测系统的保障与控制,使大学教

---

① 别敦荣,韦莉娜,李家新.高校教师教学发展中心运行状况调查研究[J].中国高教研究,2015(3):45.
② Ehlers, U. D.. Understanding quality culture [J]. *Quality Assurance in Education*,2009,17(4):343.
③ Ehlers, U. D.. Understanding quality culture [J]. *Quality Assurance in Education*,2009,17(4):344.
④ Ehlers, U. D.. Understanding quality culture [J]. *Quality Assurance in Education*,2009,17(4):352.

学质量管理制度化。而实质上,"质量应当是每个组织的文化和管理体系的一部分。如果割断了质量与文化的联系,任何质量管理都只能是不必要的冒险。换言之质量是文化的一部分,文化是质量的终极目标,高等教育质量管理必须从技术走向文化的层面。"①

基于对高等教育的"质量文化"这一核心概念内涵与外延的解析,根据相关研究中的质量文化框架涉及的质量管理和质量承诺两大方面。② 依照与本研究主题的相关程度和重要程度,本研究选择进入21世纪来(2001—2019年间)教育部等部门先后颁布的有关高等教育质量提升的7个政策文本(详见附录)作为主要分析对象。通过重要政策文本的主要内容及关键词词频的分析发现:关涉质量文化维度的信念(理念、观念)、价值、认同、承诺等应有主题的关键词出现频率极低,即便有所涉及,话语也较为宏大、抽象而笼统。例如对高等教育质量观的描述,校园文化如师德师风、校风学风建设等,并不关注过程与细节。表明政策导向下意在推动的大学教学变革更多限于技术主义路径,并不聚焦于大学质量文化的培育。透过这7个按时间脉络排列的政策文本分析,描述进入21世纪以来关于本科教学质量与改革主题的演变轨迹,对比分析重要政策文件之间内在的相对一致性和关联性。一方面呈现了政策的演变轨迹以及所体现的相关政策驱动在一定程度上对我国高等教育质量提升所产生的积极影响;另一方面反思与探究这些政策文件所关注焦点的问题与局限。首先,对世界高等教育变革共同趋势与所关注重点议题的前瞻性不足。其次,对我国高等教育快速发展过程中面临问题与冲突的解决思路与方案更多采用了自上而下的技术主义路径,将高等教育质量管理看作问题,遵循"打补丁"式逻辑,即在保持既有高等教育理念和高等教育体制机制框架的前提下,针对现实高等教育中出现的问题进行查漏补缺,或是根据社会经济发展对高等教育的新要求,增加新做法和新成分,缺乏对问题成因的深层次分析。③ 最后,政策关注与倡导对大学内部的教学改革现状缺乏足够关照,其价值导向与实践引领作用未能充分发挥。相关政策对激励大学人包括管理者、教师和学生等参与和行动的内部质量文化培育,缺乏长期的和可持续性的对策考量。另外组织建设在政策话语中也很少涉及,但职业场所与组织建制却会影响和决定其从业人员是否能从中获得相应的归属感与认同感。

---

① 王建华.高等教育质量管理:文化的视角[J].教育研究,2010,31(2):57—62.
② 徐赟,马萍.欧洲大学质量文化建设:实践及启示[J].外国教育研究,2017,44(9):6.
③ 张应强,苏永建.高等教育质量保障:反思,批判与变革[J].教育研究,2014,35(5):19—26.

政策文本分析表明：高等教育教学质量提升、教学管理（监控、评估、认证等）及其保障体系的建立，成为21世纪以来我国高等教育变革与发展的关键主题，也是大学教学革新的外部驱动力。但重视质量评估、监控、保障等自上而下的管理主义或技术主义路径，对于促进高等教育质量提升核心的质量文化培育却是相对被忽视或被遮蔽的。因此利用政策倡导植根于大学组织情境的价值、信念、承诺与行动的文化培育与组织变革，在实质意义上指引大学教学价值重建与引领大学人投身于教学创新与变革，是政策颁行的应然之义。同时在对政策问题与局限审视基础上，通过政策的不断完善与优化，更有效地驱动大学探寻适合当前我国大学现实情境的健全的教师教学发展支持机制，将高等教育质量管理落实到大学质量文化建设与培育这一核心层面。这恰好与大学教学共享空间的建构价值或愿景契合：呼吁影响所有大学人（教师、管理者和学生等）的改变，促进他们通过对大学教学高价值的认可、信念与承诺以及他们的行动，促进可持续的实践改善。

（四）个人从教经历的体悟与反思

1989年，我从J省属师范大学教育系学校教育专业毕业，直分到一所地方教育学院政教科工作。当时主要承担地区在职中学教师的继续教育学历提升工作。1994年，教育学院与当地师专合并成立省属师范学院，2002年，我调离这所家乡的师范院校。这次工作调动最关键的原因就是我在这里长期缺少学科与专业归属感，专业发展机会亦缺失。我本来在这所省属师范学院已经工作10年有余，并已晋升为大学里最年轻的副教授，教学上也算是游刃有余，在学校已算站稳脚跟，在学生中也赢得一定声誉。然而，在这所从教的省属师范院校里，担任多门不同性质公共基础课的教师长期处于无所适从的境地，我们经常会随着学校整体的院系调整被随意调整或归并到某些部门和院系，并不根据他们所担任课程的性质、专业发展需求以及他们所学专业的匹配性调度，心理上的无助和失落感非常强烈，难以感受到自己专业成长的希望和机会，好似无根的浮萍。2002年，我申请调动的唯一理由就是没有专业院系的归属且发展机会受限。后来，通过人才引进的方式进入现在工作的J省属师范大学，该大学在2000年通过院系调整和合并成立了教育系，我来到这里就进入了教育学教研室，第一次感觉自己找到了属于自己的专业组织。然而，在这里近20年的教学经历中，虽然学院办学规模不断扩大，办学水平不断提升，然而作为基层教研组织的教研室功能并没有随之更趋完善和强化。在我的印象中，除了编写教材的任务分派、迎接本科教学评估以及学期末学院的重要文件需要讨论之时，几乎没有就教学主题进行过专门的教学研讨活动。多年来教研室的狭小空间和办公设施的简单配置,无法容纳和满足老师们的日常工作和指导学生之需,教研室主要承担的就是日常教学事务的具体任务安排,或者传达学院和学校教务处的文件和相应规定。即便有学期硬性要求的听课节数要求,也没有听评课的制度规范,包括教研室主任的安排也是上级任命式。相较于之前大学的状况,虽在形式上拥有了专业院系,但因教研室形同虚设,实质上仍缺乏归属感。从学校层面看,从自己的了解和对学院其他老师的访谈中得知,老师们几乎无人知道学校教学发展中心这一机构的存在。原来挂靠于人事处,2016年机构调整后挂靠于学校教务处的教学发展中心[详见《关于成立教师教学发展中心的通知》(J大学2016年12月6日印发)]。只有1名承担着教务处其他职能的专职人员,几乎没有开展过实质性的支持教师专业发展的日常活动,连新任教师的岗前常规培训,也由人事处相关部门承担,学校网站上也几乎寻找不到教学发展中心所颁发的相关文件和履行应有职能的印迹。这一近些年来在国内相当比例的大专院校发展非常迅速的支持教师专业发展的组织机构,在J大学的发展却处于相对较低甚至是停滞不前的状态。通过个人从教经历的体悟和反思来看,在长期的职业生涯或专业发展过程中,从院系到学校,多层面的支持体系与机制是相对匮乏的。教师发展,尤其是入职初期的青年教师多数依靠个人自我的摸索与试误,无形中延长了许多青年教师入职适应期的时间,他们既缺乏富有经验的同行指点,新入职时心理上的无助也难以获得所需要的情感支持与依靠,常常有"单枪匹马",无所依托的失落感,严重影响了教师专业发展进程和归属感的形成。

从教研室到教学发展中心,大学这两种自上而下建立的教师教学发展的基本组织建制与支持体系,一定程度上满足了大学教师教学发展的阶段性要求,促进了一定时期内教师教学的专业发展。面对信息化时代对大学教学变革的新要求和新机遇,为从大学整体层面去考量教学质量提升议题,我们亟须深入思考:转变和超越教师教学发展的经验取向,突破现有组织建制与运行机制上的局限与桎梏,探索多元化、专业化的和更健全的教师教学发展支持机制,以形成良性的教师合作研讨、交流的共享空间与环境,激发教师在教学革新与探究中的主体意识与热情,唤醒其自主发展与革新的原动力。

二、研究价值

(一)拓展教学学术理论研究,丰富本土化理论研究成果

自20世纪90年代欧内斯特·博耶(Ernest Boyer)提出"教学学术"概念以来,在

美国卡耐基教学促进基金会和美国高等教育联合会及博耶、舒尔曼(Lee S. Shulman)等学者的推动和倡导下,教学学术思想逐渐为世界各国学者所接受。国外对教学学术的研究已成系统,既涉及教学学术内涵、合理性等理念层面,也涉及评价标准、实现障碍及发展路径等实践层面。我国关于教学学术的理论研究起步较晚,主要处在参考、借鉴和初步研究阶段。相关研究主要集中于对国外著作的直接翻译和介绍,也有一些学者在全面介绍国外教学学术思想与理论的基础上,探讨对我国大学教学学术实践的启示与推进对策,以及用"教学学术"思想引领大学内涵发展的相关举措与改革策略。但是在对国外教学学术理论借鉴和吸纳过程中,植根于我国大学现实发展背景、富有创新的教学学术研究成果却相对匮乏,致使理论指导的针对性和有效性较为薄弱,无疑增加了我国大学教学学术实践推进的困难度和盲目性。因此本研究既参考与借鉴现有国外大学学术理论研究成果的精华,同时也分析与挖掘其产生的社会文化背景,在此基础上深入全面地认识和理解我国大学组织的现实发展情境,以新的视角去研究教学学术问题,通过在教学实践中发现问题、提出问题及解决问题的假设,在实践中去验证假设的正确性,使基于我国大学发展现实土壤生长的、能有效解决教学实践问题的系统研究得以丰富和完善。

(二)厘清教学共享空间的含义,深化教学共享空间建构的学理探讨

基于博耶的教学学术理念对"学术"的扩展性理解,将大学教学也视为重要的学术表现形式之一,其成果需通过多元化形式予以公开分享与交流,能被相关学术共同体评议和认可。为促进教学学术走向公开进而渗透于大学教师日常工作中,发挥教学学术在高等教育质量提升方面的重要价值,2005年,美国卡内基教学促进委员会高级学者玛丽·胡博和副会长帕特·哈钦斯(Mary Huber & Pat Hutchings)提出了"教学共享空间"(the Teaching Commons)这一概念。他们将这一概念界定为:"教学共享空间是一种概念上的空间,是大学教育者共同体聚集在一起交流有关实施教学探究与革新的思想观念并指导、运用于教学实践,从而应对学生个人的、职业的、公民生活做准备的挑战。"[①]作为促进教学学术深入发展的重要路径之一,教学共享空间的建构可促使大学教师将个人化的教室探究工作及其成果,通过学科内外同行的公开讨论、研究与建构,转变为教学共同体财富,为大学教师持续的教学精练与优化提供可资借鉴与共享的资源。

---

① Huber, M T, Hutchings, P. Building the teaching commons [J]. *Change*,2006,38(3):26.

本研究在胡博和哈钦斯的原初概念界定基础上,通过对国内外相关代表性研究文献的阅读与整理,将其理解为融合了"信息与学习共享空间""实践共同体与教师学习共同体"两组相关概念的基本理念的一个演化性概念。尝试对"教学共享空间"这一概念进行重新界定,试图结合本土情境,从内涵与外延上对这一概念有更深入的理解与拓展。基于美国著名大学教学共享空间的实践样态与建构经验,以及我国大学本土现实情境的实践探索的系统概括,对教学共享空间从概念界定到构成要素、本质特征、建构原则、建构机制进行了较为系统的探讨,有助于从学理层面深化与扩展对教学共享空间及其蕴含理念的认识与理解,对推进我国大学教学共享空间在实践层面的建设具有一定的理论指导与参考价值。

(三) 探索健全的教学发展支持机制,推动教师持续改善教学实践

美国著名学者舍恩认为,专业实践情境犹如低洼的沼泽地,具有复杂性、不确定性、独特性和价值冲突性等特征。换言之,教学真实世界的实践问题形形色色,并不以实践者假设的标准形式存在或出现。基于现实情境的实践探究,首先需要大学教师利用自己的专业知识、实践经验以及对学生对象的了解与分析去厘清自己面临的问题情境,重新设定问题并给予问题新的理解及意义;其次是在此基础上,教师能选择与目标相契合的问题解决的行动或策略,并且在实践中不断验证其正确性和合理性;最后能上升为理性认识,进一步指导和推动实践改善。然而长期以来,大学教师的教学发展却并不被看成是大学整体的责任和义务,仅仅被视为教师的个人事宜,经验主义取向的教师教学发展模式成为教师教学发展的主流。仅凭经验的大学教学活动及其低专业性的特征,难以让大学教师理性地去分析和辨识大学教学实践情境的复杂多变,去探索针对性的问题解决策略,也阻碍了大学教学质量的持续有效地提升。

20世纪60年代初期,美国密歇根大学创建"学习与教学研究中心",目的在于优化教师教学实践并提供能提升教学水平的研究成果,开创了教师发展的制度化阶段。此后在欧美及世界各国,著名大学的教师教学发展中心陆续建立。这既标志着国外大学本科教学改革的专业化,也意味着大学教师教学发展从经验取向到理论学习和实践训练运用相结合,以新理念和新方法引领的专业发展模式的转型。面对大学教学变革情境的挑战,借鉴发达国家的先进经验,基于突破既有机制的局限的目的,本研究意在探寻更为健全和多元化的新路径和新机制,将大学教学视为值得重点关注的研究领域,逐渐丰富和累积相关系统的专业知识与经验,以期能为大学教师的教学发展提供更为系统的专业指导与训练,指导和帮助大学教师更好地理解教室的动态复杂性,帮助教师基于实践情境提出真实问题,并通过反思与实践探究创造出新的知识成果,重新建构新的理论和运用针对性的方略来阐释和解决自己在教学过程中遇到的诸多问题,提升教师的教学学术水平,推动教师教学实践的优化与精进。

(四)培育重教学价值的文化氛围,增进教师对教学变革的认同与承诺

教师的教学是在大学组织环境里运行的。作为大学组织的重要构成部分,组织文化会对教师教学产生积极或消极影响。我国大学实施的本科教学评估与专业认证等质量保障举措更大程度上从外部对教师教学产生了监督和约束作用,发挥了积极效应,却难以真正激发教师不断完善和变革教学的内驱力,无法唤醒教师教学变革与创新的内在精神力量和满足其高层次的心理需求。

基于教学学术理念引领的教学共享空间建构,本质上是重教学价值的教学文化的创生。教学质量文化的培育在教师教学改革与创新实践中扮演着重要角色。教师作为反思性实践者,同事、学生、院系领导等的反馈有助于加速传达给教师"教学改革十分重要"的积极信息。一方面,院系或机构应通过各种途径,关注将"重视教学及改革"的组织价值与信念,通过组织结构、行为、互动、政策和实践等可识别的形式外显,构成促进、支持和奖励教学质量提升的学术文化。在这种支持性的教学文化中,有助于大学教师从教学学术视角加深与拓展对教学本质的理解,使他们能始终保持对教学的敏感问题意识并重视教学研究的功用与价值,促使教师将教学实践改善价值与自身主动发展的内在需求相联结,启迪教师对教学过程的未知的、不确定的领域进行持续探索与研究,教师改善和精练教学的努力可以得到认可和鼓励,进而可唤醒教师投身于教学改革的活力与热情,增强教师对大学教学探究与变革的认同与承诺,并能与学科内外的同行交流、分享教学探究成果,通过多元渠道展示与公开以赢得同行认可,进而对他人教学实践产生更为广泛、深远的影响,形成可共享、可累积的教学共同体财富,促使保证大学教学质量提升的教学研讨与探究实践导向深入。同时,教师对教学越来越多的关注和投入会有助于优良的教学研讨与合作文化的生长。教师投身教学的热情及改革教学的努力与优良教学文化的生长之间相互作用、相互影响,两者之间形成良性的互动循环关系。另一方面,学校及院系高层管理者应对教学的高价值给予承诺和支持。学校高层管理者的强烈支持是驱使教师实施教学改革的组织文化的一个基本要素。研究表明:"教学改革能被高层次的学校管理者高度重视以表明教学改革的重要性"是十分重要的。高层管理者的观念与态度、言语与行为到评价制度建设所能体现与折射出的承诺与支持中,大学教师可以确认管理者是将真正驱动对优秀教学的奖励制度,传递给教师"怎样的教学努力是有价值的?""时间怎样分配是最有利的?""基本的奖励依据是什么?"等积极信息,创造一种支持优秀教学的具感召力和传导力的环境。这样的环境和氛围会吸引教师广泛地参与教学改革的计划与实施,也增加了教师们与高层管理者之间分享组织价值的机会。否则,离开了学校及院系管理者的支持与承诺,许多其他刺激可能是徒劳无果或收效甚微的。此外,优化设计与科学合理的价值导向、全面的评价内容以及多元主体、灵活方法的晋升与评价制度,更能直接有效地体现管理者为教师教学改革与探索提供的切实保障,对教学改革有着非常重要的潜在影响力。

三、文献述评

共享空间议题在生物学、生态学、环境心理学、社会科学等多门学科领域都有所涉及。20 世纪 90 年代以来,这一主题既是图书情报、信息科学领域的研究热点,也成为教育学科备受关注的问题。通过对国内外相关著作、期刊文献等的阅读和梳理,我们发现,前期相关研究的积累提供了可资借鉴的珍贵经验和研究基础,但也还有深入研究和拓展的空间。本研究将国内外前期相关研究文献从共享空间、实践共同体以及教学共享空间三个大的方面进行分类梳理,并作简要陈述。

(一) 已有相关研究

1. 共享空间研究——信息共享空间到学习共享空间研究

(1) 信息共享空间的含义与构成要素

1968 年,美国加利福尼亚大学生物学教授加勒特·哈丁(Garrett Hardin)在《科学》(Science)杂志上发表了一篇题为"The Tragedy of the Commons"的论文,他关注影响环境变化的两大类因素,声称"Commons"作为财产所有权的一种形式导致环境破坏和退化。[①] 哈丁起初只给出相关例子进行说明,并未对这一概念给予明确界定。哈丁这篇论文尽管在概念和经验上都存在一定瑕疵,但它提供了重新聚焦于财产所有权古老争论的动力。一方面它提供了最少使用外部性资源模式,另一方面也是促进可期待的自由和社会正义形式,对生物学、生态学及社会科学等方面都产生了重要影响。

---

① Hardin, G. The Tragedy of the Commons [J]. *Science*, 1968, 162(5364): 1243–1248.

彼得·斯蒂尔曼（Peter Stillman G.）针对哈丁观点进行了再分析，他认为"共享空间或资源的悲剧"是分析生态问题和其他相关议题的有益工具，给一系列复杂难题提供了简洁的隐喻，其他学者从中获得理论启示，并扩展到生活的其他领域，运用于相关问题的分析中。① 托马斯·迪茨等（Thomas Dietz, et al.）在对哈丁观点进行反思和批判的基础上，指出系统的多学科研究表明广泛多样的适应性治理系统应该能有效地管理复杂系统资源，可持续研究可以产生设计适当的适应性制度所必需的科学知识，并探讨了复杂性系统中对适应性制度的需求以及满足适应性治理需求的策略等。② 在回顾和评议"Commons"概念时，各领域一些对此议题感兴趣和关注的专业人士都竖起了耐人寻味的警示旗帜，他们预言性地描述和解释了"共享空间或资源的悲剧"，认为这是寓居于人类"共享资源"系统的人类倾向的特征，也就是无偿使用却不承担维护和补充这些资源责任的倾向，虽然主要只是在自然环境中记录了这种特别的悲剧，这些相同趋势也同样在信息共享环境中存在，却很少被人们关注与讨论。③ 领导"Creative Commons"非营利知识共享组织的斯坦福大学法律教授劳伦斯·莱斯格（Lawrence Lessig）探讨了信息共享的悲剧，并将其描述为与资源耗尽有关的悲剧。他曾指出共享空间或资源是："资源不被分割成个人财富而是被不需要特别许可就可以使用的任何人共同持有。"④这些有关共享空间或资源问题的争议与思考，为传统图书馆在朝向信息与学习共享空间的转型过程中，如何通过有效管理以防止信息共享资源被滥用以保证资源能最有效和公平地使用等问题提供了思路和启示。

  长期以来，传统的大学图书馆致力于馆藏纸质资源的不断扩充，以期吸引更多师生获取和利用。而随着网络和电子资源服务的兴起，大学图书馆的纸质读物流通量在急剧减少，大学师生对图书馆资源获取与空间利用的需求也在悄然变化。1994年，研究者安尼塔·洛瑞（Anita K. Lowry）首先开始关注学校图书馆与技术单位合作的话题，概述了美国爱荷华大学"信息拱廊"（Information Arcade）在1992年的创建历程，是

---

① Stillman, P. G. The Tragedy of the Commons: A Reanalysis. [J]. *Alternatives: Global, Local, Political*, 1975: N/A: 300.
② Dietz, T., Ostrom, E., Stern P., et al. The Struggle to Govern the Commons [J]. *Science*, 2003, 302 (5652): 1907.
③ Bailey, R., Tierney, B. Information Commons Redux: Concept, Evolution and Transcending the Tragedy of the Commons [J]. *The Journal of Academic Librarianship*, 2002, 28(5): 277-286.
④ Lessig, L. *The Future of Ideas: The Fate of the Commons in a Connected World* [C]//Random House Inc. 2002.

一种使用电子信息和多媒体服务于教学、研究和独立学习的先进设施。① 作为信息共享空间的雏形,由此开启了朝向社会—文化和技术条件支持联结与相互依赖的,大学图书馆、学校信息技术办公室及学院合作的、"以学习为中心"的新信息服务模式的设计与探索。此后信息共享空间逐渐成为美国大学生通过与图书馆信息专业人员沟通,以更有效地获取数字资源的重要方式与途径,大学生共同学习和社会交往的中心,也成为世界各国大学图书馆的重要发展方向。

美国北卡罗来纳大学的唐纳德·比格尔(Donald Beagle)认为,信息共享空间是一种专门为高复杂性和动态的数字环境而设计的组织与服务场所,由概念的、物理的和指导的空间构成。作为学术图书馆的一种新型服务传递模式,涉及从印刷型到数字型信息环境组织的重新调整,以及技术和服务功能的整合。他将信息共享空间这一术语的使用描述为一种独特的"在线环境"和"新型的物理设施或空间"两种模式。② 2002年,唐纳德·拉塞尔·贝利和芭芭拉·蒂尔尼(Donald Russell Bailey&Barbara Tierney)指出信息共享空间概念有三种基本类型:一是宏观的信息世界,网络上或通过网络的数字信息构成;二是机构的微观的或更本地化的共享空间,有高度集中的计算机或数字技术、外围设备、软件选择和网络基础设施等区域、模块或构成;第三则是更一体化类型,是研究、教学和学习的综合中心,以数据为焦点并且通常坐落于或至少有包容性的一个图书馆,也是"服务的连续体"。③ 2004年美国研究型图书馆协会将信息共享空间界定为图书馆参考文献部门和校园计算机实验室资源和服务聚集在一起的一种服务模式。美国图书馆协会前主席南希·克拉尼奇(Nancy Kranich)在"图书馆与信息共享空间"的一份报告中将信息共享空间视为以价值、法律、组织、通信设施和资源等内容为特征,促进信息共享、共有和自由存取的社会共有设施。④ 麦克威利(Mac-Whinnie)将信息共享空间描述为"共同学习的场所,多媒体工作站,高科技教室,

---

① Lowry, A. K. The Information Arcade at the University of Iowa [J]. *Cause/effect*,1994,17(3):38-44.
② Beagle, D. Conceptualizing an Information Commons [J]. *The Journal of Academic Librarianship*,1999,25(2):82.
③ Bailey, R., Tierney, B. Information Commons Redux: Concept, Evolution and Transcending the Tragedy of the Commons [J]. *The Journal of Academic Librarianship*,2002,28(5):279.
④ Kranich, N. *Libraries and the Information Commons* [EB/OL].(2003-12-03)[2007-08-23]. http://www.ala.org/ala/washoff/oitp/icprins.pdf.

以及集体研究的空间。"① 比格尔也认为,信息共享空间是一个帮助学生从已建立领域获取与提取信息,通过更深入地解释、加工处理、控制到新知识的发展、打包和表达的服务连续体,也可将其视为从物理和虚拟水平或领域到社会文化水平或领域的有意义的延展。②

上海大学图书馆任树怀等基于国外相关研究,将信息共享空间定义为一个经过特别设计、确保开放存取的,整合互联网络、计算机软硬件设施以及知识库资源的一站式服务设施和协作学习环境。③ 国内学者孙瑾基于对国外信息共享空间相关研究文献的梳理,认为"信息共享空间是一个由物理空间和虚拟空间共同构成的,拥有最新技术设备,提供一站式的专业的信息服务,培养用户信息能力和计算机能力、交流学术的空间和平台。"④

(2) 学习共享空间概念的含义、特征与构成要素

A. 学习共享空间的含义

学习共享空间(Learning Commons)是近些年在信息共享空间(Information Commons, IC)的基础上,伴随新的信息技术及其设施的应用和大学教育教学模式改革发展演化而来的。学习共享空间可满足学生学习与研讨等多元化需求,拓展图书馆空间的传统使用功能,学生成功成为学术型图书馆和学生事务部门的中心关注点,可促进跨校园的学生支持的创新性合作。美国北卡罗来纳大学的比格尔基于对信息共享空间的相关研究,将学习共享空间定义为由大学图书馆和相关服务部门的协作合作,进一步整合各部门的有效资源,为全校师生提供的以促进学习和学术研究为主要目的、聚焦于帮助学生管理学习的"无缝空间环境"。⑤ 学者雷吉纳·李·罗伯茨(Regina Lee Roberts)认为,学习共享空间是一个技术和设计强调知识创造的空间。⑥ 2007 年苏珊·麦克马伦(Susan McMullen)基于前期对美国现有学术图书馆的

---

① MacWhinnie, L. A. The Information Commons: The Academic Library of the Future [J]. *Portal Libraries & the Academy*, 2003,3(2):241-258.
② Beagle, D. The Emergency Information Commons: Philosophy, Models, and 21st Century Learning Paradigms [J]. *Journal of Library Administration*. 2010(50):9-10
③ 任树怀,孙桂春.信息共享空间在美国大学图书馆的发展与启示[J].大学图书馆学报,2006(3):24
④ 孙瑾.国外 Information Commons 的发展现状及相关研究[J].图书馆杂志,2006(4):58.
⑤ Beagle, D. *From Information Commons to Learning Commons*, paper presented to Information Commons: Learning Space Beyond the Classroom, California, 2004. September 16-17.
⑥ Roberts, R. L. The Evolving Landscape of the Learning Commons [J]. *Library Review*, 2007,56(9):803-810.

学习共享空间的设计、实施和服务设施的实践考察,通过进一步研究认为学习共享空间应该是一个从空间和功能上整合了图书馆、信息技术和其他学术支持服务,维持学术、鼓励合作和赋权给学生学习的动态场所或环境。① 玛丽·M. 萨默维尔和莎莉·哈兰(Mary M. Somerville, & Sallie Harlan)借助最先进典型的信息共享空间到学习共享空间概念,对文献细节和视角变化进行考察,汲取了比格尔对于信息共享空间到学习共享空间作为一个连续体从调整到质变的观念,提出了图书馆学习空间的评估问题。② 比格尔借助于相关研究者从深度(Depth)和渗透性(Pervasiveness)两个维度以四种不同方式组合矩阵描述院校变革类型的理论,分析和概括了信息共享空间到学习共享空间从调整到质变的四个转变阶段;③比格尔基于前期研究和相关学者的观点进一步指出,学习共享空间的发展是作为包括图书馆在内的多个学习支持单位的一种合作,以支持学生的整合性学习。④ 考吉尔和韦斯(Allison Cowgill & L. Wess)重新安排了从调整到质变矩阵的要素,并将其转变成水平线,更直接地展现了从参考文献到建议的发展路径,将图书馆内到跨越图书馆发展路径可视化,描述了信息共享空间朝向学习共享空间的演化过程(详见示意图1)。⑤

国内研究者任树怀等认为,学习共享空间是通过提供支持学生更便捷有效地获取和使用学术信息,同时有助于学生读写技能和批判性思维发展的丰富学习环境,是从非正式学习和学习社区的角度设计的。他们在全面分析了信息共享空间的产生背景、内涵、发展趋势和服务模式的基础上,构建了一种由实体层、虚拟层和支持层,以用户

---

① McMullen, S. (2008), "US Academic Libraries: Today's Learning Commons Model", *PEB Exchange*, *Programme on Educational Building*, No. 2008/04, OECD Publishing, Paris, https://doi.org/10.1787/245354858154
② Somerville, M. M., & Harlan, S. (2008). From Information Commons to Learning Commons and Learning Spaces: An evolutionary context. In B. Schader (Ed.), Learning commons: *Evolution and collaborative essentials* (pp. 1-36). Oxford: Chandos.
③ Beagle, D. (2004, September 16-17). *From Information Commons to Learning Commons*. Paper presented at Leavey Library Conference, University of Southern California, Los Angeles. Retrieved from http://www.usc.edu/libraries/locations/leavey/news/conference/presentations/presentations_9-16/Beagle_Information_Commons_to_Learning.pdf
④ Beagle D. The Emergent Information Commons: Philosophy, Models, and 21st Century Learning Paradigms [J]. *Journal of Library Administration*. 2010,50(1):7
⑤ Cowgill, A., & Wess, L. (2006). *The Learning Commons: Conceptualizing, Creating, Collaborating* [Powerpoint slides]. Retrieved June 5, 2009 from http://lib.colostate.edu/publicwiki/images/1/1c/Learning Commons Allison Lindsey.pdf

图书馆内		跨越图书馆	
调整	孤立的变化	深远的变化	质变
1. 计算机实验室 2. 有成效的软件 3. 关注从印刷到信息技术资源的扩展	1. 信息共享空间 2. 扩展服务与支持 3. 员工支持 4. 资源检索到数据程序到格式转变的结果的打包、表达与出的服务连续体	1. 学习共享空间影响保持先前的联系 2. 协调诸如教与学发展中心其他校园单位 3. 图书馆数字资源和虚拟文献校园范围的管理系统的有意义联结	1. 学习共享空间现在是合作性支持性的新的学习模式（数字空间和教室翻转） 2. 服务传递剖面逐渐增强包括对教师需求 3. 教职员工与图书馆人员合作转变到课程试听、知识创建和学术性交流

示意图1　朝向学习共享空间的演化

* 资料来源：Evolving toward a Learning Commons（A. Cowgill & L. Wess，2006）

为中心和因需而变的动态理论模型。[1] 国内学者邹凯等则把学习共享空间描述为基于社会网络环境的所有支持学生学习的资源的整合，将学习共享空间的本质理解为利用大学图书馆和其他相关部门间的协作环境实现知识共享，利用人际网络关系进行隐性知识的挖掘。[2] 朱必云等认为学习共享空间是融合了各种正式与非正式资源的学习环境，是支持学生使用各种学术资源并鼓励学生通过询问、合作、讨论与咨询等方式来促进学习的动态学习空间。[3]

B. 学习共享空间的特征与构成要素

从国外有代表性的学者比格尔、麦克马伦、罗伯茨、萨默维尔和哈兰等对学习共享空间内涵的研究中，抽取其关键词进行归纳总结，认为学习共享空间具有支持性、动态发展性、协作性、互动性等特征。国内学者朱必云等通过对国外30所大学图书馆学习共享空间的考察，归纳概括出学习共享空间的特点主要有系统性、协作性、知识性等；[4] 邹凯等学者结合国外代表性学者有关学习共享空间的定义，对学习共享空间的概念进行了新的阐释，也概括了其特征与本质。[5] 在他们的相关研究中，物理环境、虚

---

[1] 任树怀，盛兴军.学习共享空间的构建[J].大学图书馆学报，2008(4)：20—21.
[2] 邹凯，李颖，蒋知义.学习共享空间的理念与构建[J].图书馆学研究，2009(1)：14—15.
[3] 朱必云，周凤飞，冉东贤.论学习共享空间[J].情报杂志，2009，28(6)：312.
[4] 朱必云，周凤飞，冉东贤.论学习共享空间[J].情报杂志，2009，28(6)：312.
[5] 邹凯，李颖，蒋知义.学习共享空间的理念与构建[J].图书馆学研究，2009(1)：13.

拟环境和支持环境被认为是学习共享空间构建的三大共同要素。① 相较于信息共享空间,学习共享空间强调重点从技术和数字资源的整合到注重围绕学习与发展为中心的学生指导;重心上转向图书馆与校园内其他服务部门之间的共同参与和合作联盟建立;强调通过对丰富多元的学习、信息、技术及人力资源的无缝集成;强调对协作学习的支持以实现知识与思想共享。

2. 实践共同体的研究

(1) 对"共同体"含义的理解

"共同体"(Community)作为一个社会学概念,源于德国学者斐迪南·滕尼斯(Ferdinand Tonnies)1887年出版的著作《共同体与社会》(*Gemeinschaft und Gesellschaft*)。德义的原意是指共同的生活共同体,代表基于协作关系的有机组织形式,后来被翻译成英文"community",代表了居住在共同地域和具备某些社会共同属性(如国籍、宗教或其他)的群体。滕尼斯认为共同体是指建立在自然情感的意志基础上的、联系紧密的、排他的社会联系或共同生活方式。他认为忠诚的关系和稳定的社会结构是共同体的关键特征,强调人与人之间的紧密关系、共同的精神意识及归属感和认同感。② 此后,随着社会发展以及社会学学科自身的发展,不同国家、文化背景的学者们对"共同体"这一概念从不同视角进行探讨,赋予其多元化的内涵和外延。20世纪20年代,美国社会学家查尔斯·罗密斯(C. P. Loomis)将滕尼斯一书翻译成英文,最初书名为《社会学的基础概念》(*Fundamental Concepts of Sociology*),之后被译成《共同体与社会》(*Community and Society*)。此后"Community"被美国社会学界接纳和采用,成为重要的社会学概念。美国社会学家罗伯特·帕克(Robert Ezra Park)及其所代表的芝加哥学派,给予了"共同体"以地域性含义。注重经验研究的芝加哥学派对美国不同类型的地域社会及其变迁进行了深入研究,积淀了"社区研究"为重点主题的丰厚研究成果并形成了著名的社区理论,推动了作为社会学重要研究范式的社区研究的深入开展,也对中国社会学界的后续研究产生了重要影响。③

在中国,"共同体"逐渐具有后来中文中"社区"的含义,深受毕业于芝加哥大学社会学系,后担任燕京大学社会学系主任吴文藻社会学中国化思想观点影响,其内涵承袭了地域社会含义。这一内涵形成既源自近代以来的社区研究史,也深受我国近代

---

① 任树怀,盛兴军.学习共享空间的构建[J].大学图书馆学报,2008(4):21.
② 胡鸿保,姜振华.从"社区"的语词历程看一个社会学概念内涵的演化[J].学术论坛,2002(5):123.
③ 黄杰."共同体",还是"社区"?——对"Gemeinschaft"语词历程的文本解读[J].学海,2019(5):10—15.

化、现代化进程中社区建设实践的影响。1948年费孝通在其发表在《社会研究》中的《二十年来之中国社区研究》一文中曾论及汉译词"社区"的由来。"共同体"概念经历了从德文的Gemeinschaft,到英文的community,然后到中文的"共同体"和"社区"的语词演变,与滕尼斯所提出的作为亲密关系的生活共同体的概念存在一定差异。① 齐格蒙特·鲍曼(Zygmunt Bauman)通过对原初的与当代语境下的共同体意义的深刻分析指出,"在滕尼斯看来,昔日的共同体和正在发展的现代社会的区别是,它所有成员所共有的理解……共同体依赖的这种理解先于所有的一致与分歧,是一种相互的、联结在一起的情感。"②经历了作为亲密关系的生活共同体,到社会学重要研究范式,以及有边界的相对区隔的地域性实体,直到当下高引用度的重要政治语汇的演变,语词内涵不断丰富,概念能指不断转换。③ 尽管中西方学者对"共同体"的界定不同,但"归属"是其共同特性,核心要义是人与人之间共同的文化意识,强调参与者的归属与认同感以及在彼此理解基础上达成的情感共振与相互关怀。

(2) 实践共同体的概念、构成要素与特征

A. 概念

实践共同体是人类学研究领域中关于情境认知与学习的核心要素,用于分析"学徒制"中的非正式学习。让·莱芙和爱丁纳·温格(Jean Lave & Etienne Wenger)在1991年出版的《情境学习:合法的边缘性参与》(*Situated Learning: Legitimate Peripheral Participation*)一书中,首先提出"实践共同体"的概念。他们以此来说明活动在个体与共同体的关系中的重要性及共同体对合法的个体实践的重要性。莱芙和温格认为:"实践共同体是人、活动和世界之间关系的体系;随时间而发展,并与其他相切、重叠的实践共同体相联系。"④

约翰·西利·布朗和保罗·杜吉德(John Seely Brown & Paul Duguid)作为实践共同体理论的重要代表人物,1991年共同发表了《组织化学习与实践共同体:走向工作、学习和创新的统一》,这篇论文被看作是工作场所、情境知识与学习及知识管理研究等领域被广泛引用的原创性文献之一。他们利用奥尔(Orr)的服务技术人员的民族志研究与莱芙和温格的人类学案例作为分析材料,阐述了实践共同体是工作场所学习

---

① 黄杰."共同体",还是"社区"?——对"Gemeinschaft"语词历程的文本解读[J].学海,2019(5):10—15.
② 齐格蒙特·鲍曼.共同体[M].欧阳景根,译.南京:江苏人民出版社,2003:5.
③ 黄杰."共同体",还是"社区"?——对"Gemeinschaft"语词历程的文本解读[J].学海,2019(5):10—15.
④ Lave, J. and Wenger, E. *Situated Learning: Legitimate Peripheral Participation* [M]. Cambridge: Cambridge University Press, 1991:98.

和创新的关键。他们所关注的焦点在于共同体内的知识生产与共享过程,并将实践共同体描述为"间质共同体"(interstitial communities),它存在于被组织正式界定的工作和需要真实完成的任务之间的鸿沟中,"共同体的形成和成员关系如何在活动过程中生成"。① 温格在1998年出版《实践共同体:学习、意义和身份》一书,对"实践共同体"这一概念进行了更深入的探讨与拓展,认为"一个实践共同体包括了一系列个体共享的、相互明确的实践和信念以及对长时间追求共同利益的理解。"② 他进一步明确指出,"实践共同体"这个术语应该被视为一个单位(Unit),而不是小组、团队或网络的同义语。"……我们都有理解世界的理论和方式,我们的'实践共同体'是我们发展、协商和分享的地方。"③ 2002年温格、麦克德莫特(R. McDermott)和威廉·M. 斯奈德(William M. Snyder)出版《培育实践共同体》一书,既标志着实践共同体概念从理论建构转向实践运用,也标志着其研究视角朝向知识管理。他们认为,实践共同体是"有共同关注点、一系列问题或某一话题的激情的一群人,通过持续基础的互动以加深其在该领域的知识和专长。"④ 温格和斯奈德把实践共同体描述为:"由共享的专业技能和合作事业的激情非正式地连接在一起的群体——它能够推动战略、产生新的业务、解决问题、促进最佳实践的传播、发展专业技能、帮助公司招募、留住人才……"⑤ 斯奈德、温格和泽维尔·布里格斯(Xavier Briggs)则认为:"实践共同体管理组织和社会的知识资产。它们作为社会学习系统运作——在这里,实践者为了解决问题、分享思想、设定标准、建立工具以及与同事、利益相关者的关系而连接在一起。"⑥ 他们认为实践共同体在知识管理中发挥重要作用,是正式组织的补充,有助于组织对跨正式群体组建关键的连接来提升改进绩效的知识。乔安妮·罗伯茨(Joanne Roberts)认为,实践共同体是知识持有、转移和创建的一种机制,进一步指出以往研究将实践共同体视作

---

① Brown, J. S., Duguid, P. Organizational learning and communities-of-practice: Toward a unified view of working, learning, and innovation [J]. *Organization Science*, 1991, 2(1):40-57.
② Wenger, E. *Communities of practice: learning, meaning and identity* [M]. Cambridge: Cambridge University Press, 1998:72-84.
③ Wenger, E. *Communities of practice: learning, meaning and identity* [M]. Cambridge: Cambridge University Press, 1998:48.
④ Wenger, E., McDermott, R., & Snyder, W. M., *Cultivating Communities of Practice*[M]. Boston: Harvard Business School Press, 2002:16.
⑤ Wenger, E. C., Snyder, W. M. Communities of Practice: The Organizational Frontier [J]. *Harvard Business Review*, 2000,78(4):139-145.
⑥ Snyder, W. M., Wenger, E., & Briggs, X. d. S. Communities of Practice in Government: Leveraging Knowledge for Performance [J]. *The Public Manager*, 2003,32(4):2.

一个稳定的、具凝聚力及包容开放性的实体的看法存在一定局限性。现实的实践活动中的成员间的意义协商,其实是一个充满矛盾、取代以及权力关系的过程。① 2008年,阿什·阿明(Ash Amin)和罗伯茨编辑出版《共同体、经济创造力和组织》一书,其中序言中,杜吉德指出了有关"实践共同体"的三种典型说法:1.因共同工作实践的兴趣联系在一起的群体;2.围绕某种活动或实践组织起来的社会群体;3.分享同样实践和定位朝向共同解决难题的群体。认为在相当比例的研究文献中,"实践共同体"被视为一种有用的、管理控制的和问题解决的工具,不管构成的人们的兴趣或者对工作的激情如何,②对相关研究者对于"实践共同体"概念的泛化、含混的理解与运用提出了自己的质疑。③

B. 实践共同体的构成要素

温格研究指出,将实践与共同体相联系,是基于实践易驾驭的特征。他描绘了实践作为共同体凝聚力来源的三个特征,既是两者之间关系的三个维度,也是实践共同体的关键构成要素,它们分别是相互的介入、共同的事业及共享的技艺库(经验库),并对这三方面构成要素的基本含义给予了阐释。④ 另外,他们还探讨了培育实践共同体的要素和富有活力的实践共同体的设计原则。在社会学视野中,共同体区别于一般组织在于成员之间的社会联结方式是依赖于情感、传统、承诺,达成精神的共识和意义的共享。⑤ 国内研究者张兰认为,实践共同体源自人类学家对非正式学习的重视与研究,共识的领域、共同关注该领域的人及为有效获得该领域知识而发生的共同体实践是实践共同体的三个基本构成要素。⑥ 吴刚指出,实践共同体不是因为要完成某一项具体的任务而将大家临时聚在一起的松散结构团体,而是因为共同体成员具有共同的文化与历史继承,诸如共同的信念、目标和实践活动等。新成员在参与集体的实践活动中,从老成员那里承袭一些共同的经验与规范,从边缘的、外围的参与逐步走向核心

---

① Roberts, J. Limits to Communities of Practice [J]. *Journal of Management Studies*, 2006, 43(3): 623.
② Duguid, P. Prologue: Community of Practice Then and Now (p. 1) in Amin A & Roberts J (ed.) *Community, Economic Creativity, and Organization* [M]. Oxford University Press, 2008.
③ Amin, A., and Roberts, J. Knowing in Action: Beyond Communities of Practice [J]. *Research Policy*, 2008, 37(2): 353 – 369.
④ Wenger, E. *Communities of Practice: Learning, Meaning, and Identity* [M]. Cambridge: Cambridge University Press, 1998: 72 – 84.
⑤ 赵健. 基于知识创新的学校组织发展——兼论学习共同体与学习型组织的异同[J]. 全球教育展望, 2007, 36(2): 73.
⑥ 张兰. 教师实践共同体建构研究[D]. 重庆:西南大学, 2010: 16.

的实质性参与,并逐渐确立自己在共同体中的角色、身份和自我价值感,新成员的实践能力发展与身份建构成为共同体发展的一部分,从而使共同体具有再生循环性和可持续发展性。① 宋萍萍、黎万红研究认为,实践共同体也可视为是成员之间通过共同投入与参与的活动而形成的非正式团体,成员之间通过持续的互动,分享利害与共的事情,探讨共同的问题以获得深入该领域的知识和专业。在此基础上他们还概括了实践共同体的理论基础、学习机制和实施取向。②

C. 实践共同体的特征

温格认为,"实践共同体是我们日常生活的整合的一部分。他们是那样的具有非正式性和渗透性以至于很少地进入外显的关注。"③可见,非正式性和渗透性是实践共同体的典型特征。戴维·H. 齐纳森和苏珊·M. 兰德(David H. Jonassen & Susan M. Land)拓展了对实践共同体的研究,概括了实践共同体具有的三个特点:1. 共享的文化历史遗产(共享的目标、意义和实践);2. 相互依存的系统(个体在背景中工作是更大集体的一部分,并与实践共同体有内在的联系——身份的获得);3. 再生产的循环(当新成员与同伴和成熟专家一起进入实践中时,实践共同体具有再生产的能力)。④ 布朗和杜吉德指出,实践共同体这一概念把组织中群体特征描述为一方面是流动的和动态的,即不断地适应变化的成员关系和变化的环境,另一方面是生成的,即群体的形式和成员的关系是在活动过程中生成的。⑤

(3) 大学教师学习(实践)共同体的研究

A. 缘起与概念界定

20 世纪 20 年代大学教师的"孤独"问题就被研究者沃勒(Willard Waller)所报告。20 世纪二三十年代,著名学者约翰·杜威(John Dewey)等关注教师孤独、专业化以及院系和学科的课程,指出大学教师缺乏主动的、以学生为中心的学习及联结学科的连贯性课程,提出学生跨学科修习"共同课程"的概念。研究工作包含了详尽且强大的支

---

① 吴刚. 工作场所中基于项目行动学习的理论模型研究[D]. 上海:华东师范大学,2013:26.
② 宋萍萍,黎万红. 西方教师共同体研究:概念、实践与展望[J]. 中国人民大学教育学刊,2017(1):109—120.
③ Wenger, E. *Communities of Practice: Learning, Meaning, and Identity* [M]. Cambridge: Cambridge University Press,1998:7.
④ J·莱夫,E·温格. 情景学习:合法的边缘性参与[M]. 王文静,译. 上海:华东师范大学出版社,2004:141.
⑤ Brown, J. S., Duguid P. Organizational Learning and Communities-of-Practice: Toward a Unified View of Working, Learning, and Innovation [J]. *Organization Science*,1991,2(1):40-57.

持网络,教学却没有,①研究者认为美国教育的中心危机在于孤独工作的教师常常感觉他们同学校管理者、同事和许多学生都是分离的。② 他认为学习共同体这一术语意味着,"相对小的群体,包含了教师、学生、管理者及其他人,他们有着成员感、共同目标以及有广泛的面对面互动机会。"③学习共同体在大学教室和院校中扮演着日益重要的作用,通过它们将教师与同事和学生相联系。20 世纪 90 年代,卡内基教学促进基金会前主席欧内斯特·博耶(Ernest Boyer)开始探寻大学校园共同体生活,他将学院和大学描绘成学习共同体,认为其特征是目的明确的、开放的、公正的、有纪律的、关心人的和用于庆祝的。④ 1995 年,博耶发表了一篇题为《基础学校:学习的共同体》(*the basic school: a community of learning*)的报告,首次明确提出"学习共同体"(Learning Community)这一概念。托马斯·萨乔万尼(Thomas J. Sergiovanni)基于教育管理中将学校理解为"组织"隐喻的局限性的分析,提出将学校这一隐喻转变为"共同体"。他认为,"……替代依赖于外部控制,共同体更依赖于规范、目的、价值、专业的社会化、共治、自然地相互依存。一旦建立,共同体的联结成为正式的监督、评估和员工发展的制度的替代物。"⑤意即倡导用共同体的理念替代组织的理念,通过改变教育组织内的社会联结性质来推动组织向"学习共同体"转变。

教师学习共同体(Faculty Learning Communities,FLCs)是 20 世纪 90 年代在迈阿密大学教学促进中心主任米尔顿·克斯(Milton Cox)教授的倡议下构建的,目的是消除大学教师的孤独感,促进教师专业化成长,支持终身学习和发展,从而有效提高高校教学质量。90 年代,伴随大量学生学习共同体研究成果的出版,克斯关注到大学 8—12 人小组的教职员一年时间在教与学上从事的教师发展项目,具有学生学习共同体(Student Learning Community,SLC)的相似成效,并将这些小组重新命名,首先提

---

① Baker, P., and Zey-Ferrell, M. Local and Cosmopolitan Orientations of Faculty: Implications for Teaching. [J]. *Teaching Sociology*, 1984(12):82-106.
② Baker, P. "Creating Learning Communities: The Unfinished Agenda." In B. A. Pescosolido and R. Aminzade (eds.), *The Social Works of Higher Education* [M]. Thousand Oaks, Calif.: Pine Forge Press, 1999:95.
③ Baker, P. "Creating Learning Communities: The Unfinished Agenda." In B. A. Pescosolido and R. Aminzade (eds.), *The Social Works of Higher Education* [M]. Thousand Oaks, Calif.: Pine Forge Press, 1999:99.
④ Boyer, E. *Campus Life: In Search of Community. A Special Report* [M]. Princeton University Press, 1990:20-21.
⑤ Sergiovanni, T. J. Organizations or Communities? Changing the Metaphor Changes the Theory [J]. *Educational Administration Quarterly*, 1994,30(2):214-226.

出了"教师学习共同体"(Faculty Learning Community)的概念。迈阿密大学这一项目源起于1979年由迈阿密大学基于百合Lilly基金会捐助基金资助的博士后教学奖励项目,其目的在于培育初任教师在设计和实施教学项目的学术能力。克斯还将"教师学习共同体"这一概念置于相关的努力、提供目标、结果、需求满足和构成要素等情境中,并将其界定为6—15人构成的跨学科的教职员小组,参与主动的、合作的,伴随课程的和提供给学习、发展、教学学术和共同体建构的频繁的研讨会和活动,促进教与学的一年长度的跨学科学习项目,是由若干个共同体单元构成的。① 克斯基于对教师学习共同体的研究,认为教师学习共同体是一种特别的专业发展群体,扎根于培养积极共治的和个人间的合作关系。② 对教师学习共同体的研究都强调三个重点,即共同愿景的确立、领导权力的分配,以及共同体运作机制的建立和完善,也是教师学习共同体得以持续发展的关键。③ 从某种意义上看,教师学习共同体是一种超学科的实践共同体(trans-disciplinary community of practice),通过跨校园同行之间主动地参与到分享专长、合作、伴随技术的实验、发展课程内的质变学习体验以及创新性教学实践的发展,聚集在一起讨论增强教与学的观念、可能的课程活动及技术而形成。

B. 大学教师学习共同体的表现形式与构成要素

大学教师学习共同体作为实践共同体,呈现为不同样态和形式。学者南希·奇兹姆(Nancy Van Note Chism)和同事通过研究提出了一个"教学学会"(teaching academy)的概念,并予以了明确界定。"教学学会"的模型提供了支持教学学术的一种结构,目标在于创建教师共同体和培育教师对大学教与学的研究。④ 此后奇兹姆主要从国家、院校层面的教学奖励的设置目标及动机、原理、标准与证据、实施程序及其影响等方面进行了大量的长期实证研究。⑤ 她认为教学奖励项目的设置提供了一个促进在大学教师群体中公开讨论大学教学及其评价的机会,有助于形成相应的重视和认

---

① Cox, M. D., Richlin L. *Building Faculty Learning Communities* [M]. San Francisco: Jossey-Bass, 2004:8.
② Beach, A. L., & Cox, M. D.. The impact of faculty learning communities on teaching and learning. [J]. *Learning Communities Journal*, 2009, 1(1):7-27.
③ 詹泽慧,李晓华. 美国高校教师学习共同体的构建——对话美国迈阿密大学教学促进中心主任米尔顿·克斯教授[J]. 中国电化教育,2009(10):1—6.
④ Chism, N. V. N., Fraser, J. M., Arnold RL. Teaching academies: Hornoring and Promoting teaching through a community of expertise [J]. *New Directious for Teaching and Learning*, 1996, 65:25-32.
⑤ Chism, N. V. N., & Szabo, B. Teaching awards: The problem of assessing their impact [J]. *To Improve the Academy*, 1997, 16(1):181-200.

可教学革新及其研究高价值的氛围。① 而卡罗琳·克莱博(Carolin Kreber)通过探索性研究考察教授们对于学术工作过程和结果以及教学与科研之间关系的体验,甄别它们是怎样影响教师对教学作用进行概念化的。② 凯瑞·谢菲尔德等(Kerry Shephard et al)通过对5个不同国家的10名获得国家教学奖励的教师的调查、访谈,探讨教学奖励是扩大还是限制了高等教育对优秀教学的探索。③ 20世纪90年代,早期的内布拉斯加州林肯大学心理系学者戴维·伯恩斯坦(David J. Bernstein)创造了"教学圈子"(Teaching Circles)这个词汇并运用于其所在院系。"教学圈子"通过教师小组做出在至少一个学期内一起工作的承诺,提出有关教与学的问题并予以关注。起始于氛围和场合的创建,通过定期的计划场合进行教学议题的同行对话和互动。④ 伊娃·海因里希(Eva Heinrich)认为,学术发展认可共同体的优势,提供给学者支持性环境以发展教学,但困难在于缺乏足够多的学者参与其中。这一研究关注学者周围的现存情境,假设教学同样课程、学位(程度)和科目等相关背景教师组成教学群组以参与教学。她通过对教学群组(Teaching Groups)与一般共同体的比较发现:多数由参与者命名的教学群组具有很强的共同体特征,表明教学群组尚有很大的改进空间。建议将跨院校教学群组视为提供了一个富有前景的开端,可营造一个开放和充满信任的集体环境和氛围,以增进教师间的教学互动,为教师教学发展奠定基础。⑤

肯特大学凯瑟琳·昆兰(Kathleen M Quinlan)研究指出,大学教师学习共同体提供了更多结构化和集中项目以满足和致力于教与学的议题,诸如团队指导、互惠的教室观摩、教学圈子、院系教学图书馆、教学与课程档案袋、教学法的研讨会和院系的评议等涉及同行评议和教学改善的各种方式与路径。⑥ 许多院系采用了以上不同方式

---

① Chism, N. V. N., Teaching Awards: What Do They Award? [J]. *The Journal of Higher Education*, 2006,77(4):589-617.
② Kreber, C. How university teaching award winner conceptualise academic work: Some further thoughts on the meaning of scholarship [J]. *Teaching in Higher Education*, 2000,5(1):61-78.
③ Shephard,K., Harland, T., Stein, S., et al. Preparing an application for a higher-education teaching-excellence award: whose foot fits Cinderella's shoe? [J]. *Journal of Higher Education Policy and Management*, 2011,33(1):47-56.
④ Hutchings, P. Making Teaching Community Property: A Menu for Peer Collaboration and Peer Review [M]. Washington, D. C.: American Association for Higher Education, 1996:7.
⑤ Heinrich E. Identifying teaching groups as a basis for academic development[J]. *Higher Education Research & Development*, 2015,34(5):899-913.
⑥ Quinlan K M. Involving peers in the evaluation and improvement of teaching: A menu of strategies [J]. *Innovative Higher Education*, 1996,20(4):299-307.

进行结合,以满足院系的特别需要和情境。所有这些方式或路径依赖于作为过程的教师责任以及亲和的领导力,并且将教学视为一种实质性的学术活动的观念。多学科和共同体是允许教师学习共同体超越一般教与学追求的关键要素,教师学习共同体也是一种特别类型的实践共同体。克斯认为,一个教师学习共同体涉及使命与目的、课程、管理、联系、附属参与者、会议与活动、学术的进程、评估及奖励 9 大方面 30 个基本构成要素,其中共同体(Community)、评价(Assessment)和奖励(Scholarship)是最关键要素,各要素的选择和涉及程度取决于不同院校和教师学习共同体的具体类型。[①]

C. 大学教师学习共同体的作用、影响因素及机理

克里斯·阿吉里斯(Chris Argyris)认为,教师学习共同体围绕参与者提出话题,通过对学生学习与反馈结果、社会结构相关的行动的适切性的仔细反思,提供了深度的、双回环学习。[②] 教师学习共同体也建立起教师与深度学习,早期职业生涯与有经验教师之间,孤独的教师与新的同事之间、院系之间、学科课程与通识教育以及教师、学生与职员之间的桥梁。[③] 教师学习共同体在教室和院校中发挥的重要作用将教师与学生和同事相联系。彼得·圣吉(Peter M. Senge)曾将学习型组织描绘成将成员与组织使命、目标和挑战紧密联系的组织,这种紧密联系对组织满足迅速变化的需求是必须的。因为在大学院系和学科组织层面,教师之间具有相对紧密的联系,但同其他学科同事相处时仍感受到孤独,以及关系上的疏离。[④] 桑德拉·帕特里克和詹姆斯·弗莱彻(Sondra K. Patrick & James J. Fletcher)将圣吉所描述的在院校中培育学习型组织的 5 个要素,转变为学院和大学作为衡量学习型组织相对应的学者行为要素。[⑤] 在此基础上,加里·舒尔曼(Gary M. Shulman)等探讨了通过教师学习共同体发展学习型组织 5 个要素的方式,即处理教师之间的孤独与区隔、提供时间、资金和奖励以促使跨学科参与者的协同作用、分享跨学科的院系和学科愿景以及甄别应对

[①] Cox, M. D., Richlin L. *Building Faculty Learning Communities* [M]. San Francisco: Jossey-Bass, 2004: 18 – 20.

[②] Argyris C. *Knowledge for Action: A Guide to Overcoming Barriers to Organizational Change* [M]. San Francisco: Jossey-Bass, 1993.

[③] Cox, M. D., Richlin L. *Building Faculty Learning Communities* [M]. San Francisco: Jossey-Bass, 2004: 17.

[④] Senge, P. M. "The Academy as Learning Community: Contradiction in Terms or Realizable Future?" In A. F. Lucas and Associates (eds.), Leading Academic Change: Essential Roles for Department Chairs. San Francisco: Jossey-Bass, 2000.

[⑤] Patrick, S. K., and Fletcher, J. J. Faculty Developers as Change Agents: Transforming Colleges and Universities into Learning Organizations [J]. *To Improve the Academy*, 1998, 17(1): 155 – 170.

挑战的方式等。教师学习共同体作用的发挥也依赖于其中共同体的质量需求,诸如安全感与信任、开放性、尊重、响应性、合作、关联性、挑战、愉悦感、忠诚度以及赋权等方面。①

与学生学习共同体相一致,教师学习共同体对校园文化能产生深远影响,也表达了一种主要的院校变化。相关研究者基于组织变化研究的5个基本问题,从院校层面探讨加速和阻碍教师学习共同体创建和发展的关键因素及其影响。通过调研表明,感兴趣的教师和支持性的管理者、可得资金及教师专业发展人员和中心的支持,是加速教师学习共同体发展的关键因素;而阻碍教师学习共同体发展的是时间、资金、习惯和晋升政策等因素。另外,教师学习共同体的发展还依赖于具备良好品质和态度的引导者,能发挥相互关联又有所重叠的作用,在促进群体变化和高质量结果进程中能平衡任务与关系维度。②

在信息时代,技术的广泛运用对教师学习共同体的发展具有重要的支持作用,共同体的维持所面临的主要挑战之一是时间,因为在院校日益增加的教学与研究任务下,无论是新教师还是有经验的教师,彼此之间只有有限时间的面对面专业发展交流的机会。技术能创造更灵活的方式促进学习共同体发展。围绕"技术怎样使用于拓展教师学习共同体的对话"的北美大学相关调研结果表明,参与学习共同体的90%的教师都使用以计算机为媒的交流形式,如电子邮件、在线讨论组、课程管理系统和微信工具等。③通过加拿大皇家山学院(Mount Royal College)实施的飞行研究探讨了混合式学习模式(结合课堂教学和在线体验特征最好的一种新的教学模式),能否将教育技术有效地应用于教师学习共同体。通过研究兰迪·加里森、安德森和沃尔特·阿彻尔(Randy Garrison, T. Erson & Walter Archer)提出的"探究共同体模式"(Community of Inquiry Model)是基于教育的合作建构主义视角,将"个人经验的重构和社会合作"的整合。研究表明,混合式设计的在线要素创建了延伸的机会,能够维持对话及共同

---

① Shulman, G. M., Cox, M. D., Richlin L. "Institutional considerations in developing a faculty learning community program" in MD Cox, Richlin L (eds). *Building Faculty Learning Communities* [M]. San Francisco: Jossey-Bass, 2004:41-49.
② Petrone, M. C., Ortquist-Ahrens L. "Facilitating faculty learning communities: A compact guide to creating change and inspiring community". In MD Cox, Richlin, L(eds). *Building Faculty Learning Communities* [M]. San Francisco: Jossey-Bass, 2004:64.
③ Norman, Vaughan. Technology in support of faculty learning communities. New Directions for Teaching & Learning, in Cox, M. D., Richlin, L. *Building Faculty Learning Communities* [M]. San Francisco: Jossey-Bass, 2004:107.

体感。^① 以计算机为媒介的讨论论坛,允许参与教师对通过他们编辑信息给同伴的过程,对教学实践进行个体的反思,体现了异步在线交流的独特价值。^② 通过共同体所有成员都参与到在线活动的初始定向设计,以及话题选择与问题发展的在线活动中等策略的运用,克服在线环境的局限性,极大地提高由技术支持的在线活动对教师在学习共同体中学习的促进作用。[③] 教师学习共同体作为一个超越学科,针对大学生人口差异不断增加的状况,以创新的方式有效地提出对教与学需求进行有意义的持续讨论的空间,也提供了一个合作性的框架,为参与者自身发展和创建一种学术文化中必需的集体主义的转变。教师学习共同体在大学的创建,以整合差异性的方式促进了教与学,增强了教师合作,也鼓励了对于跨学科学习凝聚力的反思,致力于促使大学成为学习型组织。[④] 在教师学习共同体中,通过与其他学科和文化视角的同事的持续互动,教师在多元情境建构中运作,通过在个人主义—集体主义身份连续体与同事之间进行协商,参与教师赢得了对自己和他人社会行为的提升意识,加速了个人内在知识的获取,促进了整合差异性理念进入课程、教学方式和教室环境的实践改进。[⑤]

(4) 教师学习共同体对职业生涯不同阶段教师的影响研究

唐纳德·A. 舍恩(Donald A. Schon)针对专业人员所面临的专业实践中的"严谨"还是"适切"的两难问题进行了研究,认为这一问题源于实证主义认识论下的科技理性模式影响。[⑥] 大学教师作为专业实践者,在他们年龄到达 45 岁时,"严谨"还是"适切"的两难问题最为突出,与职业生涯处于中高段的教师发展工作紧紧伴随。此时他们会提出自己的困惑,而他们的生活呈现的不同姿态依赖于怎样选择。

教师职业生涯的促进、变化和活力被构想为教师个体性格特征与院校因素互动的

---

① Garison, O. R., Anderson, T. and Archer, W. Critical Inquiry in a Text-Based Environment: Computer Conferencing in Higher Education [J]. *The Internet and Higher Education*, 1999, 2(2): 87 – 105.
② Norman, Vaughan. Technology in support of faculty learning communities : New Directions for Teaching & Learning, in MD Cox, Richlin L (eds). *Building Faculty Learning Communities* [M][M]. San Francisco: Jossey-Bass, 2004: 111.
③ Garison, O. R., Anderson, T. and Archer, W. Critical Inquiry in a Text-Based Environment: Computer Conferencing in Higher Education [J]. *The Internet and Higher Education*, 1999, 2(2): 87 – 105.
④ Cox, M. D. Faculty Learning Communities: Change Agents for Transforming Institutions into Learning Organizations [J]. *To Improve the Academy*, 2001, 19(1): 69 – 93.
⑤ Cox, M. D. Richlin L. *Building Faculty Learning Communities* [M][M]. San Francisco: Jossey-Bass, 2004: 116.
⑥ 唐纳德·A. 舍恩. 反映的实践者:专业工作者如何在行动中思考[M]. 夏林清,译. 北京:北京师范大学出版社,2018:29—30.

结果。教师"活力"(Vitality)的概念与个人和组织的因素相关联。充足的资金、减少的课程负担、公开的认可、温暖的关系和真诚的关注,包括管理者的重要作用都是对教师成功的有利组织因素。[①] 艾琳·卡皮亚克(Irene E Karpiak)对加拿大一所大学年龄在41—59岁的20名"灰发"教授的质性访谈研究表明,处于职业生涯中晚期的教师认为关系、交流和共同体对于他们更具重要性,有别于职业生涯早期教师的需求、动机、鼓舞和脆弱。大学和学院能对他们的特别需求予以确认和回应的程度,影响和决定着他们能否继续对他们所关注的领域作出贡献。他们期望处于一个被公平对待和被他人在意的人性化环境中,因为高意义感的教师才是富有成效、生命活力和更能致力于教师、学生和同事的共同体的。[②] 研究者马克·拉塞勒·彼得森和马丁·芬克尔斯坦(Mark W. Lacelle-Peterson & Martin J. Finkelstein)通过对美国新泽西州11所大学的111名高级教师的研究发现,他们给予教学大量关心但很少有机会聚焦于教学;同事之间的互动是有限的,院系的教学讨论是缺乏的。[③] 罗伯特·博伊斯(Robert Boice)通过对处理过919例理想破灭教师的院系主任的访谈发现,三分之一的教师是由于社会性的孤独和频繁地收到学生抱怨而理想破灭。[④] 卡皮亚克的研究报告了中晚期职业生涯阶段教师的感觉从由于边缘化的不满和不被介意的低兴趣,到通过工作提供意义及对教师更宽泛的共同体的成就感而获得的高兴趣和关注。[⑤] 迈阿密大学穆里尔·布莱斯德尔(Muriel L. Blaisdell)和克斯教授的研究也表明,高级教师乐意参与教师学习共同体,其广泛共享的关注点在于:重新解决教学难题、跨学科检验的需求、社会智性的刺激需要、先前好的发展体验、跨学科兴趣、师生期望的不一致和对学生批评的回应、对技术变化的回应及渴望反思时间等,高级教师的成功之处在于群组活动的多维度,他们可以与新同事、新学科协会、学生协会等各种人群一起工作,有更多机会致力于教学项目。通过教师与学生之间建构的共同体的分享活动,

---

[①] Finkelstein, M., Clark, S. M., Lewis, D. R. Faculty Vitality and Institutional Productivity: Critical Perspectives for Higher Education [J]. *Higher Education*, 1985,57(3):327.

[②] Karpiak, I. E. University Professors at Mid-life: Being a Part of... But Feeling Apart [J]. *To Improve the Academy*, 1997,16(1):21-40.

[③] Cox, M. D., Richlin L. *Building Faculty Learning Communities* [M][M]. San Francisco: Jossey-Bass, 2004:139.

[④] Lacelle-Peterson, M. W., Finkelstein, M. J. Institutions matter: Campus teaching environments' impact on senior faculty [J]. *New Directions for Teaching and Learning*, 1993(55):21-32.

[⑤] Karpiak, Irene E. University Professors at Mid-life: Being a Part of... But Feeling Apart [J]. *To Improve the Academy*, 1997,16(1):21-40.

学习成为教师与学生共享的主要部分。① 高级教师的发展经历与体验特征在于他们变得更渴望有机会在未来促进自己创造性和探索性的潜能上,共同体成员间的相互鼓舞成为其积极动力。② 在高级教师的学习共同体中,通过提供支持性和挑战性的环境,真正努力以有目的的方式表达对大学教学优秀的鼓励,并通过吸引有差异的人群和确认多元化的教学议题使好的工作得以繁荣。对于处于职业生涯中期的教师,研究发现,基于大学奖励典范性的教学与学术资助项目发展的教师学习共同体,参与教师享受互动、参与的机会以及与价值、仁慈精神和对教育关注共享的同事一起成长。在教师学习共同体中的体验引导大学成员强烈的认同感,并且对士气的提升具有重要作用。③

R. 尤金·赖斯、玛丽·迪恩·索尔纳利和安·奥斯汀(R. Eugene Rice, Mary Deane Sorcinelli & Ann E Austin)研究指出,处于职业生涯准备期和早期的教师有三个核心的一致的以及相互交织的关注点:综合的晋升制度、共同体的以及学术与个人生活的整合。④ 教师学习共同体中,不同学科同事的交流以充分的规则发展智力和个人信任。通过研讨会、读书会、学术会议等共同体活动,提供给参与者反思他们的工作的机会,扩展其对教师生活的理解,满足他们的生涯目标,也提供给准备期的未来教师以教学工作的文件,以及通过课程或教学档案袋体现的对学术责任的理解。⑤ 研究者南里·里奇林和艾米·艾辛顿(Laurie Richlin & Amy Essington)通过对克莱蒙特大学的基于项目的教师学习共同体的研究表明:参与学习共同体对职业生涯准备期的未来教师有重要影响,表现为:作为智力追求的教学观、对教师作用的理解、对教学学术的理解和兴趣以及对教学过程的兴趣等。参与教师学习共同体对他们而言最大的价值在于彼此之间建立的共同治理(联合掌权)关系。⑥

---

① Cox, M. D., Richlin L. *Building Faculty Learning Communities* [M] [M]. San Francisco: Jossey-Bass, 2004:140-142.
② Cox, M. D., Richlin L. *Building Faculty Learning Communities* [M] [M]. San Francisco: Jossey-Bass, 2004:142.
③ Cox, M. D., Richlin L. *Building Faculty Learning Communities* [M] [M]. San Francisco: Jossey-Bass, 2004:143-144.
④ Rice, R. E., Sorcinelli M. D., Austin, A. E. Heeding New Voices: Academic Careers for a New Generation [M]. Washington, DC: American Association for Higher Education. 2000:14.
⑤ Cox, M. D., Richlin, L. *Building Faculty Learning Communities* [M] [M]. San Francisco: Jossey-Bass, 2004:130-131.
⑥ Cox, M. D., Richlin, L. *Building Faculty Learning Communities* [M] [M]. San Francisco: Jossey-Bass, 2004:154.

3. 教学共享空间的含义、特征与构建研究

(1)"教学共享空间"概念的提出

1990年,美国卡内基教学促进基金会前主席欧内斯特·博耶,针对"教授的什么活动是应该得到最高奖励的?"这一关键议题,对美国大学相对狭窄、单一的教师奖励制度以及高等教育所具有的丰富多样性和潜能实现的负面影响进行了批判和反思,倡导从扩展的综合的创造性的视角理解"学术"。为了回应当时美国高等教育面临的这一挑战,博耶认为教授工作应该包括4个既相对独立又有重叠的部分,即发现的学术、整合的学术、应用的学术以及教学的学术,并分别阐释了四种学术表现形式的含义。博耶的"教学学术观",是将教学视为学术表现形式之一,关注于大学教学动态变化和富有创造力的特性,重新诠释和扩展了对"学术"含义的理解。卡内基教学基金委员会继任主席李·舒尔曼认为,"教学学术,是当作为教师的工作变得可公开,可被同行评议和批评,并且与我们专业共同体其他成员进行交流,反过来能在我们工作的基础上进行建构时的工作状态。这些就是学术的所有特征。"①

因此,"走向公开"(Going Public)成为教学学术发展的一个关键特征。"教学共享空间"(Teaching Commons)这一概念正是基于教学学术走向公开进而影响大学教师的日常工作方式,以更好地体现教学学术在提升高等教育质量方面独特价值而提出的。2005年,在美国卡内基教学促进委员会高级学者玛丽·胡博和副会长帕特·哈钦斯提交的《教学学术在高等教育中的报告》中,正式提出了"教学共享空间"(the Teaching Commons)这一概念。他们认为,教学共享空间是一种概念上(Conceptual)的空间,是大学教育者所组成的共同体聚集在一起交流有关实施教学探究与革新的思想观念并指导、运用于教学实践,从而应对为学生个人的、职业的、公民生活做准备的挑战。② 他们将教学共享空间的建构作为推进教学学术纵深发展的重要路径。通过共享空间,促使教学学术成果的公开,可将大学教师私人化的教室工作逐渐转变为可公开讨论和研究的、可被建构的活动,进而为大学教学的持续改善创造条件。

(2)教学共享空间特征的研究

胡博和哈钦斯认为,教学共享空间具有创生性(创新性 creative),表现为新技术的使用使难以用常规的传统模式公开展示的教学改革及其成果以各种新形式被捕捉;概

---

① Shulman, L. S.. From Minsk To Pinsk: Why A Scholarship of Teaching And Learning? [J]. *Journal of the Scholarship of Teaching and Learning*, 2001,1(1):48-53.
② Huber, M. T., Hutchings P. Building the Teaching Commons [J]. *Change*, 2006,38(3):24-31.

括性(generalization),因为对教学尤为重要的是极大地依赖于情境因素,共享空间的形成使得他人的教学学术工作及其发现的普适性和推广性具有了可能,能涵盖引导教学改革的普遍的原则和最好的实践,通过共享促使更多的教师能将所获运用于实践;集体性(collective),即突破教师个体工作的局限,通过平等的分享与交流,形成和发挥教师集体的智慧;管理性(managerial),即共享空间有需共同遵循的规则和规范,以维持质量和对共享资源所属权的尊重等。①

(3) 教学共享空间的建构研究

A. 建构的必要性和可行性

胡博和哈钦斯从国家政策对高等教育发展影响带来的不确定性;基于教学缺乏共享意识的传统,教师探索教室改革实践的新路径可找到更多志趣相投的同事和有用的资源支持他们的努力;教学共享可通过同行评议,贡献于更大的思想和实践共同体,更深地激发教师兴趣和给予希望,增强教师时间和院校资源投入的价值感等方面论述了教学共享空间的建构必要性。②

兰迪·巴斯(Randy Bass)作为美国一项国家教学学术创始方案的领导者,认为只有当教师开始尝试将自己的问题和数据向别人解释时才能完全理解其重要性;只有当教与学这种智力工作能以他人建构的方式被捕捉和表达时,持续的改善才是可能的。③ 因此为走向公开的各种交流与分享形式对教学学术的知识建构和实践改善的整个进程的推进,更好地体现这项工作的重要性创造了一种新的视角。美国社会学家卡拉·豪尔瑞(Carla B. Howery)邀请读者在专业会议上作为讨论者,对她有关学科的教学学术论文提出相关问题以及通过国家学会号召将教学成果推荐给同行评议者。④ 斯坦福大学英语教授安德蒂雅·朗斯福德(Andrea A. Lunsford)倡议发展包括教职员和研究生等在内的合作性工作,以探索专业议题、建构新的知识和分享他们的

---

① Huber, M. T., Hutchings P. Building the Teaching Commons [J]. *Change*, 2006,38(3):24-31.
② Huber, M. T., Hutchings P. Building the Teaching Commons [J]. *Change*, 2006,38(3):24-31.
③ Bass, R. "*Seeing Teaching and Learning in Time.*" Oral presentation by RandyBass to the 2003-04 CASTL Scholars at The Carnegie Foundation for the Advancement of Teaching, Stanford, Calif., June 21,2004.
④ Howery, C. "The Culture of Teaching in Sociology." In M. T. Huber and S. P. Morreale (eds.), *Disciplinary Styles in the Scholarship of Teaching and Learning: Exploring Common Ground* [M]. Washington, D. C.: American Association for Higher Education and The Carnegie Foundation for the Advancement of Teaching, 2002:155-159.

经验财富、所学和所教的"教学法的圈子"。① 共同处于一种聚焦于教学法是正确的和必需的氛围中。麦克雪莉(McSherry,C.)认为有分享伦理的共享空间,是一个物理的更是智力的空间,在其中观念、实践、成果和教与学的目标是可得到的、可知晓的和能被建构的。② 丹尼尔·J.伯恩斯坦(Daniel J. Bernstein)也认为,围绕教与学创建共同体的最大好处是我们不再丢失我们惯常已做的智力工作。③ 在教学共享空间中基于证据和实践的关于教与学的对话成为规范而不是期望;学科成员主动参与到教学法的观念交流中;分享和引证他人(同行)的工作将出现并具有普遍性。④ 胡博和哈钦斯剖析了美国大学的几个典型案例,即通过教学共享促使教学学术走向公开的新方式与路径的实践探索,增进了教与学改革及研究分享、交流、传播的新的空间和氛围,探讨了教学共享空间建设的可行性。⑤

B. 构建路径研究

金·凯斯(Kim A. Case)通过案例研究认为,通过"提供空间给教师群体反思和探索学习,通过讨论、读书俱乐部、特邀嘉宾发言人或其他方案,学科边界得以消融,给创新的跨学科合作提供了场所。"⑥由美国卡内基教学促进委员会于1997年创建的"卡内基教学学术学会"(CASTL)项目,促使来自20个不同学科领域和不同类型院校、处于事业不同发展阶段的学者对于特别情境学习问题的重新设计和以各种新的途径和方式对教与学问题进行系统的探索。⑦ 研究者相继通过调研对这一项目产生的各方

---

① Lunsford, A. A. "Rethinking the Ph. D. in English." In C. Golde and G. Walker (eds.), *Envisioning the Future of Doctoral Education: Preparing Stewards of the Discipline* [M]. San Francisco: Jossey-Bass, 2006.
② McSherry, C. *Who Owns Academic Work? Battling for Control of Academic Property* [M]. Cambridge, Mass.: Harvard University Press, 2001.
③ Bernstein, D. J. "Representing the Intellectual Work in Teaching Through PeerReviewed Course Portfolios." Representing the intellectual work in teaching through peer-reviewed course portfolios. In Davis, S. & Buskist, W. (Eds.), *The teaching of psychology: Essays in honor of Wilbert J. McKeachie and Charles L. Brewer* [M]. Mahwah, New Jersey: Lawrence Erlbaum Associates. 2002: 215-229.
④ Huber, M. T., Hutchings P. *The Advancement of Learning: Building the Teaching Commons* [M]. San Francisco: Jossey-Bass, 2005:52.
⑤ Huber, M. T., Hutchings P. Building the teaching commons [J]. *Change*, 2006, 38(3): 24-31.
⑥ Kim, A. Case. Expanding the Teaching Commons: Making the Case for a New Perspective on SoTL [J]. *Insight*, 2013(8): 37-43.
⑦ Huber, M. T., Hutchings P. *The Advancement of Learning: Building the Teaching Commons* [M]. San Franciso: Jossey-Bass, 2005:57.

面影响进行了总结概括。胡博和哈钦斯通过对CASTL项目中的5个典型案例的深入阐释,并通过基于学科的问题、交叉衔接的主题、方法和作业以及分析工具和分析策略等方面的探讨,连接了不同教学情境的教学共享空间的发展路径。① 胡博、哈钦斯和西柯尼(Anthony Ciccone)通过对20世纪90年代以来教学学术运动的简要回顾,对CASTL学者项目成效及其在四个领域的影响、承诺和所面临的挑战进行了全面评议,总结概括教学学术的实践和愿景对学生、教职员和院校的教育体验改善的整合性影响,并反思对未来发展的启示,扩展了教学学术的影响和范围,给予不同院校不同学科教师公开交流与分享的机会,以更好地理解和改进学院教与学水平。② CASTL这一项目的实施及其成果的公开促进了教学学术发展,可视为教学共享空间的雏形,教学共享空间的形成和扩展将成为推动教学学术发展的一种新视角。

托马斯·哈奇(Thomas Hatch)等从剖析高等教育中传统的阻碍教学创新的三个关键因素入手,论述了新的校园网络和学习平台等构成教学共享空间的作用和价值,并通过对三个典型案例的解析,探讨了如何利用日益增长的网络化环境,促进教学改革及其实践成果的表达以及公开交流和分享。③ 相关研究指出教学学术为新的跨学科实践共同体的出现创造了机会,探索了这些门户网站及其在跨学科的学术和文化教育学方面的作用。随着学习共同体数量的增多,教师对学习共同体的参与成为一个日益关键的话题。④

共享空间模式最主要地被描述成空间的和建筑的术语,图书馆作为一种场所(Place)或一种学习空间(Space)被视为共享空间的基本样态。罗伯特·塞尔(Rober A. Seal)在回顾历史情境和近期趋势的基础上,通过研究发现,在进入21世纪的第二个十年时,图书馆及其专业人员面对多元挑战,师生的需求和期望是快捷、方便和无缝地获取信息,包括灵活、舒适的场所可以单独或与同事、朋友、同学以及指导者合作。

---

① Huber, M. T., Hutchings P. *The Advancement of Learning: Building the Teaching Commons* [M]. San Francisco: Jossey-Bass, 2005:57-77.
② Hutchings, P., Huber, M. T., Ciccone, A. Getting There: An Integrative Vision of the Scholarship of Teaching and Learning [J]. *International Journal for the Scholarship of Teaching and Learning*, 2011, 5(1):1-14.
③ Hatch, T., Bass, R., Iiyoshi, T. et al. Building Knowledge for Teaching and Learning: The Promise of Scholarship in a Networked Environment [J]. *Change*, 2004,36(5):42-49.
④ Takayama, K. Communities, Voices and Portals of engagement [J]. *International Journal for the Scholarship of Teaching and Learning*, 2009,3(2):1-9.

同时探讨了将图书馆作为共享空间以提高大学和学院图书馆作用的重要性。[①] 托马斯·古尔德(Thomas H. P. Gould)指出,通过分享方法工具与教学观念(教学的方法论)、架设远距离教育鸿沟的桥梁以及促进教学导师制等特别领域,当代图书馆发挥其作为教学共享空间的关键作用。在此基础上,他还概括了图书馆成为教学共享空间的10项里程碑事件。[②] 作为共享空间的图书馆,通过提供最合适区域、技术支持多元媒体的教学表达,一对一的咨询与协助使指导者与教师之间相匹配,可将指导植根和卷入发展情境中,能真正进行有意义的交流和开放对话,提高教师的问题解决效率。[③]

(二) 对相关研究的评价及反思

1. 信息共享到学习共享空间的研究进展、局限及启示

总的来说,国内外学者从不同视角对信息和学习共享空间的含义、形式、构成要素、特征、本质等本体论问题进行了探讨。而信息共享空间到学习共享空间的演变历程,是从印刷时代到数字时代转变的背景下图书馆的新的复杂的非线性发展的过程。实质上是"无缝学习"(seamless learning)和"整合性"学习(integrated learning)观打破了图书馆的空间设计与使用的原有边界,联合研究、技术知识与工具支持和其他学生服务,从全局考虑空间与资源的重新设计与配置,并且通过图书馆与跨校园其他部门、院系之间的创新性合作所提供的支持网络与系统,有效地满足学生变化需求以达成增进学生学习成功的目标。近年来,国外对学习共享空间的研究成果颇丰,集中于定义、特点、实例、规划与构建等方面。国内研究起步相对较晚,但近年来研究成果增长较快,研究主题集中于理论研究、构建研究、国内外实例研究、评价研究和研究综述等。学习共享空间的基本理论、构建理论和实践模式虽不能简单地移植,但对教学共享空间的研究和实践具有重要借鉴与启示意义。教学共享空间的内涵、特征、功能和愿景,与学习共享空间之间既有联系也有区别。在对共享空间理念的核心理解上相对一致,即都体现了"空间共用、资源共享"的信息服务思想。但学习共享空间相关研究人员几乎全部集中于大学图书情报与管理人员,研究场域也主要集中于大学图书馆及相关职能部门,研究领域则集中于图书馆与情报、档案管理等领域,具有一定局

---

① Seal, R. A. Library spaces in the 21st century meeting the challenges of user needs for information, technology, and expertise (Article)[J]. *Library Management*, 2015,36(8-9):558-569.

② Gould, T. H. P. *Creating the Academic Commons: Guidelines for learning, Teaching, and Research* [M]. Lan ham: Scarecrow press, 2011:46.

③ Gould, T. H. P. *Creating the Academic Commons: Guidelines for learning, Teaching, and Research* [M]. Lan ham: Scarecrow press, 2011:40.

限性。

2. 教师实践共同体的系统探究有待深化和拓展

从共同体到实践共同体再到大学教师学习共同体的研究,是长期以来教育领域持续关注的重要议题。尤其是20世纪90年代以后,引起了研究者更为广泛的关注,并获得更强的生命力与影响力。在概念、本质特征、构成要素与形成、发展机制、对学校组织文化培育和教师专业发展作用的探讨等方面,形成了较为丰硕、系统的代表性理论研究成果,也引导和推动了学校层面的实践共同体建设。实践共同体的研究视角侧重探讨实践共同体中个体的参与方式和发展路径,关注于个体身份发展,探讨成员的参与方式和状况,描述和呈现特定社会结构下教师丰富多元的互动过程。但对实践共同体中教师之间通过交流、参与等合作互动过程形成的人际关系的特征、本质及其价值缺乏相应的系统探讨与分析,对教师实践共同体建构所处学校组织情境的复杂性与动态性缺乏具体、针对性的分析,对组织情境与教师教学探究和创新实践之间的互动关系的深入研究有待加强。

3. 推进教学学术从理念到实践的深入和走向公开的路径探究

从博耶提出"教学学术"概念,到相关领域的代表性学者对教学学术内涵与外延从不同视角的拓展性理解、对教学学术富有争议性的问题的更深入持续地探讨,使教学学术的定义、标准、评价、知识基础及与学科的关系等关键问题不断地得以澄清与完善。教学学术作为一种先进的教育理念,引领了起始于美国,扩展到世界各国高等教育领域的"教学学术运动",相关研究也涉及多学科领域,一批极具影响力和代表性的学者、著作、论文、期刊及学术组织也相伴而生。尤其是2004年"国际教与学的学术协会"(International Society of Scholarship of Teaching and Learning)的创立,使世界各国高等教育领域的学者围绕"教与学及改革与探究"的关键议题展开广泛的研讨、交流与公开分享,成为世界高等教育变革的重要推动力量。对基于推动教学学术走向公开和深入发展,继而发挥教学学术在高等教育变革中的独特价值所提出的"教学共享空间"概念的研究,国外学者更多地集中于探讨教学共享空间的多元化、多层面的实现形式和新路径,将教学共享空间的建设作为促进教学学术发展的重要路径之一,而对于教学共享空间的内涵、理念与本质特征、目标与价值、构成要素等缺乏系统的理论研究。在教学共享空间建构方面,大学组织提供的教与学情境,国内大学与国外大学相较而言存在较大差异,因此探讨适合于我国大学发展现实情境的本土化建构机制显得尤为必要。

4. 大学教学共享空间建构的本体论探讨

大学教学共享空间的建构从本体论意义上的空间性和时间性的角度展开。任何实践都具有空间性,但并不是任何实践都可以称之为空间实践。空间实践指行动者根据空间对于自身的意义(对空间情境的领悟与空间价值的判断)而采取的一系列有意图、有计划的策略行为。行动者通过对空间结构中诸种机遇及制约力量的感知、对其他行动者行为的预判以及对短期及长期利益的预期来制定行为目标和选择行为手段。空间实践是特定空间中发生的社会行动,并进而改变着空间中行动者的构成和社会关系。[①]

社会关系是行动者社会行为的结构条件之一,是对行动者所处结构的回应。社会关系的集合或意义的集合体作为一种空间形态,既发生在物理场所之中,也存在于工具、信息技术、网络等支持的虚拟空间之中。比如互联网、微信群、QQ群等作为虚拟维度空间的意义主要基于参与个体之间的社会关系而言,是人们利用网络和信息技术手段来拓展和建构彼此之间关系的具体方式,它以其技术上的特点会为社会关系建构带来一些新的特征,如打破物理场所的限制,使行动者之间的人际互动具有了及时性、便捷性、去中心化等特征。但它并不特别和完全依赖于或内在于特定的物理场所、虚拟维度的空间。社会维度的空间作为有关社会关系建构的一种象征性的说法,是社会关系或社会意义的空间或文化的空间。需要着重探讨这一文化维度的共享空间的形成与发展过程,也体现为大学教学文化变革的实质,应关注对空间实践中行动者行动及主体性的发挥,同对所处大学组织提供教与学情境的感知与体验的交互关系和影响。大学组织提供情境作为结构对教师作为行动者行动具有使动和制动作用,驱使教师作为行动者发挥其主体作用参与实践采取积极行动,还需要搭建二者之间的桥梁。因此需要探索行动者在组织情境下在参与实践和彼此交流中形成的人际关系在两者之间怎样发挥联结和贯通作用,如何促成结构与行动之间的双向交互影响。

近些年来,对教学学术的研究也成为我国高等教育研究的热点问题,取得了较为丰硕的理论研究成果,然而在大学实践层面的推进却是缓慢而充满困难的。教学学术理念对我们追根溯源地去深入剖析教学学术的现实困境及制约因素,探寻通过教学共享空间建构这一新的路径去推动教学学术的践行与成果公开交流、分享,健全大学教师教学发展机制,以应对我国大学教学变革面临的挑战与困境具有重要的引领作

[①] 钟晓华.行动者的空间实践与社会空间重构田子坊旧街区更新过程的社会学解释[D].上海:复旦大学,2012:40.

用。国内外相关代表性研究成果既为本研究提供了较为丰厚的研究基础和良好平台，也为本研究的建构理念和分析框架提供了可资参考的思路和视角。在大学管理者和教师普遍关注将教学学术从理念落实到行为层面的背景下，在我国高等教育逐渐转向"内涵和质量发展"的战略目标下，基于我国大学教学共享组织的现实情境与问题的反思，为克服和突破现有信息和学习共享空间理论及实践研究的相对局限，借鉴中美大学教学共享空间建设理念与实践探索的共同经验，如何从本体论角度去探讨教学共享空间的含义、构成要素、本质特征，教学共享空间建构机制及其本质，呈现这一动态生成机制对大学组织情境、教师和学生持续成长和发展的潜在而深远的影响？大学教学共享空间建构的本土化理论和实践意蕴探索，应是深化教学学术研究与实践、健全大学教师教学发展支持体系、增进大学教师持续改善教学责任和努力，培育重教学价值质量文化的重要课题。

四、内容框架

（一）研究内容与框架

本研究围绕两个主要问题展开，以质性研究为主要研究路径或取向，以演进视角对教学共享空间概念进行了重新界定与阐释。选取不同类型的、典型的多个案例进行深度描绘与剖析，呈现了中美大学教学共享空间的实践探索历程，揭示了影响大学教学共享空间建构机制的关键因素及其作用机理，探讨了促进大学教学共享空间建构的策略（参见示意图 2 研究框架图）。

第一章为研究设计与研究伦理。主要探讨研究具体实施步骤及其理论依据与方法论问题。包括方法框架厘定、研究对象选取、概念框架构建以及数据资料收集方法与分析工具等具体细节的说明，最后还陈述了本研究所遵循的伦理原则。

第二章在对中外大量相关研究文献阅读与梳理的基础上，以博耶的"教学学术观"和吉登斯的"结构二重性"原理为本研究的理论基础，基于相关概念的辨析，厘清"教学共享空间"（Teaching Commons）这一整合性概念的含义及建构价值。

第三章是我国大学教学共享组织的问题透视。运用案例法、访谈法、文本分析等具体研究方法，利用 Nvivo 质性分析软件，选择我国大学的教研室、教师教学发展中心等为分析对象，描摹我国大学教学共享组织的现实情境，剖析问题与局限，表明教学共享空间作为教师教学发展的新机制与路径建构的必要性。

第四章是美国大学非专门化到专门化的教学共享空间实践样态与经验。作为镜鉴,以美国大学典型案例呈现从非专门化到专门化的教学共享空间实践探索过程,展现大学共享空间建构的缘起与发展,对其中蕴含的核心要素、本质特征与原则进行提炼与概括,为我国大学教学共享空间建构的分析提供对比性的参考依据和借鉴。

第五章是我国大学教学共享空间的实践探索。基于 X 大学跨学科课程及团队创建与发展过程的描摹,总结提炼大学组织情境与身处其间的行动者及其教学探究与创新行动之间的多向互动关系模型,呈现我国大学基于校本情境的教学共享空间建构的实践样态,融合在具体的大学情境中去分析大学教学共享空间的形成过程,从教师、学生感知与体验视角的角度进一步探究这一建构过程或机制的效应。

第六章是大学教学共享空间的建构机制与策略。本章在分析中美大学在实践层面探索的案例基础上,结合理论分析框架,透视影响教学共享空间建构的关键因素及其作用机理,进一步揭示大学教学共享空间建构机制及其本质。从话语倡导与行动参与,彰显大学领导者的价值引领作用;学校转变制度设计逻辑,赢得教师价值认同;赋权增能的双轮驱动,增进教师自主权、胜任力并提升教师发展者领导力;加速推进大学教学变革等四个方面探讨了促进教学共享空间建构的策略。

最后是结语。总结凝练了本研究的局限与不足之处,指出了未来研究发展的方向与价值期望。

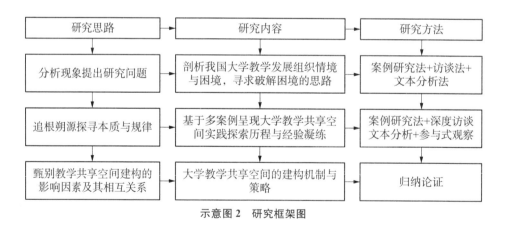

示意图 2　研究框架图

(二) 可能的创新之处

1. 理论视角的创新:将教学学术作为探究教师专业发展的方法论基础,以"结构二重性原理"作为本研究与实践相联结的理论依据,在研究的理论视角上具有一定创新性。

2. 大学教师教学发展的理念创新:基于对原初定义和两组相关概念基本理念的融合,从整合角度对"教学共享空间"这一概念进行重新界定,对教学共享空间的构成要素、本质特征及建构价值等本体论问题进行了较为系统的学理探讨,是大学教师教学发展理念上的创新。

3. 教师教学发展机制的理论创新:对影响教学共享空间构建的三大类要素,即结构性要素、能动性要素和贯通性要素及其在建构过程中的相互关系与作用机理进行了实践层面的描摹和理论层面的阐释,揭示了教学共享空间的建构机制及其本质。

第一章　研究设计与研究伦理

第一节　研究设计

本节主要探讨研究的具体实施步骤及其理论依据与方法论问题。包括研究问题与研究方法、研究对象选取、概念框架的构建、数据资料收集方法与分析工具等,最后对本研究所遵循的伦理原则进行具体阐述。研究设计是在对国内外相关文献阅读梳理与研究问题之间的多次循环基础上,根据研究问题,确定研究过程流程图,对研究步骤及其相互联系进行了总体的规划。[①] 本研究将大学教学共享空间的构建作为我国大学教师教学发展支持机制的新方向予以探索,所确定的研究问题是:大学教学共享空间是什么?作为缘起和代表的美国大学教学共享空间的实践样态与建构的经验是怎样的?这种经验可以作为我国大学教学共享空间建构的镜鉴吗?我国大学教学共享组织的现实情境与问题是什么?我国大学组织情境与教师教学探究和创新行动之间关系是怎样的?大学教学共享空间的建构机制究竟是怎样的?

基于上述问题,本研究采取如下设计:第一,结合研究主题涉及的相关研究对象,通过深度访谈、案例研究及相关文本分析,对教研室和教师教学发展中心这两种我国大学支持教师教学发展的代表性的共享组织的现实状况进行描摹,并对存在的问题进行分析,呈现目前大学教师教学发展支持机制的相对不健全状况,表明探索新的方向或机制的价值与必要性。第二,采用案例研究对美国几所著名大学的教学共享空间从非专门化到专门化的实践样态与探索过程进行了描述与分析,总结凝练其本质特征、

---

① 张红霞.教育科学研究方法[M].北京:教育科学出版社,2009:63.

共同要素和原则等,以此作为我国大学教学共享空间建构的参考与借鉴。第三,通过访谈、参与式观察及案例研究,对 X 大学组织提供教与学情境(结构)和跨学科课程团队的实践探索(行动)的互动关系进行分析,在总结中美大学教学共享空间实践探索路径与经验基础上,阐释和揭示大学教学共享空间建构机制及其本质。主要从以下四个方面对本研究的总体规划与设计予以说明。

一、方法框架的构建

本研究方法框架的构建在于确定运用有效的研究方法及其相互间的协调以达到探寻影响教学共享空间建构的关键因素及其相互关联和发挥作用的机制。下面将从研究的主要问题以及根据研究问题所确定的研究方法的运用对方法框架予以具体阐述。

(一)研究问题

基于我国大学教师专业发展机制相对匮乏或不健全的现实难题,通过对中美大学教学共享空间建构的实践探索历程的描摹与经验归纳,从学理层面探讨大学教学共享空间的本体论问题,揭示我国大学理想的或更为健全的大学教师教学发展支持机制的新方向或新思路。作为一个探索性研究必须要回答的两个主要问题:第一,教学共享空间究竟是什么样的?即教学共享空间的含义、构成要素、特征等本体论问题的探讨;第二,教学共享空间建构机制及其本质是怎样的?具体的研究子问题包括:大学教学共享空间的含义、维度与构成要素及本质特征是怎样的?大学教学共享空间建构应遵循的基本原则是怎样的?基于我国大学现实情境的教学共享空间的动态生成与发展过程如何?大学教学空间中的实践过程及其影响效应是怎样的?影响教学共享空间建构的因素及其作用机理如何?

(二)研究方法

1. 访谈法

深度访谈是常用的一种数据搜集方法。约翰·洛夫兰德(John Lofland)等认为,访谈是非常基本的具有指向性的谈话,而深度访谈可以引发研究对象以一种很少在日常生活中出现的方式来描述、解释和反思他或她的经验,从而实现对一个具体问题或经验的深入探究。访谈能让我们将行为放置于特定情境中予以深入地理解其意义。本文对研究主题涉及案例中的相关研究对象进行了深度访谈以搜集第一手研究数据,并从与研究对象的深度访谈中发现新的研究问题及相关概念和范畴。在研究过程中,我们选择了 J 大学(省属师范大学)两个学院专业的教研室 8 位老师,X 大学(部属重点工科院校)三门跨学科课程团队5名老师,学校原教务处H副处长,跨学科课程的启动者F教授等多位相关人士进行了深度访谈。研究者根据研究问题和前期文献梳理以及理论构建维度,拟定了由开放性问题构成的访谈提纲,尽量避免先入为主的暗示和引导,以参与者的认真聆听和关注访谈对象所关心的问题,鼓励研究对象说出与研究主题有关的真实想法、经历和感受,反思自己参与的实践经验。为了保证访谈时专注倾听,不遗漏重要信息,对访谈的过程进行了全程录音,为研究分析提供了真实的原始数据,积累了较为丰富的第一手资料。

2. 案例研究

案例研究是针对某一特定个体、群体、事件,某一组织或者某一类问题进行的长时间的、深入全面的调查,采用多种方法广泛收集、整理、分析研究对象的整个发展历程,探索内在与外在的影响因素以及相互关系,是实地研究的一种。研究者选择一个或几个场景为对象,系统地收集数据和资料进行深入研究,用以探讨某一现象在实际生活环境下的状况,可通过观察也可通过资料分析进行研究,适用于现象与实际环境边界不清且不易区分、无法设计准确、直接又具系统性控制的变量,回答"如何改变"、"为什么变成这样"及"结果如何"等研究问题。案例研究法的主要作用是详细描述某一具体对象的全貌,展现事物发展、变化的全过程,是一种常用的定性研究方法,适宜探讨发生在现实生活中无法通过人力控制的复杂的社会现象,回答"怎么样"和"为什么"的问题。① 它在不脱离现实生活环境的条件下研究当前正在发生的现象,但研究的现象与其所处环境背景之间的界限并不十分明显。案例研究的主要目的在于探讨个案在特定情境脉络下的活动特质,以深入了解其复杂性和独特性。研究对象与其所处的情境脉络高度关联。在特定情境脉络下,研究对象呈现出特殊的表现和属性。案例研究方法,"适合对现实中某一复杂和具体的问题进行深入和全面的考察;通过个案研究,人们可以对某些现象、事物进行描述和探求;案例研究法还可使人们建立新的理论,或对现存理论进行检验、发展或修改"②。本研究偏向定性,依赖多重证据来源进行资料搜集,以事先发展的该研究的理论命题或问题界定,指引相关资料搜集的方向与分析焦点,着重检视当时事件,不介入对事件的控制,完整保留生活事件的原貌,尽力发现有意义的特征。通过访谈、课堂观摩、查找网站信息、参与行动等多方验证的方式搜集多元资料和证据,以三角验证方式收敛,得到相同结论。通过对相关文献梳理

---

① 罗伯特·K·殷. 案例研究:设计与方法[M]. 周海涛,等,译. 重庆:重庆大学出版社,2004:10—11.
② 孙海法,朱莹楚. 案例研究法的理论与应用[J]. 科学管理研究,2004(01):116—120.

和研究问题拟定,本文对研究主题涉及案例中的相关研究对象进行了深度访谈以搜集第一手研究数据,并从与研究对象的深度访谈中发现新的研究问题及相关概念和范畴。

3. 文本分析法

作为实证研究方法之一的内容分析法,是通过可重复地、有效地从文本内容提供资料和数据来推导情境。其主要优点在于不需要通过研究对象对研究者直接回应,使研究过程的客观性得以保证。通过使用语言学、符号学及结构主义的分析方法来解析文本结构与意义,深入挖掘文本涉及的显性和隐性信息。本研究主要采用文本内容阅读,通过研究者的感受、体悟和理解,来解读、判断和挖掘文本信息中所蕴含的本质内容。涉及本研究主题的政策文本、年度报告、质量保障计划以及学生课程反馈报告等重要文本,围绕本研究的核心主题和研究问题确定关键词进行了归类分析。

4. 参与式观察

早在20世纪20年代,学者林德曼(Lindemann)就指出:作为一名文化研究者,光是扮演外来者是不够的,应该深入被研究者的生活世界,才能了解其行动或现象的意义。参与式观察是社会调查研究的重要方法,是研究者带着公开研究与参与身份融入研究实践情境进行开放式探究的一种方法。研究者尽量不干扰和影响观察对象原有的结构和内部关系,以获得有关较深层的结构和关系的材料;更直接地接近被研究对象和所处情境,更易于了解和把握跨学科课堂内外的真实情况和本质。

2019年11月,研究者利用现场调研的机会,全程观摩了1次跨学科课程《代码与实物》,课后还与团队主持人L老师针对该跨学科课程及团队创建与运行状况进行了交流,并在他们的创客空间合影留念。2020年,研究者受课程团队主持人K老师邀请全程参与了"《悠然见君子》第18课:君子之道——君子(虚拟)书院第七期结课式暨《悠然见君子》结课演讲"(在线腾讯会议),并作为嘉宾进行了点评,充分地感受到这一跨学科课程对选修学生健全人格养成、语言表达能力与组织能力提升的潜在影响。此后通过微信电话,以半结构访谈提纲的方式拟定问题进行了两次访谈。受F老师所托,从2020年5月起,研究者全程参与了北京理工大学组织的中国教学学术国际年会分论坛X大学"学习自组织专题研讨会"(四门跨学科课程案例分享与研讨,从准备到8月18日晚正式会议召开时到研讨案例的分析与点评全程参与)并加入该门课程微信群,关注课程微信公众号,与跨学科课程团队成员间长期保持较为密切的交流,进一步追踪课程动态信息以及X大学跨学科课程团队的后续影响(长时间的交流、多渠道密切关注和获取有关跨学科课程及其团队运行的相关信息)。

二、概念框架的构建

方法框架解决了研究方法与研究问题之间的逻辑关系,而概念框架反映的是研究问题中各个因素或概念之间的逻辑关系。它是收集资料、整理资料的导航,也是分析资料过程中寻找切入点的一个参考。[①] 概念框架是通过对研究中所涉及的关键概念进行分类和定义,对这些概念之间关系进行描述,并通过理论将它们联系起来形成的,也是运用相关理论对所要研究问题的一种逻辑分析。通过概念框架的建立可以对研究问题从逻辑上进行分析和澄清:包括引起问题的条件与环境、实践等;解决问题的思路与方案的选择;在分析问题过程中将各种关系概念化以及对问题分析的结果作出假设等,可帮助研究者厘清研究目标与研究方法、程序之间的关系,能更好地控制研究进程,明晰研究方向。

基于相关代表性研究的文献梳理,以博耶的"教学学术观"和吉登斯的"结构二重性原理"作为本研究的理论基础,综合形成本研究关键概念之间相互联系的概念群(详见图 1-1)。这一概念框架可以表述为:教学共享空间的建构过程是结构与行动之间交互影响与作用的过程。结构可理解为由大学组织提供的资源(活动)以及管理资源的规则(制度)构成,既可能制约也可能促进大学教师的教学探究与创新行动,而教师若有教学探究与创新行动,反过来可能优化与重构既有结构,若受制于既有结构的约束不能采取变革行动,那么会更加固化原有结构。其中,作为行动者主体在结构与行动互动过程中建构起来的信任关系是其中的中介或关键联结点。

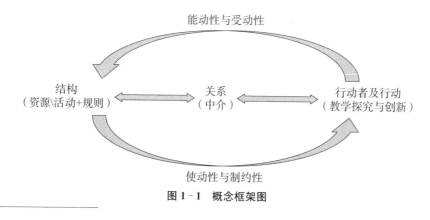

图 1-1 概念框架图

---

① 张红霞.教育科学研究方法[M].北京:教育科学出版社,2009:67.

三、研究对象的选择

因为质性研究更注重获取对研究对象细致、深入的阐释性理解,因此选取研究对象的样本一般较少,不必采取定量研究中概率抽样的方式。在本研究的方法和概念框架指导下,在研究过程中采用非概率抽样的目的性抽样,也就是基于对研究目的的主观分析来选择和确定合适的调查对象的方法。它的正确应用取决于研究者的理论修养、研究经验以及对调查对象的熟悉程度,即按照研究目的抽取能够为研究问题提供最大信息量的研究对象,以及方便性抽样(研究者抽取最接近、最方便、最有可能进行研究的对象为样本的抽样方法)。①

王宁教授认为:"共性"高的个案研究,其参照、推广的意义和价值相对更高一些。他指出,"个案研究实质上是通过对某个或几个案例的研究来达到对某一类现象的认识,而不是达到一个总体的认识"②。"个案研究既是通过个性研究来寻找共性即典型性,又是通过个性研究来揭示个案的独特性。个案因而具有典型性和独特性这双重属性"③。个案研究的结论扩大化遵循的是扩大化推理中的分析性推理(所谓分析性的扩大化推理就是直接从个案上升到一般结论的归纳推理形式),它构成个案研究的逻辑基础。④ 而个案的典型性是指,一个个案只要能集中体现某一类别,则不论这个类别的覆盖范围的大小如何,就具有了典型性。典型性不是个案再现总体的性质,而是个案集中体现了某一类别的现象的重要特征。⑤

(一)大学基层教研室与教师教学发展中心

之所以选取大学教研室和教师教学发展中心作为大学教学共享组织的分析单位,是因为它们是目前我国大学支持教师教学发展的两种最基本的组织建制,能体现我国大学教学共享组织建制上的基本属性。通过方便性抽样和目的性抽样选取J大学两大学院专业教研室以及国内外具有一定影响力的B大学国家级教师教学发展示范中心作为案例,描摹我国大学教与学组织情境(结构)的基本样态,揭示既有结构的问题与局限,对教师教学发展以及相应的教学探究与创新实践(行动)的制约性,表明探寻教师教学发展新的更为健全的支持机制的必要性。质性研究中常采取非概率抽样中的"目的性抽样",即按照研究目的抽取能够为研究问题提供最大信息量的研究对象。

---

① 张红霞.教育科学研究方法[M].北京:教育科学出版社,2009:66-67.
② 王宁.代表性还是典型性?——个案的属性与个案研究方法的逻辑基础[J].社会学研究,2002(5):123.
③ 王宁.代表性还是典型性?——个案的属性与个案研究方法的逻辑基础[J].社会学研究,2002(5):124.
④ Yin R K. Case Study Research: Design and Methods [M]. (2nd ed) London: Sage, 1994:30-32.
⑤ 王宁.代表性还是典型性?——个案的属性与个案研究方法的逻辑基础[J].社会学研究,2002(5):124.

因为质性研究更注重获取对研究对象细致、深入的阐释性理解和意义的解读,因此选取研究对象的样本一般较少,不必采取定量研究中概率抽样的方式。通过我近20年的工作经历与体验观察发现:J大学的基层教研室和教学发展中心这两种本应支持教师教学发展的组织,存在发展相对缓慢和滞后的状况,远远不能满足大学教师不断增长和变化的需求,更难发挥推动大学教师教学创新与变革以有效提升大学教学质量的作用。在目的性抽样中,通常选择研究现象中非常极端的、被认为是"不正常"的情况进行调查。其理由是从一个极端案例中汲取的经验教训可以为一般情况服务。这种现象虽然比较极端,但通过对其分析和解释,有可能比一个典型现象更加具有说服力。

研究者通过对所选取的J大学两个专业学院基层教研室教师(包括新老教研室主任)的深入访谈,了解了他们的详细情况,了解了在特殊条件下大学基层教研室发展变化的"模式",从一个侧面提供当前大学基层教研组织的发展现状与面临的困境。采用目的性抽样抽取B大学教学发展中心作为现状描摹的典型案例的主要理由是:B大学教师教学发展中心是第一批批准建立的国家级示范中心之一;先于国家批准建立之前中心的准备与筹建,示范中心批准建立后的发展在校园范围、全国其他大学乃至世界教学发展方面具有一定影响与辐射;2011—2019年间中心网站有完整年度报告的呈现;中心主管P教授作为第一批前往美国密歇根大学教发中心学习的人员,其自身学科专业背景与研究经历能发挥引领作用。另外还基于研究者一直通过多渠道关注与追踪B大学教学中心发展动态与对相关信息搜集、累积;积极参与中心组织的重要活动,以及加入中心成员创建的"教学学术SoTL兴趣组"微信群与B大学中心主任、国内其他大学教学发展中心主任与成员进行持续不断的交流。先后参与了B大学中心组织的2015年"教学范式变革——从教师中心到学生中心"CHED年会并在分论坛分享有关教学学术的研究成果;在2017年7月的"高等学校教学学术研究方法"研修班进修并获得培训结业证书;参加2020年组织的"中国教与学学术国际会议"并参与大会前置工作坊交流发言,以及全程参与X大学主持的"自组织学习模式"工作坊并做点评。同时持续关注中心网站相关动态,阅读与梳理中心十年报告文本,结合中心主任在上交大十周年纪念的主题报告《高校教师教学发展的未来之路》所提供的重要信息等。

(二)美国大学非专门化到专门化路径的教学共享空间实践样态

基于教学学术理念的提出与倡导以及践行缘起于美国,教学共享空间原初概念提出是为了推进教学学术走向公开以促进其纵深发展的目的,我选取了美国在促进教学学术发展方面卓有成效的卡内基教学促进委员会资助的教学学术学会项目（CASTL）、培育大学教师学习共同体有着悠久历史和实践影响力的迈阿密大学以及有着专门组织建制的教学共享空间的世界顶尖水平的斯坦福大学作为典型案例，能较为全面地代表美国大学教学共享空间建构的多元化实践探索历程，描绘与呈现从非专门化到专门化组织建制的教学共享空间不同样态，它们从不同层级上体现对教学共享空间这一抽象概念的代表性，有利于从整体上归纳教学共享空间的共同构成要素与本质特征。

（三）我国大学基于校本情境的教学共享空间

本研究选择具有代表性的X大学跨学科课程及其团队作为我国大学教学共享空间基于校本情境建构的个案，采用了非随机抽样的目的性抽样，属于典型抽样逻辑。关键在于这一个案在抽象的层级和类别上能体现这一个案与"一般"，也就是教学共享空间的一般属性与特征之间的匹配度，能较为完整地支撑本研究的教学共享空间建构机制的分析。抽象层级上的教学共享空间具有异质性，对能体现教学共享空间异质性的总体进行相应的分类同质化的处理，将该个案作为揭示性个案去预测教学共享空间建构是基于我国大学现实情境的教师教学发展机制的一般趋势，以期提高该个案的代表性。选择该个案是依据"个案必须具备典型性和独特性的双重属性"以及"好的个案是得到专家或相关领域广泛认可"的标准进行的。主要理由如下：一是X大学基于跨学科课程团队的教学探究与创新和现在诸多大学的变革实践状况相似，处在一个探索期中，取得经验和所遇问题具有普遍性和广泛性，因此对该个案的深入探究具有一定的代表性与推广价值。二是从X大学的跨学科课程团队的教学探究与创新实践本身被认可的角度出发，跨学科课程团队自2015年起得以不断探索、研讨、迭代、创新，从最初的7门已扩展到64门，首批跨学科创新课程《运动、科技与智慧人生》被普林斯顿大学《超级课程——未来的教与学》一书收录，被誉为具有重大突破的教学案例，扩展了X大学教学创新的国际影响力。教务处和教师发展中心鼓励和推荐教师们参加校外的教学研讨会，组织多期百人规模以上的教学研讨论坛，邀请系列创新课程团队的老师分享课程建设的心路历程。在本案例课程团队主持人的构思下，通过和团队成员的持续研讨，又开设了一门由10位教师组成的超学科课程《智美未来》——重构跨界视野，共创智美未来，信息新生代自主学习者养成记成为"运动、科技与智慧人生"课程的辐射与拓展，旨在使学生们关注校园、关注环境、关注社会，为创造美好世界贡献一份力量，成为有社会责任感、敢于担当的青年。该课程至今已经开设了三期，影响力跨越课堂内外、校园内外,拓展到国际,促进师生的可持续发展。

四、收集和分析数据手段的确定
(一)资料收集的方法与过程

在确定研究对象后,需要明确收集数据资料的手段以及分析数据的工具和步骤。作为质性研究,调查对象的选择是按照计划,根据非随机抽样的目的性和方便性原则确定的。本研究数据的收集主要采用半结构式深度访谈、多个案研究、文本内容分析以及参与式观察收集访谈资料、文本、图片与视频资料等方式,收集渠道主要有教育部官方网站、中美大学官方网站、跨学科课程相关微信公众号等。参与访谈的教师有21名(其中面对面访谈10名,微信语音访谈11名)。本研究前期还通过问卷星发放了有关大学教师教学发展中心发展现状的调查问卷,但是由于回收问卷数量较少,所以没纳入本研究的数据分析中。被访谈对象按照质性研究的目的性和方便性抽样原则以及典型性逻辑进行抽取,参与访谈的教师主要集中于研究所选取个案的J大学、B大学和X大学,选取样本分布的代表性与覆盖面存在一定局限。

1. 半结构化深度访谈及其转写

半结构化访谈:根据研究主题,研究者自己编制和设计半结构化访谈提纲。选取了8位能较为全面地代表两大学院专业教研室构成情况(不同职级、教龄、性别、是否担任过教研室主任/新老教研室主任等)的教师进行了访谈,访谈地点主要集中在大学校园内(教研室、××学堂、学院附近花园等处),访谈时间约半小时到1小时不等。访谈时间介于2017年8月16日—2018年6月27日期间。面对面访谈了《生命之舞》跨学科课程团队主持人W教师以及当时负责跨学科课程启动与运作的教务处H副处长,微信电话访谈了X大学跨学科课程创建具有关键影响作用的F老师、《悠然见君子》跨学科课程团队负责人K老师以及其他跨学科课程团队成员等9名教师。较为全面地了解跨学科课程及其团队创建与发展的基本情况,也为后续的进一步交流奠定了研究基础。

访谈录音转换与文字整理:征求访谈对象的同意,用录音笔进行录音。在访谈结束后,首先要做的就是将录音资料转换成文字,并与录音核对一遍。在转译与核对的过程中,将重点字词做标记,及时将自己的感受与想法记录在旁边,以便为接下来的资料分析提供便利。同时将访谈原始录音逐字逐句转写,将转录稿发给被访谈教师认真核对,经过被访教师确认后,至少形成最终的访谈文本资料,确保访谈转写文本的真实可靠性。每次访谈结束后立即填写接触摘要单(参见附录示例)。

2. 文本、图片与视频资料搜集

教育部官网发布的政策文本——通过教育部官网,收集能体现本科教学质量与改革主题演变轨迹的 7 份重要政策文本,按时间脉络以及对文本内容与关键词词频的分析,对这些政策文本进行梳理,分析这些政策文本之间的内在一致性和相互联系,探寻其中在涉及"质量文化"关键主题上的内在逻辑关联。

中美大学官方网站的文本、图片和视频——一方面从迈阿密大学、布朗大学、美国斯坦福大学等官方网站收集围绕"教学学术""实践共同体""教学发展中心"及"教学共享空间"等本研究主题的文本、图片与视频;另一方面,从 J 大学、B 大学、X 大学官网、微信公众号等渠道收集有关该大学校史和发展概况资料,体现教学发展中心与教务处有关教学质量与改革的政策制度文本、中心年度报告以及所提供资源与开展活动等资料,还对所获文本、图片和视频资料进行筛选与归类整理。在相关章节的案例分析中都标注了相关文本和图片的资料来源。

(二) 资料的整理与分析

1. 分析手段与工具

NVivo12 Plus 作为一款功能强大的质性分析软件,具有导航视图、大纲视图、明细视图以及功能区的工具条,视图模块可以帮助质性分析时查看分析资料和编码的树状图以及进行具体的节点的取消、拖动和合并删减,对分析资料进行备忘录和备注的添加。软件的可视化、概念图、层次图等都有利于资料的多维多重分析与比较,探索功能的矩阵分析和交叉分析对质性分析深化是一个巨大帮助。

文件导入与分类整理:将前期访谈资料整理成文本后,按照学校代码和被访教师姓名首字母,对 19 名被访教师资料进行匿名处理,导入 NVivo12 Plus 的内部资料,按照"文件分类"—"新建分类"—"向项目添加一个或多个预定义的分类"(预定义)—选择适合分类—"会谈"的步骤,将教研室和跨学科课程团队作为两大类访谈案例文本进行文件分类,选中分类文件—"文档特性"—"属性值"—选中之前已经预定义的分类"会谈",给预定义过的案例文件相关属性(如年龄、性别、职称、专业等)进行赋值,为后面统计分析做准备。

编码与创建备忘录——手动编码:通过"单击编辑"—"节点"选中编码的文字—"将所选内容拖至此处以编码为新节点"—对话框弹出"新建节点"—"名称"(给节点命名:如自我反思/同伴互助/关键事件/听评课/合作文化等)—"打开节点"可查看。

创建备忘录:通过"创建"—"备忘录"—"新建备忘录"—"名称"命名—创建好备忘录"名称"(合作共赢),通过"备忘录链接"—"链接到现有备忘录"—点访谈文件右键—"备忘录链接"—"打开链接的备忘录",利用软件的备忘录和批注功能将阅读过程和编码过程中生成的想法和感受及时记录下来,也可以反复查看自己所写的备忘录。

创建案例、探索之词频查询:通过"创建为案例"—案例分类—"创建新分类"—"人员组织"—"案例特性"—"案例节点特性"—"属性值"(如年龄、教龄、职称、性别、专业、教学奖励等),给案例的相应属性赋值。通过"探索"—"词频"—"查询"—"选定项"—选择要查询的文件[如"我的教研室访谈文字"(节点)、《生命之舞》课程报告]—"运行查询"—"词汇云"—导出词汇云。

2. 分析与整理步骤

录音转换整理:在资料搜集完毕后,首先要做的就是将录音资料转换成文字。一方面是将访谈原始录音逐字转写,并至少要与录音核对一遍。在转写与核对的过程中,将重点字词做标记,及时将自己的感受与想法记录在旁边,以便为接下来的资料分析提供便利。另一方面是将参与式观察中的重要环节内容进行转换、记录。结合课堂参与式观察的记录与真实感受记录个人的想法,对于录音多次反复地听,记下与本研究相关的重要内容。

资料分析与处理:前期访谈结果所获资料除了利用NVivo12 Plus质性软件进行处理外,还可通过贴标签—发现类属—寻找属性与维度的方式进行手工开放式编码,并通过撰写备忘录建立抽象类属。撰写资料接触单,根据编码撰写故事线。在资料分析的过程中,首先明确自己的研究问题,带着一系列研究问题将有关资料进行分类整理,这有助于对每一类问题进行整理,获得全面而系统的资料;其次对每一类资料反复阅读,结合自己搜集到的文本、图片与视频寻找有价值的信息,及时将重要的内容做标记。刚开始做出的标记相对宽泛,但从多个角度不断研读与分析的情况下逐步深入,探寻出有意义的内容资料,根据研究目的对获得的原始资料进行系统化、条理化处理,然后用逐步集中和浓缩的方式将资料反映出来,其最终目的是对资料进行意义解释。

第二节 研究伦理和效度

一、研究伦理

伦理问题是质性研究必须关注的问题,贯穿于质性研究始终。学者伍威·弗里克

(Uwe Flick)在探讨质性研究伦理时编著的《质性研究导引》一书中引述了墨菲和丁沃尔(Murphy E &Dingwall R)提出的四条伦理准则,即无伤害性准则、有益性准则、自主和自决准则以及公正性准则。以此四条准则作为主要参照依据并结合本研究实际,在质性资料收集和分析过程中,将自愿和不隐蔽原则、尊重个人隐私和保密原则、公正性原则以及互惠原则作为遵循的伦理原则。

(一) 自愿和不隐蔽原则

本研究遵循自愿和不隐蔽原则。首先征求被研究者的知情同意,先以电话、电子邮件、微信及QQ留言的方式礼貌地与通过抽样选取教师进行沟通,向对方明确陈述自己正在进行的研究议题、研究来意与目的以及研究者个人身份,诚恳地邀请他们参与,并明确告知他们是否参与基于自愿原则,对能参与本研究的相关教师表达真诚的感谢。

(二) 尊重个人隐私和保密原则

本研究对访谈实录、观察记录以及被研究者的个人数据等涉及被研究者个人隐私的信息都注意保护,采用字母+代码组合匿名的方式呈现所有参与教师以及他们所在大学的情况,尽量保护被研究者的个人信息资料,征求被研究者相关个人内容公开发表的意愿,遵循尊重个人隐私和保密原则。

(三) 公正性原则

本研究遵循公正性原则。也就是在对被研究者提供信息与资料以及文本资料进行评述、解释、分析时尽量能秉持相对客观中立的态度和视角,尽量不做过于偏激、主观武断以及过度个人化和情绪化的解读。访谈时间、地点尽量尊重参与教师时间和日程安排,也提前预留足够时间让他们能思考相关问题。无论是面对面还是电话访谈,都尽量尊重和专注聆听被访教师对于访谈问题的回答。同时能严格遵照逐字逐句转写的原则,对研究对象的访谈信息进行反复校对和准确核实,以确保访谈内容转写文本的真实性和准确性。

(四) 互惠原则

本研究遵循与被研究者之间的互利互惠原则。通过附赠小礼品、分享给参与教师感兴趣的研究资源、为被研究者提供所需要的帮助等形式表达自己真诚的感谢,感谢被研究者的支持与积极配合。同时也给予被研究对象郑重承诺——一定保护他们个人隐私,愿意和他们分享本研究最终研究成果。

二、研究效度

(一) 三角互证

在本研究运用方法的三角互证方面,针对同一研究对象,采取多种研究方法,如观察法、访谈法、实物分析法、文献研究法等多种方法收集资料。采用参与式观察法记录重要环节与事件;对参与跨学科课程团队的教师进行正式和非正式会谈;对涉及文本等实物进行客观分析与解读。在资料的三角验证方面,主要包括课程大纲、结课仪式、学生课程报告与反馈以及课程微信公众号推送文章等,形成多种证据来源,彼此之间相互补充,相互验证,使总体的研究质量更高。通过对多种资料的对比来克服资料的片面、不真实与效度低的问题。

(二) 个人身份的定位

在研究过程中,研究者的个人身份、个人因素以及看问题的角度等都会对研究结果产生一定的影响,因此必须重视研究者的个人身份。研究者的身份主要有三种,一是旁观者,即站在旁观者的角度观察研究现象。二是研究的参与者,参与整个研究过程但不是重要的实践者。三是参与的研究者,既是一名研究者也是一名参与者。在本研究中,笔者既是研究者也是参与者,通过双重角色的设定,笔者既能够参与其中又能够置身事外,尽可能保持中立,客观地探究人物与事件背后的真实情况,保证项目的效度。

第二章 大学教学共享空间建构的理论阐释与价值意蕴

第一节 大学教学共享空间建构的理论阐释

一、教学共享空间的含义:一个演化的概念

从博耶20世纪90年代提出"教学学术"概念,到相关代表性学者对教学学术内涵与外延从不同视角的拓展性理解、对教学学术富有争议性的问题更深入持续地探讨,教学学术的定义、标准、评价、知识基础及与学科的关系等关键问题不断地得以澄清与完善。教学学术作为一种先进的教育理念引领了起始于美国,扩展到世界各国高等教育领域的"教学学术运动",相关研究也涉及多学科领域,一批极具影响力和代表性的学者、著作、论文、期刊及学术组织也相伴而生。尤其是2004年"国际教学学术协会"(International Society of Scholarship of Teaching and Learning, ISSOTL)的创立,借助每年年会召开的机会,世界各国高等教育领域学者得以聚集在一起,围绕"教与学"的关键议题展开广泛研讨、交流与公开分享,成为世界高等教育变革的重要推动力量。近些年来,对教学学术的研究也成为我国高等教育研究的热点问题,取得了较为丰硕的理论研究成果。然而在我国大学实践层面的推进却是缓慢而充满困难的。通过教学共享空间建构这一新的路径去推动教学学术的践行,应对解决我国大学教学变革面临的现实问题具有重要的引领作用。要提升大学教学质量,使教学真正被视为一种学术工作,需要改变教学原有的缺乏共享和交流的模式,不断探索新的方式和路径对教学改革、创新及其研究成果予以公开。因此,"走向公开"(Going Public)成为教学学术发展的一个关键特征,也是国际教学学术协会年会的重要议题。

2005年,美国卡内基教学促进委员会高级学者胡博和副会长哈钦斯提交的《教学

学术在高等教育中的报告》中,基于促进教学学术走向公开进而影响大学教师的日常工作方式,以更好地体现教学学术在提升高等教育质量方面的独特价值,正式提出了"教学共享空间"(the Teaching Commons)这一概念。他们认为:"教学共享空间是一种概念上(Conceptual)的空间,是大学教育者共同体聚集在一起交流有关实施教学探究与革新的思想观念并指导、运用于教学实践,从而应对为学生个人的、职业的、公民生活做准备的挑战。"[①]他们将教学共享空间的建构作为推进教学学术纵深发展的重要路径。建构共享空间促使教学学术成果公开,可将大学教师私人化的教室工作逐渐转变为可公开讨论和研究的、可被建构的活动,进而为大学教学的持续改善创造条件。

通过对国内外相关研究文献的梳理,结合自己思考,以及信息与学习共享空间、实践共同体与学习共同体两组相关概念的基本理念、内涵、外延及思想拓展,本研究认为可将"教学共享空间"理解为:大学教学共享空间是大学教师基于教学学术理念引领,对探究观念与实践成果得以公开研讨、交流、展示、分享的空间。在此空间中,教师及其结成的共同体能够通过实践探究与革新、参与和相互交流建构起信任关系,形成重教学价值的质量文化愿景。作为空间,教学共享空间以物理空间为基础,并以信息技术、工具设施和计算机网络支持的虚拟空间为辅助,可进一步生成专业交往基础上的教学学术文化场域(参见图 2-1)。

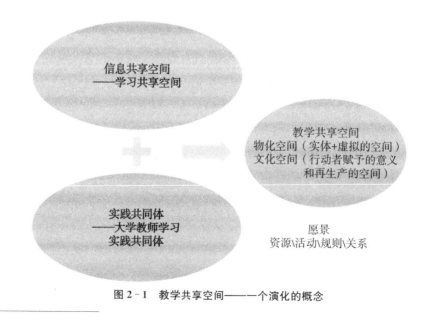

图 2-1 教学共享空间——一个演化的概念

---

① Huber, M. T., Hutchings P. Building the Teaching Commons [J]. Change, 2006,38(3):24-31.

安东尼奥·帕隆博和艾伦·斯科特（Antonio Palumbo & Alan Scott）在一篇关于将"共享空间"作为在全球经济可选择性的组织结构的论文中，从三个可定义特征即"一系列持有和供集体使用的资源，一系列可修正的培育社会性合作的机构安排，一系列使共享的获得和使用规则化的管理实践"对共享空间（Commons）予以了界定。① 依据这一界定，借鉴吉登斯"结构二重性原理"对"结构"的解读，以及胡博和赫钦斯对"教学共享空间"概念的原初定义，本研究将教学共享空间的构成要素确定为愿景、资源、活动、规则、关系5个基本要素。根据上述定义，通过绘制表格，更形象地解读这一概念（参见表2-1）。

表2-1 教学共享空间

构成要素	愿景	培育教学质量文化，促进教师持续地改善教学实践
	资源	探究与创新生成与累积的理论与实践成果
	活动	合作探究、交流与分享、记录与建构
	规则	人员配置与协作规则：空间及其设施的维护与更新、经费保障以及与外界的协调规则；资源与活动开展的管理与协调规则等
	关系	共赢互惠和相互信任的关系

教学共享空间由实体与虚拟的物理空间构成，也蕴含着置身其间的行动者赋予它的意义和再生产的文化空间，具备建构性和生成性特征。空间与存身于空间的行动者及其能动性发挥之间是一种双向互动的辩证关系。物理的实体空间是行动者共同存在和参与活动的重要载体和基础，虚拟的空间是在物理实体空间基础上借助信息技术、各种工具设施及网络的拓展和延伸，使行动者的教学共享可突破时空局限；文化共享空间的形成是参与空间实践的行动者在教学探究和创新过程中，通过交流和互动催生的教学学术文化场域，标志着大学教学质量文化的变革。

二、方法论基础：教学学术理念

（一）"教学学术"概念的提出及含义拓展

20世纪90年代，美国卡内基教学促进基金会前主席博耶发表了《学术重思：教授

---

① Palumbo, A. & Scott A. Bureaucracy, open access and social pluralism: Returning the commons to the goose. In P. du Gay (ed.), *The Values of Democracy* [M]. Oxford, UK: Oxford University Press, 2005.

工作的重点领域》(*Scholarship Reconsidered：Priorities of the Professoriate*)的报告。博耶基于美国本科生教育的研究结果认为,大学最关键的议题是学术生活的核心与"学术"本身的含义密切相关。在对美国大学"学术"随时间而变化的历程进行梳理与回顾之后,对美国大学中对"学术"所普遍存在着的一种狭隘且层级式的理解,即仅仅将发现新知识的狭义科学研究视为最首要和最基本的学术活动,而将应用研究、交叉性研究,特别是大学中最重要的教学活动排斥于学术活动之外,认为后者缺乏专业性、规范性和创造性的观点进行了批判和反思。[1] 他认为,如果校园使命及教师奖励制度被狭隘地只限定于科学研究及出版,美国高等教育的丰富多样性和潜能实现会受到限制。对于美国高等教育发展而言,至关重要的是迫切地需要更具创造性的观点去理解教授工作。为了回应美国高等教育所面临的挑战,博耶在这份重要报告中提出由发现、整合、应用和教学构成的普遍学术观。结合大学教师的现实工作情况,博耶提倡以更综合的动态的视角看待学术。他认为教授工作应该包括4个既相对独立又有所重叠的功能,即发现的学术、整合的学术、应用的学术及教学的学术。[2] 并对四种学术表现形式的含义分别予以了阐释。其中,大学教学因其创造性和动态变化特性被视为学术的表现形式之一,被赋予了新的更丰富的内涵。在博耶的"教学学术观"中,他指出,"教学是一个需要类比、运用隐喻和想象从而建构起教师理解和学生学习之间桥梁的动态努力过程,也是一个需要精心地设计、持续地考查并和所教学科相关联的教学程序","最好的教学不仅意味着传递知识,同时也改造和扩展知识。通过教室讨论、对学生提出问题的评论,教师实现对现成知识的转变和延伸,教师自身也在创造性的新的方向上被推动和提升"[3]。好的教学本身就具有与其他一切形式的科学研究共同的特质,它富于专业性并且充满创造性,教学之于教师无疑是一项充满挑战性的终身的学术课题。[4]

基于博耶的观点,赖斯认为教学学术应包含句法能力、教育学(教学法)能力和学

---

[1] Boyer, E. L. *Scholarship Reconsidered：Priorities of the Professoriate*[R]. Princeton, N. J.：Carnegie Foundation for the Advancement of Teaching, 1990:15.
[2] Boyer, E. L. *Scholarship Reconsidered：Priorities of the Professoriate*[R]. Princeton, N. J.：Carnegie Foundation for the Advancement of Teaching, 1990:16.
[3] Boyer, E. L. *Scholarship Reconsidered：Priorities of the Professoriate*[R]. Princeton, N. J.：Carnegie Foundation for the Advancement of Teaching, 1990:23-24.
[4] 谢阳斌. 教学学术的历史、现状与趋势研究——大学教学的时代特征与学术导向[D]. 南京:南京大学, 2017:4.

习理论能力三个基本要素;①李·舒尔曼认为教学与学习是关系密切的两种活动,教学学术应体现为教和学两种学术形式,强调教师应重视对学生学习的探究;应对教学学术进行行为描述,阐释它所具备的所有形式学术的共同特点,将"教学的学术"(Scholarship of Teaching)拓展为"教与学的学术"(Scholarship of Teaching and Learning);舒尔曼等根据学术的内涵与共同特征对各种复杂的教学活动进行了考察与分类,给予教学学术概念更明确的界定。赫钦斯和舒尔曼认为,"只有经过探究和在理论与实践之间协商性的理解,进而在教学活动中创造出新意义,发现、参与和应用的交叉,你才会从中找到学术中的教学"②。这样教学才能提升到学术层次和水平,并将成果通过各种形式在学术共同体中交流、发表,其学术价值得到同行评价之认同,才可称之为严格、规范的教学学术成果,这样的教学成果才具有与科研成果同样的价值。基思·特里格维尔(Keith Trigwell)等认为应通过对教学学术的构成作出分解,阐释教学学术所包含的三个相互联系的基本要素;卡罗琳·克莱博和帕特里夏·A.克莱顿(Patricia A. Cranton)基于相关研究文献的阐释和作为教师发展者的体验,将对"教学学术"的理解区分为三种视角:第一种关于"教学学术"的视角是与传统的学术概念即发现的研究相平行的,教师实施研究并创造可见的成果;第二种视角将"教学学术"等同于优秀的教学(excellence in teaching),以获得教学奖励或杰出的教学评价结果为证据;第三种视角认为教学学术是一种通过将教育理论和研究应用于教学,采用学术性路径或方式的教学(Scholarly teaching)。③ 这三种视角都对深入理解"教学学术"概念有所贡献。在此基础上,克莱博和克莱顿提出以第四种视角看待教学学术。认为"教学学术"包含了教师研究所得的知识与基于经验的知识,认可教师在自己学科领域所实施的教学研究。④ 他们依据杰克·麦基罗(Jack Mezirow)的质变学习理论和尤尔根·哈贝马斯(Jürgen Habermas)的理论观点,将对知识的三种水平的反思与知识的三个领域进行整合,构建了九种要素组成的教学学术模型,以回应教学学术概念缺乏清晰界定和

---

① Rice, R. E. Towards a broader conception of scholarship: The American context. In. T. Whiston & R. Geiger (Eds), *Research and Higher Education: The United Kingdom and Unnited States* (pp. 117 - 129). Buckinghom: SRHE and Open University Press.

② Hutchings, P., Shulman, L. S.. The Scholarship of Teaching: New Elaborations, New Developments [J]. *Change*, 1999, 31(5):15.

③ Kreber, C. and Cranton, P. A. Exploring the Scholarship of Teaching [J]. *The Journal of Higher Education*, 2000, 71(4):477.

④ Kreber, C. and Cranton, P. A. Exploring the Scholarship of Teaching [J]. *The Journal of Higher Education*, 2000, 71(4):477 - 478.

特征模糊且难以评价的局限。①

相关研究的代表性学者舒尔曼认为,教学没有被赋予在学术中的价值,是因为对待教学的方式是将它从学术共同体中排除。他呼吁教学要与追求学术工作的学科的、专业的共同体重新联系。②他曾这样描绘:"教学学术,是当作为教师的工作变得可公开,可被同行评议和批评,并且与我们专业共同体其他成员进行交流,反过来能在我们工作基础上进行建构时,这些就是学术的所有特征。"③赫钦斯认为,"教学是一个不间断的反思和探究进程,需要同行交流和公开性",探讨了"九种策略使教师个体工作为同行可获得,使教学成为共同体财富,以促进教师个体发展、建构集体的实践智慧和个人决策"④。胡博等通过对不同学科风格对教与学影响的研究认为,应通过探索不同学科的共同基础,贡献于不同学科教学学术观念的公开交流,扩大教学的想象力和增强教学学术工作的优势。⑤根据卡内基教学促进基金会定义,将"教学学术"理解为教师根据本学科的认识论对自己教学过程中产生的问题进行探究,并将探究结果用他人能够接受的形式公开,使之面对公开评议,与同行进行分享并能够在此基础上进行建构。⑥

从博耶提出"教学学术"概念,到相关代表性学者对教学学术内涵与外延从不同视角进行拓展性理解、对教学学术富有争议性的问题更深入持续地探讨,教学学术的定义、标准、评价、知识基础及与学科的关系等关键问题不断地得以澄清与完善。教学学术作为一种先进的教育理念引领了起始于美国,扩展到世界各国高等教育领域的"教学学术运动",相关研究也涉及到多学科领域,一批具有影响力和代表性的学者、著作、论文、期刊及学术组织也相伴而生。近些年来对教学学术的研究也成为我国高等教育研究的热点问题,取得了较为丰硕的理论研究成果,为本研究的深入奠定了较为丰富

---

① Kreber, C and Craton, P. A. Exploring the Scholarship of Teaching [J]. *The Journal of Higher Education*, 2000, 71(4):484-485.

② Shulman, L. S. Teaching as community property: putting an end to pedagogical solitude [J]. *Change*, 1993, 25(6):6-7.

③ Shulman, L. S. From Minsk To Pinsk: Why A Scholarship of Teaching and Learning? [J]. *Journal of the Scholarship of Teaching and Learning*, 2000, 1(1):48-53.

④ Hutchings, P. *Making Teaching Community Property: A Menu for Peer Collaboration and Peer Review*. Washington, DC: American Association for Higher Education, 1999.

⑤ Huber, M., Morneale S. *Disciplinary Styles in the Scholarship of Teaching and Learning: Exploring Common Ground*. Washington, DC: American Association of Higher Education, 2002.

⑥ 王玉衡.美国大学教学学术运动[M].北京:北京师范大学出版社,2012:2.

的理论基础。

(二) 作为教师专业发展的方法论

教学学术概念自 1990 年博耶提出以来,在后续的相关研究和实践中,被赋予了多元意义,但因为它缺乏统一标准和转变潜能的飘忽不定而受到质疑和批评。[1] 已经确立起来的教学学术观,将教学学术视为探究学生学习形式,通过改善教学实践进而优化学生学习。教学学术令人惊喜之处既在于它定锚于学科,有时也充满活力地根植于跨学科,强调它这种混合性特征和开放性以及涵盖的智力的维度。进入 21 世纪后的 10 年,在教学学术共同体内最大的争议与它的理论能力相关。在学术界虽然它有时仍被视为一个相对模糊的概念,但它在世界范围内尤其是各国高等教育实践层面却赢得了发展动力,获取不同层面的相关资金资助以促进教与学。若埃尔·方格内尔(Joelle Fanghanel)认为应反思教学学术能做什么而不是意味着什么,教学学术作为一种聚焦于进程、跨越学科边界、发现结果得以公开的探究形式,可被视为专业发展的复杂的方法论。作为方法论的教学学术,表达了一种可选择的、丰富的实践模式,提供了单个的探究的对话性评议空间,致力于增进高等教育领域的个体和集体知识。[2] 基于竞争和排名目的被称为"可管理"的研究完全与教学实践分离,催生了低情境化和低智力化的教学观,而教学学术能完全容纳教学的复杂性和智力特性,致力于发展不同的探究路径。方格内尔提出在高等教育教学的复杂智力领域,将教学学术作为专业发展的方法论具有独特意义和价值。[3] 基本观点如下:

1. 教学学术有利于促进专业发展的民主和对话的形式

当前的高等教育领域处于高竞争性和高度关注绩效的情境中。在各国包括我国大学急剧扩展规模的发展进程中,政策层面上采纳了两条相互矛盾的应对策略,即不断减少的预算与不断增加管理的方案,意图给予大学尽可能少的输入,获得尽可能多的输出。这种绩效管理主要通过个体和院校的比较与排名的监控体系和实践的量化评估路径得以维持。教学学术作为一种合作性的跨学科的专业发展方法论致力于对实践的理解,通过质疑客观主义的假设,揭示与情境相关认识论的丰富性,挑战传统的

---

[1] Kreber, C. Empowering the Scholarship of Teaching: An Arendtian and Critical Perspective [J]. *Studies in Higher Education*, 2013,38(6):857-869.

[2] Fanghanel, J. Going Public with Pedagogical Inquiries: SoTL as a Methodology for Faculty Professional Development [J]. *Teaching & Learning Inquiry*, 2013,1(1):59.

[3] Fanghanel, J. Going Public with Pedagogical Inquiries: SoTL as a Methodology for Faculty Professional Development [J]. *Teaching & Learning Inquiry*, 2013,1(1):60.

方法论和理论相关的期望,试图改变传统研究的竞争性模式。这种反思受到相关研究的鼓舞,特别关注于寻求提升科学研究的"对话的民主的空间"。因此从方法论视角来看,将教学学术作为一种能促进多元声音在公共空间被倾听的民主的探究形式,也是探究的对话性模式,因为其运用的传播策略基于讨论和对话。"走向公开"意味着不只是在学术期刊上出版,而是多种形式的公开表达与分享。[①]

2. 教学学术是高等教育中专业发展的强有力工具

教学学术的丰富性并不在于博耶原初修正的模型,而在于它逐渐发展变化的状态。实质上,博耶对于学术的分类更是规范性和理想模型的描绘,现实层面上学术共同体并未完全认可,也没有给予教学学术同发现的学术同样的权重。但重要的转变是,自博耶提出这一术语后,在知识的建构主义理论以及研究与教学关系的论争外显的可能影响下,在理解教学概念时,强调从教学到教与学的转变,伴随着仔细考量的意图是将学生学习纳入其中,将教学作为一个师生互惠的进程。自此教与学在其适当位置成为一个有效的探究领域,教学学术作为评议和支持实践的空间得以产生,教学学术的跨学科知识主体通过研讨会、在线讨论、学术会议和出版等多元化形式得以传播。将教学学术作为专业发展工具讨论,它的能量和价值在于具备以下特征:

第一,考察影响学习体验的进程,而不是将教学视为一种无情境的自我获得的行动。关注实践过程的方法论,是对教学法实践复杂性的确认,接纳教学的复杂性、高情境化和作为智力劳动的特征。[②] 当前大学有一系列现存的促进专业发展的模式。这些通过正式与非正式学习的传统教师发展模式,缺乏对教与学作为集体努力的关注,也忽视基于同行评议和测试过的知识主体实践需求的真实理解等局限性。实际上,教学包含了人、进程和情境要素,所以它会通过在实践中主体(人们如何行动)以及所处结构(课程、管理评价和进展的规则、对参与和质量的管理)之间相互作用的调节。因此教学和对学习的管理是高度复杂的活动。教学学术的实践探究是学者理解实践、维持与学生互动的可管理研究的方式。同时,教学学术也将专业发展定锚于非补缺式的活动,聚焦于系统的持续变化的探究目标。它将实践探究转变到通过探究、讨论、试验等怎样被改变的过程,而不只是局限于对结果的关注。对传播的关注是具体化的内在

---

① Fanghanel, J. Going public with pedagogical inquiries: SoTL as a methodology for faculty professional development [J]. *Teaching & Learning Inquiry*, 2013, 1(1): 60-61.
② Fanghanel, J. Going public with pedagogical inquiries: SoTL as a methodology for faculty professional development [J]. *Teaching & Learning Inquiry*, 2013, 1(1): 61.

于教学学术的"going meta"。① 教学学术探究强调关注方法、反思、对话的过程而不是输出结果的特征,使其具有探究方法模式转变的潜能。即当地的(校本的)、合作的、对话性实践特征,通过探究的实践转变促进针对当地情境的合作性的对话环境和挑战竞争性研究的主导地位。教学学术的目的在于揭示通过参与有反思和相关合作伙伴参与的学术实践的复杂性,通过争论和冲突获得经验教训,使变革生成于探究中。②

第二,作为知识转移到特别学科和机构情境中的策略,教学学术提供了跨学科和跨机构反思的空间,能加速跨越边界并转移到专业情境的机制。

相对于建立良好机制的研究活动,学者的教学专业发展在高等教育领域是不成熟且全新的领域,在很多细节上并未得到完全的探索。很多国家和地区发展相应的框架和模式支持作为教师的作用,他们通常依赖于中心项目和学生对课程评估的中心化的干预形式。整体上新教师教育倾向于依赖教学法模式而不是基于将知识从一种情境转变到另一种情境的问题解决。从一个一般的情境到学科—专业实践,从抽象的概念化到专业院系的有关教与学的惯例和信念是不同的。重要的研究都表明知识从一个情境转变到另一个情境的困难,尤其是从教师教育项目中获取知识转移到情境化的实践中。相关研究考察新教师在一个理论模式中收获的教育项目,实践情境被视为变革的关键,但甄别发现从中心项目转移到与特别情境关联的校本实践往往面临诸多挑战:一是新教师在他们所在院系很少有将实践的变革操作化的能动性;二是新教师对于大学教育目的的理想与信念同教师发展项目的理论和观念的冲突与不协调;三是除非院系加速从项目所学到实践的转变,否则在学术院系通过特别政策或工作方式转移是危险的;四是高级职业生涯的同事和导师在协调与中心教育项目的连接时的影响是关键的;最后是学科惯习和学科信念对新教师在实践中教的方式扮演了重要作用。③ 因此,这种转变既不是简单的内在于学习进程的认知活动,也不是从被倡导的"情境性学习"的实践情境相互作用中生成的。莱夫和温格将这种转移甄别为实践给养将从另一情境中所学进行配置的能力,但并未对怎样发生的机制给出任何明示。在此基础上,托米·格伦和约里奥·恩格斯托姆等(Tuomi-Grohn & Yrjo Engestrom)活

---

① Hutchings, P. and Shulman, L. S. The Scholarship of Teaching: New Elaborations, New Developments [J]. *Change the Magzine of Higher Learning*, 1999,31(5):12.
② Fanghanel, J. Gving Public with pedagogical inqwires=SoTL as a methodology for faculty professional development [J]. *Teaching & Learning Inquiry*, 2013,1(1):62-63.
③ Fanghanel, J. Capturing dissonance in university teacher education environments [J]. *Studies in Higher Education*, 2004,29(5):579-590.

动理论家提出加速转移到一个新的情境必须将思考植根于学习事件中。他们建议教师教学法的路径必须包括他们称之为"拓展性学习",被界定为"当某些个人参与进集体的或共同的对现存实践探询的活动中的学习"。拓展性学习设想在实践情境中的个人学习通过集体共同的反思和发展而发生。强调共享的活动,对"发展体系"的分析以及吸引在转变情境中不断增长的参与者。①

教学学术工作是拓展性学习原理这种反思性方法论的迁移和运用。通过对现存实践问题的质疑、分析或假设的应用,新的模式的修正实施和测试以增强和转变现存实践。当教学法原则转移到特定学科时的挑战是抽象知识如何转移到新的情境,教学学术是联结教学的智力和实践的维度的车轮,搭建起理论与实践之间交会的桥梁。教学学术支持发生在异质群体中的"边界跨越"进程,这一进程体现了恩格斯托姆提出的"边界跨越"机制。来自异质性群体和不同水平的教学学术学者,他们在共同探究的集体活动中所运用的各学科知识和理解处于相对平等状态,在参与和互动中跨越了边界创建起实体共同体,他们源于各自学科的知识会在交流、分享与对话的共同体成员之间发生正向迁移,彼此融合与推陈出新,从而更有效地促进他们的专业发展。

最后,教学学术是监控、指导和评价专业发展中教育创新的方法论。教学学术是植根于监控和评估教学创新的车轮。②教学创新不是激进的,对教学创新最好的管理是渐进的、小规模的、具有反思性步骤的。通过对真实效果的反思,通过课程中反思和试验的循环为创新提供支撑。教学学术对大学变革的推动是受校本水平长期探究的渐进过程监控或指导的。因此知晓教学学术的实践应用于创新的努力是通过探究而自我指导的,是自我建构的创新。创新领域涉及评估、学习、技术使用、实践交互、教师发展等方面,教学学术特别地根植于高等教育情境进而支持创新,当它能促进教师合作性地工作,当教师们发现新的方式促使学生参与时的相互学习,那时他们就会远离和克服教学过程中的孤独,体验到自己作为大学院系的创新者的感受。

教学学术作为方法论的真正优势在于通过批判性反思和直接体验或经历发展实践以及对理论与抽象知识的依赖,而不只是行动的"Show&Tell"。教学学术路径提供了一种教师专业发展的反思性的方法论。因为教学学术是一种聚焦于过程、跨越边界

---

① Tuomi-Grohn, T. and Engestrom, Y. Conceptualizing Transfer: From Standard Notions to Developmental Perspectives. In Tuomi-Grohn and Engestrom, Y (Eds). *Between School and Work: New Perspectives on Transfer and Boundary-Gossing* [M]. Boston: Pergamon, 2003: 30-31.
② Fanghanel J. Going public with pedagogical inquires: SoTL as a methodology for faculty professional development [J]. *Teaching & Learning Inquiry*, 2013, 1(1): 65.

的工作和使发现公开化的、复杂的和策略性的专业发展形式,其价值并不低于一般教育研究,是一种强调更好地知晓学生从知识中所获的收益、促使多元化声音进入公共空间的民主的利他的探究模式。①

教学学术当前面临的最主要的挑战一方面是教学学术共同体怎样才能更好地交流以理解它能够做什么;另一方面是促进这种形式探究的价值以使它成为专业发展的主流形式,而不会丢失其富有的利他性和民主性要素;第三方面挑战在于更好地理解、管理最大的实践扎根的院系与学科交互作用界面。教学学术在发展教学法方面扮演了强大的作用,通过提供争论、合作和对话的安全空间,以及适切于满足生活在当今复杂世界中的知识的复杂理论的支持,在保证高等教育的合作、民主、对话、利他等价值方面发挥重要作用。

三、与实践相联结的理论:吉登斯的结构二重性原理

安东尼·吉登斯(Anthony Giddens)是著名的社会学家。他在对社会学经典理论和代表性社会思潮的系统梳理基础上,批判地汲取各种思想精华,并通过有机整合而成的"结构化理论",被视为社会学中"最有建树的理论成果之一"。在结构化理论中,他将社会互动与空间紧密联系在一起,将空间视为渗透于社会建构过程的内在核心因素之一。结构化理论侧重探讨的是社会理论史上争论的问题,即关于社会结构与个人行动之间的互动关系问题。吉登斯对于这一议题探讨的特殊贡献在于:他融合了时空观来阐释结构以及结构与行动之间的相互关系,将空间作为渗透于社会建构过程的关键因素之一,强调了空间与社会互动之间的密切联系。他认为空间结构中的社会互动的延伸和变化的不同方式,会对社会结构中的资源配置和运作方式产生相应影响,空间关系也与权力的产生和统治结构的再生产紧密相互关联。吉登斯的结构化理论,力图弥合社会学理论中在宏观和微观层面上的分歧和冲突,将社会宏观系统与微观行动关联与整合。他构建这一理论的首要目标为试图解决传统社会学理论中的"客体主义与主体主义""整体论与个体论""决定论与唯意志论"等关键问题之间的二元对立问题,尝试用"结构的二重性(duality)"去阐明个人及其行动与社会结构之间的互动关系,揭示人的实践活动的本质是使动性与制约性的统一、主体能动性和社会结构的统一。

---

① Fanghanel J. Going public with pedagogical inquires: SoTL as a methodology for faculty professional development [J]. *Teaching & Learning Inquiry*, 2013,1(1):67.

重复发生的社会实践是吉登斯的"结构化理论"研究的起点。他认为,"社会科学研究的主要领域既不是个体行动者的经验,也不是任何形式的社会总体的存在,而是在时空向度上得到有序安排的各种社会实践"①。他指出实践是循环往复的recursive,也就意味着实践既不可能由行动者所处的结构性的社会条件所单独创造,也不只是行动者的心智创造,而是表现于行动者在创造促使这些实践变得可能的意识以及结构条件中。② 由于行动者自身或者社会结构都不能单方面地决定实践,因此处于时空中的社会实践作为纽带能联结行动者与社会结构,成为构建主体和社会客体的根基。③

(一)"结构二重性原理"的基本观点

"行动者和结构的构成不是两套独立的给定现象,一种二元论,而是代表着一种二重性"④。吉登斯认为,"依照'结构二重性'的概念,社会系统的结构性特征,既是它们循往反复组织起来的实践的中介,也是它的结果。结构不是'外在于'个人的,正如记忆痕迹以及具体体现在各种社会实践中,在某种意义上,它更是'内在于'而不是'外在于'人的活动,……结构不应等同于限制或约束,但它兼具约束性与使动性。"⑤

结构二重性作为规则和资源的结构化特征,是与实践二重性即能动性和受动性直接关联的。结构二重性是指社会结构一方面是人类实践活动的产物和结果,即人类实践活动在创建中发挥能动作用;另一方面体现的是社会结构是实践活动的中介和条件,作为框架的结构对行动者变革和重构行动的制约性。

对于结构,吉登斯把它规定为潜在于社会系统不断再造过程中的规则和资源,正是在使用这些规则和资源时,行动者在时空中维持或再生产出结构。结构在具体活动中的生成特性,并不是说它就是社会实践本身或者是实践的外显模式,而是说实践是一个展现结构特性的过程。⑥ 结构作为时空存在,只是在一些实践的具体事实例中以及它作为定位于人类可理解行动实施的记忆轨迹中。它是在具体情景中行动者的"组

---

① 安东尼·吉登斯.社会的构成:结构化理论纲要[M].李康,李猛,译.北京:中国人民大学出版社,2016:2.
② 乔治·瑞泽尔.当代社会学理论及其古典根源[M].杨淑娇,译.北京:北京大学出版社,2005:159.
③ 安东尼·吉登斯.社会学方法的新规则[M].田佑中,刘江涛,译.北京:社会科学文献出版社,2003:277.
④ 安东尼·吉登斯.社会的构成:结构化理论纲要[M].李康,李猛,译.北京:中国人民大学出版社,2016:23.
⑤ Giddens, A. *The Constitution of Society: Outline of the Theory of Structuration* [M]. Cambridge: Polity Press, 1984:25.
⑥ 周志山,许大平.基于实践活动的使动性和制约性——吉登斯结构二重性学说述议[J].浙江师范大学学报(社会科学版),2002,27(5):67.

成部分",行动者使用它们来创造跨时空的社会关系模式。① 规则则具有构成性和管制性两个方面特性。前者是某一活动得以成立或进行的条件,体现在意义构成方面的作用,后者反映的是对人类行动的某种约束性。规则的这两个特性互相联结、共生互动,体现在日常生活实践过程中。吉登斯将资源看成是权力实施的媒介,作为常规性要素是行为在社会再生产中的具体体现。② 结构中的资源构成则是结构中的支配方面,强调权力在结构化理论中的中心地位。吉登斯将资源区分为配置性资源与权威性资源两种,进而指出前者是指在权力实施过程中所使用的物质性资源,根源于人类对自然的支配,包括物质产品和在生产过程中可利用的自然力;后者是指在权力实施过程中的非物质性资源,它源于社会中的一些人对另一些人的支配。如果说规则作为例行化日常活动中的"虚拟秩序"和"方法论程序",强调的是主体能动活动中的约束性和规范性,那么资源作为一种产生于支配结构的再生产并通过这种再生产而获得的能力,强调的是在受某种条件制约下主体活动的使动性和构成性。③ 行动者和结构的关系被看成是在实践活动的基础上,具有共生互动、内在统合的双向建构性关系,而非既成的、僵化的外在性对立关系。"依照结构化理论的观点,行动在其生产的时刻,也在日复一日的社会生活展现情境中被再生产。……行动者再生产结构化特征也再生产了使那些行动可能发生的条件。"④

吉登斯对于行动者的理解关涉到主体(subject)与主体性或能动性(agency)两个关键要素,而行动者的能动性是其中核心概念。首先,行动者是具有反思性、认知理性和无意识动机的"行动个体"。⑤ 其次,行动者的能动作用指的不仅是人们做事情的意图而首先是做那些事情的能力,也关涉到个人作为实施者的事件,在某种意义上个人能在给定顺序的、任何阶段以不同方式行事。⑥ 假定要成为行动者是能行使(循环往

---

① 周志山,许大平. 基于实践活动的使动性和制约性——吉登斯结构二重性学说述议[J]. 浙江师范大学学报(社会科学版),2002,27(5):67.
② Giddens, A. *The Constitution of Society: Outline of the Theory of Structuration* [M]. Cambridge: Polity Press, 1984:17.
③ 周志山,许大平. 基于实践活动的使动性和制约性——吉登斯结构二重性学说述议[J]. 浙江师范大学学报(社会科学版),2002,27(5):68.
④ Giddens, A. *The Constitution of Society: Outline of the Theory of Structuration* [M]. Cambridge: Polity Press, 1984:26.
⑤ 何维华. 启示与反思:吉登斯"行动者"思想研究——"结构化理论"中的主体性问题[D]. 广州:中山大学,2012:12.
⑥ Giddens, A. *The Constitution of Society: Outline of the Theory of Structuration* [M]. Cambridge: Polity Press, 1984:9.

复地在日常生活流中)一系列因果效力的权力,包括那些影响他人行使权力的权力。行动依赖于个体对先前存在事态的影响或改变事件进程的能力。[①] 通过从独特视角对"规则"与"资源"、"行动者"与"能动作用"、"能动作用"与"权力"等概念以及它们之间逻辑关联的解读,对行动者所处情境的阐释、对互动中支配与控制辩证法的揭示,吉登斯的结构二重性原理充分体现了结构与行动交互过程中"制约性"与"使动性"之间的张力。

(二) 结构二重性原理与本研究的契合点

教学共享空间的建构过程可理解为社会行动过程。即作为主体的教师及其行动(教学探究与创新实践)与大学组织提供的结构(教与学情境)之间的交互关系,是互为影响与制约的。大学组织情境作为结构,对作为行动者的教师的能动性具有促进和制约作用。教师作为大学教学探究与创新实践的行动者,基于信任关系的互动,既受制于所处大学的动态变化情境(结构),也对大学组织结构的优化与重构具有能动性影响。与"结构二重性原理"中的行动者及其行动与社会结构的关系探讨相契合。

1. 大学具备的原初或现实情境(资源:物质+人际+文化)是教师教学革新与探究实践的结构(组织的教与学情境)。这一结构对大学教师参与教学探究与革新实践具有使动性与制约性,也就是大学组织结构对教师作为行动者的行动既具有潜在的驱动力,也可能成为制约或阻碍因素。

2. 在大学组织结构提供的情境驱动下,大学教师作为行动者参与教学探究与革新实践对所处大学情境(结构)具有能动的重构作用;若这一结构并不能激发教师参与实践(行动),那么大学本应是支持教师教学发展的结构可能会僵化缺乏活力,会固守既有结构和状态,难以发生变化尤其是质变的可能。

3. 重构的组织教与学情境为参与教师(行动者及其行动)提供了实践更优化的结构性条件,会激发更多具有教学胜任力的教师参与探究以及公开分享交流探究成果,成为教学共享空间的活力与可持续性发展的关键。

4. 组织教与学情境作为结构性条件可能会对教师教学探究实践有所应答,教师的教学探究与创新也可能受到组织结构的约束或激励,二者之间会具有相互影响和双向反馈关系。

[①] Giddens, A. *The Constitution of Society: Outline of the Theory of Structuration* [M]. Cambridge: Polity Press, 1984:14.

第二节 大学教学共享空间建构的价值意蕴

自 1990 年博耶提出"教学学术"概念以来,在卡内基教学促进基金会继任主席舒尔曼等人推动下的大学教学学术运动,以其新理念和新思路深刻地影响着美国高等教育,也对世界各国高等教育的改革与发展产生了广泛而深远的影响。大学教学要真正成为一种学术表现形式,其成果需要以多元化形式得以公开交流与分享,得到相关学术共同体的评议和认可。因此,"走向公开"(Going Public)既被视为教学学术发展的关键特征之一,也成为国际教学学术协会(ISSOTL)年会的重要议题。"教学共享空间"(Teaching Commons)这一概念正是基于促进教学学术走向公开进而影响大学教师的日常工作方式,以更好地体现教学学术在提升高等教育质量方面的独特价值而提出的。从现实情境来看,国际上,教学学术专业协会成立(如 International Society of Scholarship of Teaching and Learning, ISSOTL);每年召开的教学学术专题学术会议(2004—2021 年,国际教学学术协会已先后召开了 18 届年会),主题始终围绕大学的教与学的探究与革新;新的出版物包括新的期刊(*Journal of the Scholarship of Teaching and Learning*;*Journal on Centers of Teaching and Learning*)、电子网络等的涌现(OLN Online Network,MIT Open Course Ware);大学校园一系列教育革新方案的创始;国际上改善学生学习的国际论坛举办等都昭示着"教学学术"这一概念日益提高的影响力。国内大学的实践层面也悄然发生着变化:大学教师教学发展中心的相继建立与功能拓展、探讨大学教学的专业期刊以及专业的教学学术研讨会等的创始;高校教学发展网络(Chinese Higher Education Development Network,CHED)创立及年会召开等,足以表明国内外大学的教学共享空间建构已呈现出多元化的表现形式和实践探索路径。

那么面对信息化时代对大学教学变革的挑战和机遇,针对大学在生源结构、教学材料、教学方法及评估技术等方面的不断变化的情境,大学教学共享空间及其建构的价值何在?

一、促使"走向公开",发挥教学学术在大学教学质量提升中的独特价值

(一)共享空间建构可赢得更广泛的参与对象,为教师指明方向和规划路径

基于教学学术走向公开的共享空间的建构,实质上提供了一个更好地联结有差异

的教学学术工作案例和类型的地方。基于相同学科的问题,跨越和衔接学科差异的共同主题给更多教师参与这一工作指明了方向,提供了路标。

英国著名学者托尼·比彻和保罗·特罗勒尔(Tony Becher & Paul P. Trowler)所著的《学术部落及其领地:知识探索与学科文化》重点研究了"学科地域"和"部落文化"之间的关系。认为特定的学术群体组织及其学术生活的方式,与他们所从事的知识活动密切相关。因为在同一块知识领地上进行生活与劳作,各个学科群体内部共享着相同的信念、文化和资源。① 学科是教师工作的起始点和最初的智力家园,学科独特的视角和方法也是教师认识和理解世界的工具,成为教师探索教学学术的问题来源。因此,从事教学学术最好的起点在于教师所熟悉的学科领域,以及基于教师自己教室和校本情境的经验和知识。来自同一学科情境的教师,他们有共享的教学目标、对学科知识及相应学科概念的理解把握;同时学科及其组织也可通过资金、项目、学科刊物等形式提供相应支持及归属感,尤为重要的是学科同行自然地成为教学实践探究及其成果的第一"观众"。

由科学史学家彼得·加利森(Peter Gallison)提出的学术"交易区"(Trading Zone)的概念用于探索来自高能物理学不同实验和理论次文化人群之间的观念分享,指对在教与学跨学科交流的有趣特征的关注。他通过研究认为:首先,学术"交易区"这一观念强调没有单一学科或专业共同体可垄断教学共享空间,即便他们学科、方法论有所不同,对教与学关注的历史也不同,但所有领域都有东西提供和从"交易"中收获。其次,学术"交易区"的观念使我们对交易共同语言的出现很敏感。最后,尽管交易区观念强调跨学科"交易"增强了教学法的想象和教育实践,但并不意味着学科认同的丧失。②

学术"交易区"这一观念的提出,有助于我们更好地理解跨学科交流的意义并竭力探索多元的跨学科交流网络的建立和发展。国际教学学术协会、国内高校教学发展网络的相继建立及年会举办,国内著名高校主办的教学学术专题会议,院校的跨学科教学团队的创立及实践,都是最好的形式和例证,它们无疑为跨学科的教学者提供了最好的相遇机会。来自不同学科的教师,围绕教学学术研究的重点问题,采取独特的研

---

① 托尼·比彻,保罗·特罗勒尔.学术部落及其领地:知识探索与学科文化[M].北京:北京大学出版社,2008:1—2.
② Huber, M. T., Hutchings P. *The Advancement of Learning: Building the Teaching Commons* [M]. San Francisco: Jossey-Bass, 2005:99.

究视角和方法,以教学实践问题为中心,进行跨学科交叉衔接的主题研究。他们将所得经验与成果在不同场合进行分享与交流,为有志从事教学学术的教师提供了扎根于真实教学情境的丰富范例。有利于教师突破学科差异,从其他学科或同行那里借鉴从事教学学术的概念框架和方法,加强和扩展跨学科学者之间的联系,逐渐形成便于交流的可接受的共同语言或统一框架,以便于对教师所考察的教与学进行分类、解释和利用,对复杂的、高成就的教学能给予明确的表达和确认。因为参与教学学术实践的学者就如同冒险进入新的智力世界一般,通常会伴随着相似的困惑与焦虑,是传统学科倾向难以涉及和理解的,跨学科交流及其网络的构建对于参与教学学术教师的情感关注和智力培育具有特别作用。

(二)相关研究及成果积累为教师规划和决心从事教学学术提供丰富资源

"站在巨人的肩膀上"这一隐喻,意味着教师从事教学学术的成果公开,正如科研成果的出版一样,可为后续的教学学术研究者提供丰厚的研究基础。

在对参与卡内基教学学术项目学者的调查中,超过50%的参与者表示:最初参与教学学术的原因是想寻找与自己相同的追求教与学兴趣的新同行,超过75%的参与者同意或强烈同意他们真正寻找到了新的同行。[1] 对CASTL学者的调查研究结果支持和证实了参与教学学术学者的兴趣源于对教与学相关研究文献的阅读。[2]

舒尔曼曾指出,"教学作为一个职业和专业领域最令人沮丧的特点是它广泛存在的个体和集体的失忆症,教学实践者有关教学的最好创新很容易被时代和未来的教学工作者所遗忘。……如果没有系统的符号和记忆系统,下一步我们就很难分析、解释和编码整理教学中的实践原则。"[3]如果能通过灵活多样的形式去记录、存储、描绘和证明教学的丰富而复杂的特性,展现教学探究过程的动态变化轨迹,避免日常所获经验的遗失,那么可将教学这种私人化的工作转变成同行们可见的、可相互讨论的、被研究的和可建构的工作,以便于后续参与的教师能充分利用其成效,激发教学具有可持续改进的潜力。

一方面,通过观摩同事的教学,关系亲近的同事分享教学大纲以赢得课程设计的

---

[1] Cox, R. Huber, M. T, and Hutchings, P. *Survey of CASTL Scholars*[R]. Stanford, CA: the Carnegie Foundation for the Advancement of Teaching, 2004:43.

[2] Cox, R. Huber, M. T, and Hutchings, P. *Survey of CASTL Scholars*[R].. Stanford, CA: the Carnegie Foundation for the Advancement of Teaching, 2004:158.

[3] 舒尔曼.实践智慧——论教学、学习与学会教学[M].王艳玲,王凯,毛齐明,等,译.上海:华东师范大学出版社,2014:158—159.

新观念,同事个人之间联系,相互寻求好的教学建议和学习教学经验等。内容涉及广泛,从教学大纲、学生作业、教学评估、学习材料、课程设计到教室难题、学生活动案例等,教师同行之间各种私下的交流与分享常常是发生在教室以外的非正式场合如办公室内、办公室外的走廊,或通过电子邮件、电话、微信等丰富多样的形式进行的。

另一方面,借助多元表达形式去记录教学学术工作的动态轨迹,形成与拓展教学学术资料库。麻省理工学院的在线开放课程项目(Open Course Ware,OCW)教学的同行评议、卡内基教学基金会的知识媒体实验室(Knowledge Media Lab,KML)、可视化知识项目等,是基于信息媒介的教学学术表达的新形式,是一种可借鉴的、动态的、可视化的个人项目表达的结构化模式,有助于加速教师之间合作的工作成果表达的进程。电子化存储的课堂教学档案袋,内容主要包括对教学大纲的讨论与反思;结合课堂教学具体事例对教学过程中使用的方法、素材和布置作业的反思;记录和分析学生课堂学习的过程与状况。课堂教学档案袋的使用可以更客观、准确地描述与展示发生在课堂内外的教学智慧工作,真实记录教学学术发展轨迹,利于教学探究工作及其知识成果的交流、循坏、评议与共享。大学教师参与教学学术并通过各种传统与非传统形式存储和公开分享他们的成果,最为关键的意义还在于影响和改变着教师关于教学的愿景、视角和态度,有助于实现教学学术发展在高等教育中期望达成的愿景:呼唤影响所有教师的转变。

(三) 引领教师重新思考与探究实践价值,赋予教学新的理解和意义

唐纳德·A.舍恩认为,专业实践也存在一片湿软的低地,那里的情境是令人困扰的"混乱"。这表明教学实践情境往往具有复杂性、不确定性、独特性和价值冲突性等特征。①"在真实世界的实践工作中,问题并不以实践者假设的模样出现,它们是由令人困惑、苦恼及未确定的问题情境中的林林总总所建构的。"②以舍恩的反思性实践认识论作为哲学基础进行审视,教师基于实践问题探究的教学学术需要不同学科和领域的教师利用自己已拥有的专业知识、实践经验及对学生的了解去厘清问题情境,重新建构自己对问题的理解,赋予问题情境以新的意义。在此基础上教师再框定目标、选择与目标适切的行为及解决问题的策略。因此大学教师的教学学术实践,由于其对不

---

① 唐纳德·A.舍恩.反映的实践者——专业工作者如何在行动中思考[M].夏林清,译.北京:教育科学出版社,2007:37.
② 唐纳德·A.舍恩.反映的实践者——专业工作者如何在行动中思考[M].夏林清,译.北京:教育科学出版社,2007:36.

确定性情境和教学法细节的关注,使其产生的知识成果更具有改善实践的取向,具备丰富性、合作性与跨学科性等独有特征。

教学学术成果通过多元化形式的公开分享与交流,一方面能帮助教师精炼教学过程并增进对教学的新见解,改变与突破简单化大学教学观的认识局限。教师能将大学教学视为"是一个以高深知识为依托,以教学实践中的实际问题为导向,通过教师与学生的共同探索来解决教学实践问题与改善教学,所产生的教学研究成果具有可评价、可交流、可传播、可改进等特性的一种实践活动。"[1]这蕴含着大学教师的教学哲学在某种意义上的转变,即促使教师将教学看成是一个需要通过甄别和确认教学实践中的真实问题,围绕核心问题进行的教室探究,能记录与提供真实、客观的证据,并在此基础上解决实践问题并创生新知识的过程;另一方面也启迪教师对教学过程中的未知的、不确定的领域展开探索,并将教学实践改善的价值与自身主动的发展需求相关联。如何管理教室的复杂性,如何基于实践情境提出真实问题,如何对问题情境进行反思与理解等,教师通过实践探究创造出的诸如此类的新知识成果,对同行教师理解原始情境与自己所处教室情境的差异性、重新建构新的理论和运用适切方法来解释和解决自己教学过程中的诸多问题,具有重要的借鉴与指导价值。

二、培育合作共赢的教师文化,消减其私有性和竞争性

(一) 大学教学的传统和惯习使教师对同行具有封闭性与非公开性

高等教育孕育了强健的学术共享空间以分享其丰厚的研究成果,开放交流的传统对促进新知识的创生和在社会改良中的运用是至关重要的。

著名学者丹·劳蒂(Dan C. Lortie)曾经对教师文化进行了大量研究,指出教师文化的重要特征之一就是个人主义。劳蒂还从学校"蛋条箱"式的组织结构与竞争性的制度环境、教师劳动特点以及教师个人心理与人际偏好等方面,对教师之间长期以来缺乏合作共事的习惯、不愿意接受同事的观摩和评议的个人主义文化成因进行了深入剖析。[2] 胡博和赫钦斯也认为,教学对大多数教师而言是一个私人化活动,"在门后发生的"既是隐喻也意味着物理空间上对同事的封闭。[3] 也就是说,探究教室实践及其

---

[1] 周波,刘世民.教学学术视域下大学教学的品性及其意蕴[J].高等教育研究,2018,39(6):71.
[2] Lortie, D. C. *School Teacher: A Sociological Study*[M]. Chicago: The University of Chicago Press, 1975:57.
[3] Huber, M. T., Hutchings P. *The Advancement of Learning: Building the Teaching Commons*[M]. San Francisco: Jossey-Bass, 2005:39.

对学生的影响,以及与同事分享探究的结果与经验,在大学教学实践的历史上是欠缺的,甚至是近乎于空白的。

(二)大学教师管理模式强化了教师文化中的个体性和竞争性

反观我国大学的教师管理模式,强调的是严格的规章制度、明确的职责分工,尤其是功利取向的重科研绩效的教师评价制度。这种管理模式可能会驱使教师为追逐现实的可得名利,在优胜劣汰的激烈竞争中占据优势地位,不愿暴露自己在教学中面临的困难与问题,不乐意坦陈自己教学的感悟及所获经验,消减教师通过分享、交流与合作以改善教学的意愿、热情及相应行为,降低教学改革与创新的积极性和自主性,进一步加剧大学教师间的孤立与封闭。

(三)合作共赢的组织文化有助于激发教师的分享意愿和行为

帕克·帕尔默说:"世界上没有优质教学的公式,而专家的指导也只能是杯水车薪。如果想要在实践中成长,我们有两个去处:一个是达到优质教学的内心世界,一个是由同行所在组成的共同体,从同事那里我们可以更多地了解我们自己和我们的教学。"①

那么,通过完善学校及院系的政策制度、大学组织结构化的改变,创设支持性的、合作性的校园共享环境,对改变大学教师之间缺乏相互交流和相互启发、乐于分享与吸纳各自教学思想、方法和策略的惯习,增强院校、院系对教学应担负的共同责任,培育合作共赢的组织文化至关重要。

近些年来,在国家政策的驱动下,遵循大学组织自身发展内在逻辑和教师教学专业发展需求的教师教学发展中心这一新的组织结构应运而生,为大学教师在他人工作基础上的知识交流与建构提供了新的平台,针对教师职业生涯发展阶段的独特需求,为教师提供持续系统的、关注过程的发展指导与支持,争取到更多资金投入,吸引更多不同发展阶段的教师主动参与其中,从而转变教学发展中心在大学中的相对边缘化的地位。伴随教师教学发展组织的结构完善与功能拓展,大学教师评聘政策、教学奖励制度、新教师招聘程序等也需要不断地修订与完善,将教学学术新理念渗透其中,从价值取向上予以教学工作更多关注,通过各种渠道更有效地传达校园氛围中教学这一智力工作重要性的信号。

另外,从物理空间的设计理念来看,"好的建筑服务于人",因为美好的物理环境是

---

① 帕克·帕尔默著.教学勇气——漫步教师心灵[M].吴国珍,余巍,等,译.上海:华东师范大学出版社,2005:142.

可以激发人的创造活力的,因此契合教师合作研讨的物理共享空间的设计与布局、各种正式与非正式场所的营建,对支持与鼓励教师公开分享与探讨教学革新的意愿与行为会具有促进作用与潜在影响。因此,学校管理者应该对正式和非正式的校园物理空间进行重新设计、规划和建设,使物理公共空间的尺度、舒适度、采光、噪声的影响度以及家具布置、采用的设备等,给予教师舒适、便利与愉悦的体验,以促进师生之间的交流、分享、合作行为能随时随处发生。

大学教学共享空间的建设,实质上是通过政策制度的优化、组织结构的变革、地点与场所的设计与重构,孕育教师之间知识流通、交往互动、乐于分享的组织文化,营造出教师之间相互信任与尊重的氛围,养成教师对参与分享的正面感知和积极态度,使其获得所期待的公正回报,进而激发教师分享的意愿,促进大学教师主动积极地关注同事之间的教学对话,热心参与学科与跨学科的智力交流,借助新的媒体等灵活多样的形式表达教与学的试验结果等分享行为的发生,不断地突破教学共享的障碍。由此可见,从理论上探讨大学教学共享空间建构的价值,将有助于进一步厘清和理解教学共享空间的内涵,在愿景、资源、规则、关系、活动等关键构成要素上的独特性及相互勾连关系,不断探索理想的大学教学共享空间的运行机制。

第三章 我国大学教学共享组织的问题透视

第一节 功能弱化与形同虚设的大学教研室

一、我国大学基层教研室的现状——基于 J 大学教研室的访谈分析

（一）J 大学与基层教研室基本情况概述

1. J 大学基本情况

J 大学是 20 世纪 50 年代初创办的一所历史较为悠久的省属师范大学,近年来发展成为省高水平大学建设高峰计划 B 类建设及省部共建大学。50 年代末通过合并成立师范学院,80 年代初成为全国首批硕士学位授权单位。学校拥有 4 个校区,占地面积 2 457 亩,校舍面积 93.47 万平方米,教学科研仪器设备总值 6.11 亿元;分设 22 个专业学院、1 个中外合作办学机构,59 个本科招生专业;1 个博士后科研流动站,1 个服务国家特殊需求博士人才培养项目,35 个一级学科硕士点、13 个硕士专业学位类别,3 个学科进入 ESI 排名前 1‰;有专任教师约 1 700 人;在校普通全日制本科生 18 800 余人(不含独立学院学生数)。

2. J 大学 A、B 教研室被访教师基本情况

表 3-1　J 学院 A 教研室被访教师基本情况

基本统计信息 被访者	性别	年龄	职称	专业	教龄	学历学位
F 老师	男	65	教授	中文转教育 进修 1 年半	>30 年	大学本科
L 老师	女	54	副教授	教育学	>30 年	大学本科

续 表

基本统计信息 被访者	性别	年龄	职称	专业	教龄	学历学位
W 老师	男	56	教授	教育学	>30 年	硕士
Y 老师	女	42	副教授	课程与教学	>15 年	博士
小 W 老师	女	46	副教授	教育管理	>20 年	博士
S 老师	女	32	讲师	教育管理	>5 年	博士

A 教研室教师构成情况：

该学系是本学院最大的教研室，共有专任教师 37 人。其中比例较大的教师为各类引进人才。博士毕业教师所占比例约 65%。近 5 年引进的初任教师人数及比例约占 30%。90% 以上教师具备硕士及以上学历学位，其中 6 名正教授，20 名副教授，11 名讲师，分别毕业于华东师范大学、北京师范大学、南京师范大学、山东师范大学、江苏师范大学、山西大学、德国德累斯顿工业大学、美国德克萨斯理工大学等国内外高校，学院教师结构相对合理。近年来有 16% 的教师有过出国访学经历。早年教研室主任由经验丰富的 F 教授长期担任，近年来领导任命教研室主任历经三轮更换，且先后由初入职不到 1 年的青年教师担任。

（二）J 大学基层教研室的基本样态

1. 访谈目的

本研究的访谈目的在于把握 J 大学目前基层教研室的发展现状，明确作为大学教师教学发展的重要基层组织，在我国高等教育面临变革挑战与机遇的背景下，当前所面临的主要困境。

2. 访谈设计与访谈过程

根据研究主题，笔者编制和设计了半结构化访谈提纲，选取了 6 位能较为全面地代表教研室构成情况的教师进行了访谈，访谈地点主要集中在大学校园内（教研室、××学堂、学院附近花园等处），访谈时间约半小时到 1 小时不等。访谈时间介于 2017 年 8 月 16 日—2018 年 6 月 27 日期间。

3. 访谈结果与分析（三级编码与 NVivo 质性分析）

通过对前期访谈结果所获资料进行整理与分析、编码、撰写备忘录等，建立抽象类属。

访谈系列之一:我的教研室同事们的故事

示例1:W老师访谈文字的编码

表3-2 W老师访谈文字开放编码——贴标签与发现类属

代码(Code)	类属(Categories)
教研室职能健全组织活动少而精 (高质量开展)	合作文化(意义、价值、核心、特征、障碍/挑战)
个人主义文化 教师职业的特点:老师之间只有同辈,没有同事 工作模式:个人独立完成,只有Peer没有Colleague。自给自足,靠自己的努力/硬造的文化(假合作——靠行政命令、行政权力,强硬地拉着大家合作)	个人主义文化(形成原因)
教学(科研)内在动力:责任感(职业行为习惯)/情感方面的兴趣、意志方面的自觉性(投入)	教学、科研内驱力
学生的收获:获得知识或者思维上的训练、境界的提升、较深层次的觉悟	教学价值
为教育政策制定者提供咨询、论文发表的认可与喜悦/大学教师最主要的职责;教学和科研的关系:搞科研是自己的职责/反哺教学/科研对一线实践工作者的指导。	教学与科研关系的协调(契合)
教师专业发展的三大取向(策略) 不同策略选择与教师个性之间的关系/不能违背老师性格、气质或特点/不能否定个人奋斗价值	专业发展取向与管理策略

表3-3 W老师访谈文字开放编码——寻找属性与维度

类属(categories)	维度(dimension)	属性(attribute)
关键影响/事件 (入职适应期)	自我反思学情教学目标问题,教学内容问题,教学方案问题	全面——不全面
	同伴互助	深入——肤浅(表层)
合作文化	意义与价值	互惠性——单向性 可持续性——短期性
	核心与特征	信任的——不信任的 共赢性——竞争性 开放性——封闭性
	形式	多样性——单一性 建设性——非建设性

续 表

类属(categories)	维度(dimension)	属性(attribute)
个人主义文化	成因(职业特点、工作模式)	孤立性——合作性
	挑战(知识分子的职业品性)	挑剔的/评判的——建设性/鼓励性
教学、科研内驱力	责任感	强——弱
	情感方面的兴趣	浓厚——淡薄
	意志方面的自觉性	强——弱
	价值认可	高——低
	学生收获	大——小
专业发展管理策略	发展取向	多元——单一 灵活性——僵化
	分类管理策略	匹配——不匹配

示例2:Y老师访谈文字的编码

表3-4　Y老师访谈文字开放编码——贴标签与发现类属

代码(Code)	类属(Categories)
对新老师的打压——心理受挫 对督导组听评课反馈方式质疑 不直接面对老师/针对弱点的一次性评判 学院领导的处理方式 (简单而非客观、含沙射影)	入职适应期的遭遇 关键事件
师徒制——新教师需要引导,时间距离会缩短	新教师的需求
学生积极反馈:学生精神抖擞的心理状态的描述:非常有活力/气色都特别好/心情很愉悦/精神非常好 观察到的表情:突然特别兴奋,满足和自信 教学经验的积累:与学生生活的联系/对学生有用/知识的融会贯通	自我成长与认同(蜕变)的职业认同
学生积极反馈 分配不公平转变到院领导的期待与激励 对学院事务的关注与实质性参与	教学改进的意愿(驱动力)
没有凝聚力 教研室主任的单打独斗	教研室凝聚力——单打独斗

表 3-5　Y 老师访谈文字开放编码——寻找属性与维度

类属(categories)	维度(dimension)	属性(attribute)
关键事件的影响	教学督导的(听课)反馈	简单武断——客观多元
	领导的处理方式	非沟通性——沟通性
	工作分配	不公平性——公平性
新教师的需求	教学上的引领 心理上的支持	支持性——非支持性
职业倦怠感	教学内容的重复	乏味——有趣
	工作中的不公平感	强烈——不强烈
自我成长与认同(蜕变)	个人性格特征	个性突出——个性温和
	学生的反馈——精神抖擞	正强化性——负强化
	教学过程中的体验与感知	积极性——消极性
	教学经验积累 与学生生活联系＋知识融会贯通	日渐丰富——匮乏
教学改革的驱动力	领导的期待与激励	较高——低
	实践参与机会	重要性——不重要
	学生认可	低——高
教研室凝聚力 VS 单打独斗	教研室主任职能	强——弱
	教研室主任素质(专业素养、人格魅力与责任心(对下属的尊重、关心、分配的公平/有德性率先垂范)	不吻合性——吻合性
	管理权限	实质性——非实质性
	教研活动的组织与开展	多样性——单一性

示例 3：S 老师的访谈文字编码(青春洋溢的 S 老师/年轻的新主任)

表 3-6　S 老师访谈文字开放编码——寻找属性、维度与类属

类属(categories)	维度(dimension)	属性(attribute)
入职初期的迷茫 (期待与现实的反差)	岗前培训	形式化——实质性
	教学困惑	可商量——无人商讨
	教学安排	被动性——主动性
	教学指导与教学反馈	缺失——充分(及时)
客气的疏离	同事关系	紧密——疏远
	上下级关系	官本位——非官本位
	整体氛围	温馨——不温馨

续 表

类属(categories)	维度(dimension)	属性(attribute)
教学改革与分享动力	制度(教学管理、保障、激励)	刚性——柔性
	对教学价值的理解与认可 科研对教学的反哺＋ 基于实践教学探索的成功	理性——非理性
	改革意愿与动机	功利性——纯粹性
	学生成长(令人惊奇)	短期性——持续性
教学研讨与交流 (期待与现实的反差)	主题(修订教材、解读教材、命题依据、学生评价依据)	实质性——形式化
	形式(教学沙龙、圆桌会议)	单一性——多元化 私下——正式
	特征	单枪匹马——团队合作
教学基准与教学自由 (个性/风格)	学生参与度	高——低
	学生学习需求	明确——不明确
	教学优秀标准	模糊——明确
	规章制度	硬性——柔性

在前期编码基础上形成编码框架,据此对 J 大学教研室其他被访教师的文字进行编码、归类、合并,之后通过 Nvivo 质性软件的探索词频功能分析导出教研室文字节点的词汇云(如下图 3-1 所示)。

图 3-1 J 大学教研室访谈文字节点之词汇云

访谈系列之二：X教研室访谈文字的质性分析

表3-7 W学院X教研室教师构成基本情况

教研室教师\基本统计信息	性别	年龄	职称	专业	教龄	学历学位
L1老师（被访者之一）	男	46	教授	中文	22	博士
S老师	男	45	副教授	中文	21	博士
L2老师	女	48	教授	中文	20	博士
H1老师	男	50	教授	中文	25	博士
Y老师	女	51	副教授	中文	27	博士
W1老师	女	53	教授	中文	31	博士
W2老师（被访者之一）	女	49	教授	中文	25	博士
Z老师	女	51	讲师	中文	31	硕士
H老师	男	48	教授	中文	10	博士
ZH1老师	男	64	教授	中文	41	博士
H2老师	男	57	副教授	中文	35	学士
L3老师	男	34	副教授	中文	3	博士
ZH2老师	女	35	副教授	中文	2	博士

被访者为W2老师与L1老师，二人先后担任过本教研室主任。据访谈得知，本校唯一获得省优秀教学团队的个人优势更多地体现在科研成果上，作为教学团队，成员间可共享的也倾向于科研成果，实质上并没有在教学改革和创新上有真实的合作过程与成果的公开分享。如果对院校作为教师专业发展的结构进行分析的话，可以将此现象出现的原因归结为院系对教学高价值认可的文化（支持体系）尚未确立。

示例一：X教研室L1老师访谈文字三级编码

表3-8 L1老师访谈文字开放编码——寻找属性、维度与类属

类属(categories)	维度(dimension)	属性(attribute)
"老带新"机制与自我摸索适应期的幸运与迷茫	"一对一"指导（听课与交流）	落实——不落实
	自我处理、纠正及调整（教学环节的把握和处理）	欠缺——充分

续 表

类属(categories)	维度(dimension)	属性(attribute)
	硕导提醒与敦促下考博	重要——不重要
	对教学的专注(无忧无虑上好课)	单纯快乐 心无旁骛——非专注的
教研室的名与实	科研压力下的教学投入	虚化/淡化——强化
	常规周期性面对面的教研活动 (流于形式、拒绝参与)	缺乏——充分
	具体事务商讨与处理(一事一议) ("时间被分割")	忙碌的——悠闲的
	在线交流下的任务分解 (QQ、微信群、电子邮件等)	琐碎的——整合的
	人际关系——迹象与细节	微妙/不太和谐——和谐
	教研室职能 (科研、专业活动与事务占据)	弱化、被遮蔽——彰显的
	话语权(老师的"自行其是"VS处理问题的"无能为力")	无职无权——实质性权力
	管理体系、规则、程序	缺失——充分
教学改革的场域	教师评聘制度的导向	绩效至上/未被认可的灰心
	(不合格)教师调整与退出机制	无(缺乏)——充分
	教学奖励的"阳光普照"(高精尖/金字塔尖人群/高处不胜寒VS金字塔底一线教师的感受关照)	力度与普涉性——非普涉性"精英主义"
教师职业群体分化	教学理念(对教学的理解: "教学是个良心活"/"不拿教学当回事儿")	理性——非理性
	教学及改革态度	负责任——散漫、不认真
	教学投入与回报	非经济性——功利性
	教学改革的驱动力(价值感/学生收获)、责任心、荣誉感、满足感	强——弱
自我期许与成长	学生的喜爱与尊敬	沉稳、亲和力、热情、乐于帮助学生
	对教学的理解与感悟	深透——浅表
	言行举止	合乎本分——不合本分

表 3-9　W2 老师访谈文字的开放编码——寻找属性、维度与类属

类属(categories)	维度(dimension)	属性(attribute)
关键事件/人物引领	一帮一指导(日常生活、教学工作、政治进步)	影响大——没有影响
	非常密切友好的关系	
	资深教师的接纳与鼓励	
	指明方向与提供帮助	
氛围与人际关系	早期氛围:友好、联系紧密、人际关系单纯淳朴、民主参与(教研室主任选举)	变化性——稳定性 单纯性——复杂性
	学科合并与调整后期:人际关系相对微妙复杂(教研室的学术沙龙终止)	
职能分化	教学为主,兼具学科发展和科研职能	单一性——多元化
	学校发展态势和氛围的变化:科研压力、项目、进修、研修等任务重;压力(大)/时间紧张;精力投入与时间分配比较理性(现实功利)	
	教研室合并——人员增多和任务加重	
教学研讨与改革	具体(公共)问题——涉及内容广泛(领导能关注、能看到,大家关注),教室空调安装、公共饮水、教师配备耳麦等教学设施改善的具体问题	广泛性——单一性
	形式与途径:"吐槽""唠嗑"——多元多层次的虚拟网络公共群	
	教学主题:教材编写的研讨、学生诉求的回应(教学、评奖学金、基本功选拔大赛)	频繁——较少
	课堂研讨形式与途径:一事一议(在线研讨与分工合作)/非专门途径(流水阅卷、新学期、教师节等新老教师座谈会)	
	"与时俱进"的教学改革——教学方式改革(专题形式的课前演讲)对学生的影响:学生实践能力的锻炼;思维能力、口头语言表达能力、胆量("神态自若")	定期——非定期
组织发展的累积效应"马太效应"	特色专业/教学团队(国家级)高学历师资队伍构成	连续性——非连续性
	青蓝工程教学团队(省)围绕教研室骨干建立,教研室绝大多数教师参与	
	核心活动及其优质资源的积累(具有连续性且被精心设计),并对团队成员进行引导——专业建设、教学科研一体	
教学与科研关系认知	教学科研双优型(非对立关系/非孤立——相辅相成)	对立——非对立
	教学是我们的本业:科研指导、辅助教学(将最前沿最新东西带给学生,使课堂精彩)	
	教学是个良心活	
教学共享基础(条件)	共识——对教学问题与价值的共识	充分——匮乏
	共享 VS 特色——求同存异、分享特色	
	一定资金、精力(时间)投入的保证 实体活动与虚拟形式结合(时间有限)	

教研室访谈文字三级编码后按分析框架模型涉及的三大类因素进行了归类整理

关键影响/事件(入职适应期)＋＋ ＋＋＋＋＋ ⎫
专业发展管理策略＋＋＋＋新教师需求 ⎪
(不同职业生涯阶段)/个性匹配 ⎪
教师职业群体分化(管理策略的匹配度) ⎪
教学研讨与交流(活动的组织与开展) ⎪
教学改革的场域＋＋ ⎬ 结构性(情境)因素
期待与现实的反差│场所氛围共同经历 ⎪
教研室凝聚力VS单打独斗＋＋ ＋ ⎪
教研室的名与实和职能分化 ⎪
合作文化/个人主义文化(文化因素) ⎪
组织发展的累积效应(马太效应) ⎪
教学共享基础(条件) ⎭

教学、科研内驱力＋＋＋＋＋ ⎫
自我成长与认同(蜕变)＋＋ ⎪
职业倦怠感(影响认同) ⎬ 使动因素
自我期许与成长 ⎪
教学基准与教学自由(个性/风格)(教学理解) ⎪
基于教学实践的科研(关系理解) ⎭

"客气的疏离"＋＋ ＋ ＋(非信任关系) ⎫
氛围与人际关系 ⎪
人际关系(迹象与细节——微妙/不太和谐/相对紧张) ⎬ 贯通性因素—联结因素
教学研讨与改革(参与) ⎪
教研活动:编写教材、课程建设/分享与交流 ⎪
——机会匮乏 ⎭

撰写故事线——根据质量文化模型涉及的三类构成要素以及教研室访谈文本的编码归类

教研室作为基层教研组织,其所提供的教学改革结构或情境性要素与职业生涯各阶段教师发展的需求不匹配,对处于职业生涯早、中、晚期教师发展需求缺乏充分了解与准确把握;教研室主任的遴选多采用自上而下的任命制而非民主推选制,缺少相应的领导力(素养),其影响力发挥不明显;组织开展针对教学主题的教研活动少而不精,形式大于实质,多是为了应对教学管理日常事务等或院系领导布置的任务,常常是"**就事论事**"("**一事一议**"),缺乏教师教学管理的规范,尤其缺少"**阳光普照式**"的激励性制度,更多面对的是**高精尖、金字塔尖人群**(**高处不胜寒**),对处于大学教师"金字塔底"的一线教师的感受**关照**不足;提供的资源、平台或场所配置不充沛,使教研室教师多奉行个人主义文化,各自为政,**单打独斗**,成员对教研室缺乏必要的归属感,组织缺少应有的凝聚力,缺少参与活动的共同经历,难有机会交流与分享经验,造成教师之间以及与教研室管理者之间的"**客气的疏离**",缺乏必要的相互信任关系,处于"名实不符"的尴尬境地。而身处基层教研组织中的大多数教师的发展仍处于独自摸索状态。部分教师成长与发展的驱动力源于他们自身摸索所积累的经验,对教学价值的**认同**和教师职业的**承诺**、对教学与科研关系的理解、对**自我的期许**以及源于自身具备的人格和胜任力获得学生认可的积极反馈。即便教研室教师之间有经验交流与分享,常常也是教师私底下非正式、偶然的交流。优秀教师的教学实践改善经验并无顺畅通道或机制得以公开分享与交流,难以发挥其必要的引领与示范作用,因此教研室作为教学共享组织,其间的大学教师职业群体发展长期处于分化状态,合作性的教师文化并未形成。

二、对大学基层教研室面临的主要问题与困境的剖析

两个学院专业教研室教师的访谈文字通过三级编码,按照 Nvivo 质性软件的处理,整合成一个基本的编码框架(见表 3-10),概括性地分析和呈现现有的大学基层教研室作为我国大学教学共享组织的主要特征与局限。

我国高校教师发展的组织建设始于 20 世纪 50 年代成立的教研室。1955 年颁布的《高等学校教学指导组各级教师职责暂行规定》对教研组的成员及其基本职责进行了明确的规定:"这些职责包括了:教学、科研、教学管理与教法研究。"[①]是我国大学教研室在组织与制度上基本成型的标志。此后随着教研组规模的扩大,教研组逐渐演变为了教研室。我国大学校—院系—教研室的三级管理体制也得以确立。1961 年,《教育部直属高等学校暂行工作条例(草案)》(即"高教六十条")中明确指出:"高等学校的教研室应有计划地按照一定方向开展科研活动。同时,教研室也成为了服务院系基层教师的行政组织,教研工作量核定、教研成果考评等一些服务性的工作也通过教研室

---

① 高等教育部.高等学校教学指导组各级教师职责暂行规定[G]//何东昌.中华人民共和国重要教育文献(1949—1975)[M].海口:海南出版社,1998:482.

表 3-10　大学教研室资料矩阵表内容分析

教研室 构成要素	J 大学 A 教研室	J 大学 B 教研室
愿景:目标、使命、价值观 长远——短期	短期可见目标:日常教学事务性管理目标	相对长远目标: 围绕特色专业与教学团队的可持续累积目标
资源:知识信息、技术、资金、场所 丰富——匮乏	匮乏	相对充足(师资结构及其拥有可分享的知识信息、特色专业与优秀教学团队所拥有的经费资助)、物理共享空间与技术、资源支持的虚拟空间仍显匮乏
活动:形式与内容 表层——深层 单一——多样	单一、表层	形式多样但流于表层
关系:互动频率、信任类型、强联系/弱联系 强——弱 亲密——疏远	"客气的疏离"	早期的关系紧密,后期的关系复杂、微妙
规则:管理与运行制度 健全——残缺	残缺、不健全	不明确 一事一议——就事论事

来进行。"①1978 年的《全国重点高等学校暂行工作条例(试行草案)》将教研室界定为:"按照专业或者课程设置的教学组织。"②对大学教研室的定位,潘懋元早在 20 世纪 80 年代就曾明确指出:"教研室不是一级行政组织,不应当包揽过多的行政事务……它的主要任务是组织教学、科研和师资培养的工作。"③因此大学教研室应该是兼具教学与研究性质的组织。若遵循现代科学高度分化和融合的内在逻辑,大学基层教研组织应成为特有的民主的、紧密结合的、能够互相激励与促进的学术团队研究组织,也就是由知识和才能互补并为共同目标而工作的学术人员的集合,逐渐成为一个智能互补、信息共享的集体。④

教研室作为大学教学、科研的基层组织,应处于主导地位,并发挥重要功能,然而由于种种原因,其应有功能却被弱化。导致大学教研室组织功能弱化的根源有三:一是学校功利主义评价的片面导向;二是高校教师对教学的学术性和同行合作价值缺乏

---

① 洪志忠.高校基层教研室的演化与重建[J].大学教育科学,2016(3):86—92.
② 教育部.全国重点高等学校暂行工作条例(试行草案)[G]//何东昌.中华人民共和国重要教育文献(1949—1975)[M].海口:海南出版社,1998:1640—1647.
③ 潘懋元.高等教育学(上)[M].北京:人民教育出版社,1984:141.
④ 向东春.大学基层学术组织的属性透视[J].高等工程教育研究,2006(3):106.

理性认识;三是教研室角色定位的偏差及自身建设、管理制度的不完善等。① 本研究通过对J大学两个专业学院教研室教师访谈结果的分析,进一步证实了上述结论。历经十年时间,大学基层教研室的组织情境变化甚微,仍然处于这种形同虚设或名存实亡的境地。

(一) 缺乏长远的可持续发展的愿景与目标

教研室作为大学基层教学与学术研究组织,是教学与科研相结合的学科型教学研究机构,在大学发展中应处于主导性的基础地位,发挥提升教师教育教学素养与专业能力、形成教师专业归属感和培养合作精神,进一步推动大学教育教学研究与改革的重要功能。② 教研室设置应以全面提升专业教学质量为目标,从满足学校教学工作需要、促进专业方向相近的教师互助与人员结构的优化原则出发。大学教研室作为基层教学研究组织也应是塑造集体协作、互助进步集体氛围以及培育教师具备合作、反思与进取意识等优良教学文化的重要支持性场域。在教学学术理念引领下,教师教学发展成为提高大学教学质量的重要方向。因此教研室建设要确立"以教学为中心"的思想,形成认可教学高价值的教学文化。须将教学及其创新作为组织发展的核心要务,将工作重心聚焦于教学研究及促进教师专业发展方面,尽量将与教学无关事务剥离出去,增进教研组织核心影响力。③

教研室应根据学院的办学方向和人才培养目标,执行专业培养方案,组织课程建设,抓好教学工作;开展教学研究和本学科的学术研究活动;组织教师专业学习和研修,优化师资队伍建设;规范教学过程管理,负责教学过程质量评价等。学校管理者要重点关注教研室发展,制定相应的管理制度,提出指导意见,增加专项经费预算,激发教研室组织革新的动力。

当前处于大学基层的教研室,主要是按照相同专业、基于管理便捷需要进行相应的人员配置而组成的基层组织。从访谈结果看,教研室工作展开往往只是制订了日常教学事务性管理目标,或者至多围绕专业与教学团队的建设目标。主要问题表现在成员是否拥有和共享信念、价值、目标以及相应的民主工作氛围。

(二) 成员之间的关系相对疏离

从J大学被调研的教研室状况看,一方面由于大学教研室的物理空间相对狭小,

---

① 熊岚.高校教研室功能的回归与重建[J].现代教育管理,2010(6):33—35.
② 熊岚.高校教研室功能的回归与重建[J].现代教育管理,2010(6):33—35.
③ 洪志忠.高校基层教研室的演化与重建[J].大学教育科学,2016(3):86—92.

并未给教师的共同研讨包括公开分享与表达提供足够充沛和开放交流的区域与场所;另一方面,大学的组织结构、严格的规章制度、明确的职责分工以及竞争性的奖惩制度等理性管理模式,都加剧了教师彼此之间的孤立、封闭倾向及对个人主义文化的奉行;此外教学工作的复杂性和不确定性,大学教师上课时间之外的不坐班等工作模式都会制约教师的分享意愿与行为。而现代教育管理理论阐明大学治理不仅应关注于"物"的资源配置,也须聚焦于"人"的关系协调。因此,作为大学基层教研组织中的教师之间是否建构起相对紧密且相互信任的关系是衡量学校人际关系和治理水平的关键指标之一,也会直接影响大学教学改革及目标的达成。①

在对J大学两个学院专业教研室教师的访谈中,"客气的疏离"、"合不来,矛盾比较多"、"早期的关系紧密,后期的关系复杂微妙"等成为教师们描述教研室同事之间、教师与领导之间关系主要特征的关键词或话语。

> 97年时合并了……当时X专业后来就招生了。我们就跟着X专业招生。他们先招生,人员没太变,就是两个合在一起,把学校的电教那批人合起来,但是合起来以后,也是合不好。电教的那批人跟我们完全不是一回事,所以他们领导之间矛盾也比较多,主要是专业上,专业里包括领导的安排,本来两个一合,我们这边的S老师,也是原来主任去到那边当书记,就慢慢不高兴,反正不少矛盾冲突,合了没几年,就又分出来了……(L老师访谈,2017.10.11)

在访谈中谈及"你觉得你感受到我们教研室的氛围如何?"这一问题时,有老师这样描述道:"……他们的男老师特别抱团,就是喜欢在酒桌上谈学术,酒桌上谈课题,导致很多女老师其实是被排外的……就没有觉得跟哪个老师之间关系不好,或者哪些老师之间搞小帮派了,其实没有,但是有一种客气中的疏离,有一种觉得我们关系都很好,但是又不能再近一点的感觉。"(S老师访谈,2018.6.11)

"当时老教师之间的关系有时候也有点微妙……在当时他们对我来说都是长辈,也是导师组的成员,我对他们都很尊敬,但是有的时候会感觉到他们好像在一些答辩问题上,研究生的入学面试问题上,再诸如研究生招生、命题、阅卷/论文指导这些方面有点不太和谐的迹象……"(L老师访谈,2018.7.5)

---

① 桑志坚.学校中的信任:一种社会学的阐释[J].教育研究与实验,2021(4):27.

身处教研室组织建制中的教师之间实际上缺乏良好的沟通与互动机会,缺少成为共同体的共同经历与体验,在某种程度上阻碍着教师之间的知识分享与交流,不利于增进同事之间的熟悉度,也难以获取同行积极的心理与情感支持,导致成员之间通过相互研讨、合作促进教学改革的愿望和热情会相对淡化,制约了教师之间信任关系的建立与发展。因为作为微观层面的大学教研室成员之间的信任关系及信任文化培育,必须依靠成员之间相对频繁的交往互动,以及老中青教师之间结对帮扶,互通有无,优势互补。教研室成员之间在切磋交流中以增进彼此的了解和熟悉度,相互勉励,借助他们所共处的教研室这一结构背景或情境性要素所提供的支持,营造一种同伴互助、合作共赢的组织氛围。

(三) 组织管理的规则模糊笼统而不清晰具体

当调研中与被访教师谈及教研室是否有明确的规章制度时,绝大多数老师表示不清楚。这从侧面表明许多大学教研室是缺乏明确规范的管理规则或制度的,即便有,也更多停留于表面;教研室缺乏工作的长远发展规划,工作的临时应对性与随机性很大。教研室由于相关管理规制的匮乏,使得教研室职责和权利的矛盾与问题突出,在大学管理中实际处于一种"无人问津"的边缘状态。

一方面表现在教研室主任的遴选与任用上。一些大学教研室主任的遴选仍然实行的是上级领导任命制而不是民主推举与选拔制,忽略教研室同行对教研室主任素质的期待,教研室主任若缺乏承担这一职务的相应素养会影响其职能的有效履行,也难以博得同行的支持和信任而不利于工作顺利开展;同时教研室主任的任用缺少相对统一的标准以及应有的激励机制,尤其是并未赋予他们更多实质性权利,从而降低了他们工作的责任感、进取心及工作热情,难以充分体现教研室主任的工作价值,发挥他们专业教研的带头作用。

因为大学教研室主任作为基层教研组织的领导者,从根本上而言其影响力的发挥同样必须依赖于这一职位所享有的权力性影响力以及他们自身知识、能力与人格魅力的非权力性影响力的综合作用,因此,通过其领导力的感召,能够增强教研组织的凝聚力,培育教研室的合作研讨文化。

"我觉得在管理的过程中,不论是F老师还是C老师来当教研室主任的时候,院长应该给教研室主任充分的教学方面的管理权利,而不是院长来管教学。……主任来管本系的教学的时候,他首先就有号召力,也就是说他是一个什么样的人,就具有什么样的号召力,比如说他学问好,而且教学做得好,而且有德性。……像有的教研室主任,自己不干的活想让其他人干,这样肯定没有号召力……做一个教研室主任,首先就得有德性,有率先垂范的感觉,即使学问做得不好,或者教学做得不好,但是要非常有责任心,率先垂范……(Y老师访谈,2017.8.20)

"理想的教研室的领导的话,可能首先得有实权,得有说了算的事儿,比如我们的教学资源的分配,以及对于老师的影响力,他说的话最起码老师们也算认可,不能说每次排课都跟求人买课时一样……他本身要有一定的影响力,在管理学上就是他的领导力,他的课程领导力、教学领导力的问题,或者是说他的专业素养,对教学的本身的专业素养……"(S老师访谈,2018.6.11)

另一方面体现在教研室教师共同认可的、推动教研室规范运行的管理制度和工作制度的匮乏与不完善。下面以教研室最常见的"听评课制度"为例予以说明。这是许多大学的一项长期规定执行与实施的重要教学管理制度。然而在访谈中先后有几位老师都提及自己对"听评课制度"的意见与看法。总的来说其形式重于实质,缺乏统一的程序与安排,以一次性的总结性评价为主,评价反馈既不及时也不准确充分,甚至有时并不直接反馈给被听教师,对教师后续教学改善的建设性不足。相对单一、片面的评价也有可能造成对新入职教师的心理伤害,挫伤他们的积极性,不利于教师之间的相互理解与尊重,阻碍了以诚相见的深层次合作文化的形成,从一个侧面反映了教研室教学管理与评价制度不规范不完善的问题。

"作为新老师,X老师(教学督导)去听我的课的时候,她听了以后也不直接给我反馈,只是把我的一些缺点直接交给院长。所以我刚来的时候特别怕X老师……我当时感觉这个学校怎么这样子啊?你作为督导组,是为了改进我的教学来听课的,而不是说来挑剔我的弱点……我作为一个新来的博士,我的优点是我的科研,我的弱项就是在教学上,我首先要站稳讲台。刚开始的时候,大家肯定都是这样过来的,没必要把我的弱点跟其他同事到处说。你可以当场给我反馈,或者是在一个正式的场合,做一个调研来反馈,但是没必要跟同事在外面这样说我……"(Y老师访谈,2017.8.20)

"所谓的听评课,其实是一种同伴互助的形式,我认为一直以来效果不是太好……反馈交流不足,光听课不评课,那有意义吗?有,但意义不是太大。另外一个不是太好的现象是在组织听评课的时候,也就是最近几年出现的事情,有老师排斥别人听课,排斥别人听课,肯定有深层次的原因,那就是在不多的评课的过程当中,有些评课的老师对开课的老师缺乏深层次的人文关怀……要么不评课,要评课就成为被批判的对象……"(W老师访谈,2018.6.27)

"……要听那么多课,谁有时间去?抓不到人了,现在要组织……要按照学校规定,每个年轻教师要听,最起码一个人要听三节课,二十几个人,这么多节课怎么听?"(L老师访谈,2017.10.11)

从现实状况看,大学教研室往往缺乏严谨、规范与科学的管理制度或规则,在教研室管理制度建设方面呈现出认识不足和行动滞后的问题,具体体现在学校层面对于教研室工作的相关规定与要求,以及教研室自身内部管理条例与运行规则等方面。教研室往往只是针对具体事务或学校教务处下达的任务临时组织相关教师进行商议和任务分派,即典型的"就事论事"或"一事一议"的形式。规则或管理制度的缺失、不明确不完善使得教研室的日常管理与运行具有随意性,使大学教研室无法明确自身的应然定位,权责不明晰,妨碍了教研室工作的有序展开,削弱了其管理效率与职能的发挥。制度规范与建设能使教研室主任与成员明确应履行的职责、任务及应享有的权利,因此,为保障教研室工作有序有效运行,应在教研室成员的共同参与式商讨下,制订民主而健全的管理和工作制度,并根据学校、院系发展规划和专业发展特点不断进行修正完善。

"那大体上专门的教研活动,或者说常规性的有明确周期的教研活动,还是有待增多。因为很多事情,现在通过微信、QQ等社交软件就分解了,甚至不需要开会了。有些事是专题性的,会议倒是经常开,X院长召集要办什么会,要编个什么教材,要做哪一项工作,那他就会专门召集大家,其实这样的活动挺多,但是有时候未必是打着基础教研室的旗号。比方教材的建设或者说讨论教学改革的一些问题时,就没有以教研室的名义,而是通过建群把这些相关老师拉进来,然后分解任务,讨论事情,实质的活动还是挺多,但是这种按周期的,非常常规的,按时的,好像每周哪个点要做什么的规定,大家以教研室名义一定要坐在教研室里的讨论相对较少。"(L老师访谈,2018.7.5)

(四) 教学改革与探究的实质性活动匮乏

大学教研室的应然职能是组织、指导与研究教学,进行全面、科学的课程规划、设计与建设以及通过学术交流等方式推动学科发展,促进教师的持续成长等。但现实中大学教研室却逐渐退化为执行教务处下达与布置的教学任务的教学行政基层单位,承担了许多与其应有职能关联度较少的行政事务,或者仅仅履行排课、课时计算、召开例会等过于简单化、形式化与琐碎化的职能,其行政职能日渐替代了学术职能,教研室的专业性质与行政性质倒置,偏离了工作方向。[①] 在实际运行过程中大学教研室偏重组织成员日常的行政服务管理,对教学方面尤其是教学实践改善方面相对忽视,并未发挥其应有的促进教师提升教研水平的作用。

一方面,大学教研室往往只承担了排课、编教材、专业认证等上级管理部门布置与分配的事务性工作,多年来并未开展实质性的针对教学共同关心议题的教学研讨与探究活动。最常规的听评课活动也多是重形式轻实质,不能及时反馈和提供改善教学现状的有针对性、建设性的指导建议。被访谈教师普遍反映教研室目前的运行状况是开展活动的形式重于实质,相对比较单一和表层化,更多的是对学校、院系工作精神的上传下达,具体工作的安排检查。对教师参与缺乏足够的吸引力,组织活动往往也鲜有反思性、合作性、可持续性等有助于教师专业发展的特征,严重偏离了教研室"教研"的工作中心。

"其实我们期待的是一种稍微正式一点的像教学沙龙一样的分享,我希望用圆桌会议的形式,大家对编教材,修订教材,包括教材解读。经常在教学过程我会发现跟学生讲这是重要的,那是不重要的依据是什么?我现在在找依据,在找教师资格考试的依据,就是教师资格考试在哪个方面被认为是重要的,包括出卷子。比如去年《班级管理》课程的卷子让我出,我当时就在想我怎样出卷是合理的……""可能最关键的问题是大家对于教学共享或者是教学讨论的需求太少,或者说没有人去压着你必须去改革教学。"(S 老师访谈,2018.6.11)

"教研活动的开展不深入不系统,集体活动比较少,基本上没有,人际交流的频次、交往的时间,影响交际质量。经常见面经常交谈,经常在一起处事,有过很多共同的经历,比如说一次旅游一样好几天在一起,老师们自然靠近了。"(F 老师

[①] 熊岚. 高校教研室功能的回归与重建[J]. 现代教育管理,2010(6):33—35.

访谈,2018.6.18)

另一方面是由于对处于职业生涯不同阶段教师的专业发展意愿与需求缺乏充分了解与把握,致使难以设计和开展有针对性的活动,以激发不同职业生涯阶段的教师的参与欲望和教学探究热情,缓解教师职业生涯发展过程中所面临的困境,能切实地指导他们解决其所面对的多样化的阶段性的发展瓶颈问题,进一步提升教师的教学胜任力。

"……我觉得制度会影响行为,行为会慢慢地影响观念。可能制度很重要,比如说我们现在的期中检查,如果我们有一个制度,且这个制度背后还有强制要求,每一个月有一次的教学的研讨会,或者是说强制要求有教学的师傅一带一,这些肯定会对年轻老师有用,但是对年老的、比较有经验的老教师,对于他们来说是不是也是发挥光和热的一个途径,成为减少其倦怠的一个方式,可能还需要往后补一个东西,就是对他们的评价和激励。"(S 老师访谈,2018.6.11)

"……但我个人单枪匹马,也没有谁问过,因为没有这个氛围啊……假如说我们经常有定期的教研室活动,比如一个月一次,或者说平时开会的时间拿来做这个,谁有困惑提出来,那我就解决了。可能还有谁提供案例,我就能吸收。03年那个学期,我就上得哭啊,后来我就在反思……我们教研室很多老师提过建议,希望教研室能搞一些实实在在的活动,但是领导这十来年没有什么动静,到现在也没什么动静……年长老师有一些可能在他们这个年龄段上所体会到、所领悟到的经验,就可以分享给年轻老师,都是非常好的,这个是没法用钱来衡量的。如果说不走形式,真真正正能推行,我绝对会赞成,如果说搞到最后没有效果,大家不想来,估计就不行……"(小 W 老师访谈,2017.8.17)

被访谈的几位教师都谈及自己刚入职时作为新教师面临困惑缺乏指导,内心的迷茫与挣扎,延长了自我盲目摸索的时间,也使他们在入职初期缺失归属感。而作为成熟胜任期阶段的中年教师,更多会经历职业发展的高原平台期。若缺乏新的发展机会和动力,可能会出现职业倦怠的消极倾向,致使这一阶段的许多教师会逐渐丧失进一步发展的动力,放弃对自己专业成长的更高要求而过早地进入职业发展的衰退期。此外还有教研室少部分年长的优秀教师,实际上他们有较为丰富的教学经验可以分享并发挥其传帮带作用,也能通过这种途径获得更多自我价值认可,但往往教研室并没充分认识到他们的潜在影响与价值,也并不注重发挥这一人力资源的作用。

"……怎么鼓励老师?以前的通知,有什么学术会议都会突出提出来,会上都说最近有什么活动会鼓励大家去,现在都个人手里头的东西谁都不知道,这个完全应该有院里经费支持的,比如说你负责的学科课程,召开每年相应的年会,你要给老师提供信息,鼓励他去参加,而且要设计从学科发展和每个老师的发展,从领导要去考虑有所倾向性,然后跟老师们交流,把它结合起来,让每个人找到自己的一个发展空间……现在一个单位里,有各个方面的工作要做的,你要给老师找到一个空间,然后又为他(们)的发展提供一些平台。你像我们到了年龄,反正无所谓,随它去了……H老师第2届招研究生的时候。她实际上就开始上升了,她一开始写文章,也有很好的基础,但是后面没有这个机会了。博士一来就凭科研成果了,对吧?后面就完全被挤出去的话,她看不到希望出现,只好放弃……"(**L 老师访谈,2017.10.11**)

(五) 教学共享资源的积累不充分

目前大学教师的教学合作研讨活动一般是围绕学校或院系的特定任务和要求展开的,例如修订教学计划或教学大纲、编写教材、申报重点课程或课题、青年教师优质课竞赛的参赛选拔、为了完成院系规定的教师之间的互相听课与学生实习之前的听评课等。类似的教研活动一般都规定了显性的短期可达成的具体目标,一旦完成教研活动也随之终止。教师的教学合作研讨并没有成为教师日常的职业生存方式和重要的专业发展途径,这种"任务"取向在无形中窄化了教学合作研讨的内涵,造成合作研讨价值的萎缩,也难以形成可持续的成员共享的教学经验库或共有财富,不利于培育丰富而完整的教研合作文化。①

"……现在你根本就没有相互之间的资源共享,相互之间的思维碰撞,比如说沙龙,都没有,教研也不搞,科研也不搞,而且作为一个科研管理,也要整合出一个全套的东西,现在个人搞个人的,最后个人也没有什么竞争力,老师们会想,论文

---

① 孙元涛.学校教研文化重建论略[J].教育科学论坛,2007(10):34—37.

写了以后,怎么去发表? 每个人都把这当成是个人的事情。写了以后,院里如果说能够给老师提供一定的支持和帮助的话,老师可能写得更有动力一点……"(L老师访谈,2017.10.11)

J学院教研室管理缺乏可持续性发展的传统。长期以来缺少管理规范,几乎没有开展教学研讨与探究活动的历史传统。W学院相较于J学院有一定的教学共享资源的累积过程,但更多倾向于科研成果,基于特色专业和优秀教学团队建设以及学院教研室发展的历史积淀。

"……它没有形成一个程序化的东西,非执行不可的制度、章法这不能也心血来潮,也不能因人而异,就是说你这个制度我想实行了就实行一下,不想实行就放下来,或者换领导了,他就换一个做法……"(F老师访谈,2018.6.18)

"……你看现在这种情况,我们需要资源共享,年轻人他的信息也有很多,像我们老的也可以发挥出来,有些生活上面也可以去帮帮他的。但是,现在就没有这种纽带,没有这种纽带,平台都没有,除了开会,甚至见面都很少……"(L老师访谈,2017.10.11)

通过两个基于大学主要学科的专业学院教研室教师的访谈文字的编码与分析,呈现出目前大学教研室作为我国大学教学共享组织的基本样态及面临的主要困境或问题表征。基层教研室作为大学支持教学发展的组织建制,并未具备相应的情境性条件吸引教师主动参与、交流分享与建构,更未形成具备相互信任关系网络的共同体进而通过持续探究行动以改善实践。通过实证研究所获证据进一步表明,教研室作为大学教学支持性的场域,其教与学情境在物力、人力、社会资源上的匮乏,体现了其结构与功能上的欠缺与不足,以此进一步验证作为大学最基本的教学研讨与共享组织的教研室,在"重科研轻教学"背景下其功能弱化和形同虚设状况的理论分析,也折射出大学基层教研组织在大学面临挑战与机遇背景下亟待变革的必要性。基层教研组织的功能弱化难以支持和促进大学教学变革走向深入,也更难触及教师教学探究行为的持续更新,只有基层教研组织进一步优化和重构,才能从根本上改变教学文化上的孤立与封闭,推进大学教学质量文化的深度变革。

第二节　政府主导与制度安排下的大学教师教学发展中心

一、现状描摹——基于B大学教师教学发展中心的案例分析

（一）B大学教师教学发展中心的创建与发展历程

教师发展是高等教育永恒的主题，伴随高等教育的大众化、普及化，政府充分认识到大学教师发展的重要性。从2000年左右开始，政府部门要求大学对新入职教师进行岗前培训，考核合格后颁发教师资格证；2010年以来，先后颁布多个文件鼓励大学创建教师教学发展中心。在这一时代背景下，B大学自1998年开始实施新教师岗前培训。由学校人事处和现代教育技术中心联合组织，侧重于对新入职教师进行教育学理论及多媒体教育技术的培训，并于2002年建立了现代教育技术培训中心和专门的培训基地。2011年，依托教育研究院的师资力量，另外成立了教学促进与教师发展中心专门机构。为了凸显教学的促进功能及关注于为教师职业生涯的多元、整体发展提供支持，2011年2月，B大学成立"教学促进与教师发展中心"，此单位作为非独立建制单位，挂靠教育研究院。研究院书记P教授兼任中心主任，主要负责新教师培训、教师教学能力提升、研究与交流等工作。刚成立时无编制和专职工作人员，将中心定位为学术研究与服务机构。2012年，教育部颁布的《关于启动国家级教师教学发展示范中心建设工作的通知》中明确提出"推动高校普遍建立教师教学发展中心，重点支持建设一批国家级教师教学发展示范中心"，并于7月正式批准厦门大学教师发展中心等30个中心成立"十二五"国家级教学示范中心。教育部向各中心分别资助500万元建设经费，用于探索建立适合各校实际的教师教学发展中心运行机制，并提出对这些"国家级教师教学发展示范中心"实行年度报告制度，对其运行状况及工作成效进行检查评比。2012年10月，B大学获批国家级教师教学发展示范中心之后，增设2名全职工作人员，聘任非事业编人员3—4人，研究生助理3—4人，设立了工作指导委员会、专家委员会、日常工作机构等，形成了顶层设计、统筹规划、协同联动的教师发展机制，开始构建专兼职结合、多学科专家与管理者相结合的专业化团队。2018年9月，在原有教学促进与教师发展中心（国家级示范中心）基础上，为了突出基于研究的专业化教师发展与服务，B大学成立了"教学促进与教师发展研究中心"（Center for Enhanced Learning and Teaching, CELT），定位为学术型研究机构，中心依托人文与社会科学学院教育学一级学科博士点，开展教师发展相关领域研究与实践探索，继承和发扬国家

级示范中心的优良传统,担负起"传播先进教育理念,推动教学学习革命,引领教师专业发展,培养卓越创新人才"等重要使命。创建至今,已打造出明理讲坛、鸿鹄学堂、雄鹰计划、雏燕学园、启智沙龙等系列品牌活动,切实履行教师培训、质量评估、研究交流、咨询服务等职能,致力于先进教育理念的传播及教学学术研究、课程设计、教师发展等领域的研究与实践,并结合B大学专业特点与优势,着力于工程教育改革、素质教育和通识课程等领域发展,积极开展国内外学术交流与合作,引领教师发展。

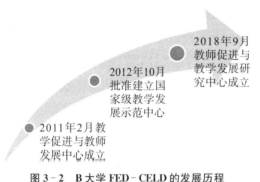

图3-2　B大学FED-CELD的发展历程
＊根据中心年度报告和网站资源提供信息绘制

(二) B大学教师教学发展中心的现状与主要成效

1. 中心性质与组织架构

B大学教师教学发展中心定位为服务型的学术机构。中心拥有主任1名,副主任3名,顾问2名,专职工作人员4名,聘任非事业编人员3—4人,研究生助理3—4人,校内外兼职专家27人。

2. 中心职能的拓展

第1阶段　创建初期:2011年

第2阶段　发展阶段:2012年国家级示范中心成立—2018年

第3阶段　扩展阶段:2018—2019年

3. 主要成效

2011年2月至2019年5月,B大学教师教学发展中心共举办各类教师发展活动287期,校内外参与教师累计13 000余人次,好评率达95%以上。中心成员参加国内外学术交流活动POD、ICED、ISSOTL等专业发展研修项目100余人次,与密歇根大学、布朗大学、香港中文大学、香港理工大学、澳门大学、台湾大学等高校教学发展中心建立合作与联系。中心专家团队先后为百余所兄弟院校、研讨会等作专题报告数百场,受益听众达万余人次。中心在教师发展理论研究和实践探索方面均处于领先地位,广受赞誉。

2011年以来,教育学学科P教授担任中心主任,充分发挥教育学专业优势,带领团队积极探索如何整合相关资源,将以往分散在多部门的教师培训优化创新,在开展教师发展研究、教学研究、学习科学研究的基础上,提高专业化的服务能力,统筹协调机制。针对不同教师群体、职业发展阶段的不同需要设计一系列教师发展项目,为教师发展提供专业化、多样化、个性化的服务;将教师发展纳入学校教师队伍管理整体规划中,将学校、院系的发展目标和教师职业生涯发展相结合,同各个学科专业的教学、科研等有机结合,对学习对象、学习内容、学习方式方法、学习目标等提出明确要求,并有相应的政策支持和制度保障,形成系统的教师培养制度;使教师发展成为有明确年度、学期、每月、每周工作计划的常态工作,在相对固定时间形成相对稳定的教师发展项目,使教师发展具有稳定性和可持续性。

通过对教师发展需求进行调查,了解了学校、院系以及教师个体的发展需求,针对不同职业生涯阶段的新入职青年教师、中年教师群体,打造了雄鹰计划、鸿鹄学堂、雏燕学园,并分别设计了内容体系。在活动形式上形成了明理讲坛(高端系列讲座)、精工研习营(专题研修班)、启智沙龙、主题工作坊、微课展示等系列品牌;在内容上结合B大学的学科特色、教育改革发展趋势和中心人员的教育研究优势凸显了工程教育、素质教育(通识教育)两大特色,基本形成专业化、制度化、常态化的教师发展内容体系。《专业化、制度化、常态化的教师教学发展体系构建与实践》一文于2018年获校优秀教育教学成果奖特等奖及2018年省级人民政府颁发的教育教学成果二等奖(资料来源:《国际教师发展中心指导手册》)。

2011年,《国家中长期教育改革和发展规划纲要(2010—2020年)》指出要进一步深化本科教育教学改革,提高本科教育教学质量,大力提升人才培养水平。同年,教育部与财政部决定在"十二五"期间继续实施"高等学校本科教学质量与教学改革工程",明确提出要引导高等学校建立适合本校特色的教育教学发展中心。2012年印发《教育部关于全面提高高等教育质量的若干意见》《国务院关于加强教师队伍建设的意见》等一系列提倡建立教师教学发展中心的文件后,教育部于同年遴选出清华大学教学研究与培训中心等30个国家级教师教学发展示范中心。此外,部分省市区教育主管部门也督促省属大学设立教师发展中心。2012年,教育部在其颁布的《关于全面提高高等教育质量的若干意见》中进一步明确指出,高校教师教学发展中心工作需完成教师培训、教学咨询服务、教学改革研究、教学质量评估以及为其他高校提供培训服务等六项重要任务。在政府主导与国家政策驱动的背景下,教师教学发展中心在国内大学迅速创建、普及,教师发展进入了制度化、规范化、有序化的发展轨道。因此,相较于西方发达国家,我国教师教学发展中心发展具有后发优势和体制优势。从创建初期到目前发展的主要成效表现在:一是中心建设的从无到有,从少到多,数量上的激增;二是工作上的开拓创新与努力耕耘。主要通过培训、研讨、研究与咨询等几大类工作履行职责任务。

二、问题反思

对 B 大学教师教学发展中心现状的分析,参照与借鉴美国著名大学教学中心评估矩阵的关注点作为框架(本框架与本研究对教学共享空间的构成要素的分析基本吻合),对我国大学教学发展中心作为基本的教学共享组织,在建设中存在的问题与局限进行分析。教与学中心评估矩阵(简称"教学矩阵")是一种新兴的由美国教育委员会(American Council on Education,ACE)和高等教育专业与组织协会两家机构共同开发的衡量工具。美国教育委员会是一家为高等教育机构制定公共政策和培养创新高质量实践的会员组织,美国高等教育专业与组织协会则是一家致力于美国教学发展的会员组织,该组织拥有 1500 多名会员,大部分会员就职于各大学教与学中心。开发这一矩阵的目的在于向中心领导和工作人员提供一个基于证据的框架结构,用于目标设定、战略规划、基准点确立、自学、项目审查和反思等。①

◆ **教学矩阵聚焦于教与学中心运作过程中的三方面问题:**

{ 组织结构:任务、愿景、合作范围、领导结构
资源配置和基础建设:财政、空间及完成该工作所需的资源
项目和服务:服务内容、项目范围、如何对影响进行评估

(一) 组织结构

1. 愿景与任务:中心使命的表达相对笼统,缺少愿景—目标—任务的完整层级式陈述,也并未明确体现中心使命与大学使命的一致性以及所秉持理念与价值(详见图 3-3)。

---

① Wright,M. C..教与学中心评估矩阵[J].中国大学教学,2019(12):57—60.

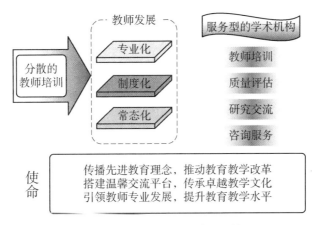

图 3-3　B 大学 CELT 使命与属性

＊图片来源：B 大学中心网站：https://celt.bit.edu.cn/gyzx/lsyg/index.htm

2. 组织属性与定位

组织属性与定位不精准，职能边界相对模糊，未建立起协调大学相关职能部门关系的合作运行机制或网络。

大学教学发展中心的性质、定位与合法性牵涉到设置的属性、职责与机制问题，是需要予以明确研究和定位的。下面我们将选取我国大学教学发展的代表性示范中心与美国著名大学教学发展中心为研究对象，通过中心网站提供资源的描述，对比分析愿景包括目标、任务、领导结构以及合作范围等基本状况。

作为中美著名大学教学发展示范中心的典型代表，根据 B 大学和美国布朗大学谢尔丹教与学中心网站提供的信息进行比较。谢尔丹教与学中心清晰明确地陈述了愿景/使命、与大学使命的一致性、匹配度以及其所秉持的重要理念与价值（详见表 3-11）。布朗大学在 2008—2016 年间陈述无变化，但其 5 年策略计划（2017—2021 年）随时间有所变化与修订，拓展目的不仅在于强调中心的价值和策略性目标，也就是合作、循证实践以及差异性和全纳性，其修订更在于除了对先前使命的陈述与布朗大学教学共同体相关的服务外，延伸到了对所有学习者的承诺。中心由高级领导团队、谢尔丹共同体的 HUB、教学咨询监管与人员、中心顾问团队与院系和研究生联络员等构成，专业队伍人员数量充沛，成员学科专业背景多元化（详见表 3-12）。中心职能界定明确，强调与校园不同层级与部门的联结及合作关系，构建起中心支持与服务教学的全覆盖网络，能更有效地实现中心愿景与目标。

与此相比较,B大学教师教学发展中心网站提供的信息表明:中心有使命陈述和职能表达,组织架构也相对清晰,但对于中心使命的表达相对笼统,缺少愿景—目标—任务的完整层级式陈述,也并未明确体现中心使命与大学使命的一致性以及所秉持的理念与价值。对中心日常机构专职成员的遴选、招聘及提升缺乏清晰公开的政策与程序,对中心领导与职员的学科专业背景与职责在网站上缺乏明确定位,组织结构的领导成员与专职工作人员数量相对不足,学科背景相对单一,与大学院系和相关职能部门合作关系不明确(详见表3-11)。

表3-11 愿景/使命陈述对比

分析案例	愿景/使命陈述
B大学教师教学发展中心	传播先进教育理念,推动教育教学改革,搭建温馨交流平台,传承卓越教学文化,引领教师专业发展,提升教育教学水平。
布朗大学谢尔丹教与学中心	第一层级:愿景/使命 是一个寻求使所有学习者能成长,跨学科合作形成以及教育者能试验不同的教与学模式的地力。我们工作的核心在于对教育优秀、公平及通过基于证据的反思性实践的机会的承诺。通过布朗大学和全球高等教育的教育伙伴关系,我们推进大学使命和创建教与学的共同体,致力于改善学习者成功和支持教育者的专业成长(2008—2016年间)。 策略性计划中的使命陈述:推进循证教学以创建所有学习者能成功的全纳性环境。为了鼓励创新和跨学科合作,我们培育与布朗大学教学共同体所有成员的动态伙伴关系。中心促进有效的自由学习,鼓励持续的专业发展,培育反思性的教与学(2017年6月制定)。 第二层级:关键性目标4个(可持续性)——详见2017年6月制定的5年(2017—2021年)策略计划 1. 对院校优先考虑的回应 2. 合作性的教学文化 3. 差异性学生主体的学习支持 4. 基于证据的教育发展 秉持价值:1. 基于证据的:我们重视和提升通过持续的研究和调查所呈现的教与学路径;2. 合作性的:我们相信当我们将变化视角带到一起,在一个跨学科共同体内培育观念的开放交流和赞美彼此专长时,我们是最富创新性和有效的;3. 反思性:我们通过观察、仔细斟酌和有目的地计划成长的惯习,创建强大的终身学习基础;4. 全纳性:我们通过基于优势的路径支持大学的差异性、全纳性和公平目标,也就是承认这项工作应该是编织进对大学教学与学习共同体意味着什么结构中的一根丝线(凝聚力)。

＊资料来源:教学促进与教师发展中心年度报告
About|Sheridan Center|Brown University:https://www.brown.edu/sheridan/about

表 3-12 中心领导结构

分析案例	领导结构
B 大学教师教学发展中心	中心设主任 1 名,顾问 2 名。专职工作人员 4 人,校内 14 人,校外 13 人,兼职专家 27 人
布朗大学谢尔丹教与学中心 专业的领导团队＋多学科背景的专职成员＋校园不同层级和部门的合作关系构成的共同体	高级领导团队(6 人)
	谢尔丹 Hubs 25 人(评估与跨学科教学共同体 3 人＋数字学习与设计 14 人＋多媒体实验室 2 人＋STEM 3 人＋写作与英语语言支持 3 人)
	教学咨询监管 2 人＋教学咨询人员 21 人
	中心顾问团队 11 人＋教务长教职员教学伙伴项目 6 人
	院系联络员 52 人＋研究生联络员 29 人(维持院系与研究生代表学术院系或项目的网络)

布朗大学教与学中心高级领导团队构成及职责

执行主管 1 名	有关中心策略性定位的任何问题和观念的回应;对中心媒体需求的帮助。
数字学习与设计主管 1 名	应对从数字工具中或跨校园合作受益的挑战和观念;教室和其他教与学空间的改进;通过数字可视化将提供见解融入数字工具在课程中使用;消除在非计算机科学课程介绍项目中的障碍。
数字学习与设计高级副主管 1 名	负责在线课程或项目探索;院系伙伴关系和倡议(方案)以及数字可用性、隐私性和可塑性。
评估与跨学科共同体高级副主管 1 名	负责课程评估计划;设计评估计划;对社会科学和跨学科课程提供教学咨询。
写作与英语语言支持高级副主管 1 名	个人或院系—专业的写作或语言支持;国际和多语种学生的全纳性教学实践支持;伙伴关系项目对话。
STEM 创新方案副主管 1 名	STEM 课程咨询;问题解决作业设计;本科生实验室课程设计;STEM 研究生教学发展;发展在 STEM 中平等思维的学习体验。

大学教师教学发展中心的组织定位与其工作理念密切相关,应坚持的工作理念是以服务为中心,组织定位以服务职能为主,设计为一种有别于一般学术或行政机构的专业服务机构。但从现状来看,我国大学教学发展中心的属性与职能有待于进一步明确,与大学相关职能部门的协调运行机制不够畅通。总体而言,我国大学教师教学发展中心的建立与发展依托于政府主管部门的指导、督促与推动,其功能发挥处于进退维谷境地,未达成预期效果。因为人们对教师教学发展中心的性质并没有形成共识,甚至还存在一些误解。我国绝大多数大学的政府办学模式,决定了其受政府掌控的招生与预算,学术权力弱于行政权力,教师教学发展中心的创建是相关制度重心由政府向大学内部转化的过程,反映了市场逻辑。但教师教学发展少有市场和社会要求与问责的压力,因而对于大学而言,教师教学发展中心建设更多基于上级主管部门安排的"外在任务",而不是基于大学治理层面的"内在需求"。被安排导致的负面结果是大学教师教学发展中心建设得名实不符,如"不少大学存在重申报、轻建设的问题……有的徒具其名,空壳运行;有的只是对人事处与教务处涉及教师的有关职能进行简单拼凑"[1]。一些人学将教师教学发展中心单纯地定位为学校的行政机构或组织,且赋予一定的行政级别,"这种高度行政化的组织方式在本质上与大学原有的师资、人事行政工作方式并无太大差异,其运行逻辑依然是通过自上而下的行政权力和由外而内的行政手段管理、组织大学的教师发展工作。"[2]其功能范畴鲜有超越政策《关于启动国家级教师教学发展示范中心建设工作的通知》的相关规定。并且在大学现行管理体制下,"重科研轻教学"的功利倾向会影响人们对教师教学发展中心的设立取向形成认知上的偏差,如果教师教学发展不能真正成为其主要职能,那么教师教学发展中心存在的合法性基础会遭到质疑并受到威胁。[3]

(二) 资源配置与服务

1. 资源和人员配置的专业性

"多数中心的工作仍然是行政化的,缺少对教师发展、教育教学和课程建设等进行深入的研究,从人员配备上看,大多数中心主要配备行政人员,专业和研究人员非常有限。"[4]大学教师教学发展中心的专业化服务路径,只有具备充沛的专业资源作为支

---

[1] 别敦荣,李家新. 大学教师教学发展中心的性质与功能[J]. 复旦教育论坛,2014,12(4):41—47.
[2] 吴能表,陈时见. 高校教师教学发展中心工作指南[M]. 重庆:西南师范大学出版社,2016:21.
[3] 别敦荣,李家新. 大学教师教学发展中心的性质与功能[J]. 复旦教育论坛,2014,12(4):41—47.
[4] 别敦荣,韦莉娜,李家新. 高校教师教学发展中心运行状况调查研究[J]. 中国高教研究,2015(3):41—47.

撑,才能适应不同职业生涯阶段教师的多种需要,为教师发展提供针对性的服务。2017年,教育部教师工作司委托课题"中国高校教师专业发展调研"表明:中心在开展教师培训方面存在问题,具体来源:缺乏专业的培训师队伍达67.54%;工作人员短缺占比64.05%;课程体系不完善占30.07%;缺乏资金及场地等资源的中心占据27.67%,对中心职能的履行产生制约。B大学中心对教师教学发展的系统性、过程性支持对于促进教师持续发展尤为重要。而这种支持机制能否顺畅运行,跟中心规模以及是否拥有数量充足的多元化学科背景的专业化队伍有关。B大学教师教学发展中心对教师教学发展的过程性支持从三方面进行了实践探索:一是新教师培训采取了持续近一年的方式进行。从教育理念讲座、教学技能工作坊,到新教师10分钟微课准备与分小组展示,到专家组点评等。第二是2017年在人事处支持下实施了"名师领航"计划。采取双向选择方式,由一名富有经验的导师带两三名新教师,这种对新教师的持续引领延续两三年,能为从职初期的新教师所面临的压力与现实挑战提供帮助,获得了新教师的充分认可。第三是开展了课堂中期反馈,建立了同伴教学法、通识课程教学以及智慧学习等社群,线上与线下结合的活动开展,为新教师发展提供持续性支持。有效组织和实施过程性支持项目需投入一定人力物力,与学校对教师教学发展中心的资源配置密切相关,尤其需要高素质多元化的专业人员队伍。B大学作为国内发展状况良好的示范中心,中心主任也曾谈及,"中心的数据平台目前还不成熟,只能提供一些基础服务,如网络报名、问卷调查等。主要问题在于缺乏人手,没有专门的教育技术老师来负责此类工作。"[①]中心设主任1名,副主任3名;设1个办公室,4名全职工作人员;聘任非事业编人员3—4人,研究生助理3—4人,校内外兼职专家27人。中心领导团队和专职人员配置无论从数量的合理性、专业化与学科背景的多元化方面仍然存在一定局限,开展活动的丰富多元化及针对性、专业性也有待完善与强化。

布朗大学谢尔丹中心专职人员的学科背景多元化,涉及自然、人文、社会科学等多学科领域,专业化队伍人员数量充沛(表3-13),才能真正做到专业、持续地帮助支持教师的全程发展。美国著名大学教学发展中心拥有的丰富多样的专业资源,其背后是成熟的人才招聘、培养程序与政策,为中心职能的切实履行提供切实保障。

---

① 庞海芍,朱亚祥,周溪亭,等.教师发展中心如何才能告别边缘化[J].高教发展与评估,2018,34(6):91—97,114.

表 3-13 布朗大学谢尔丹教与学中心专职人员配置

专职人员配置	谢尔丹教与学中心
数量	高级领导团队成员 6 人(执行主管 1 人+高级主管 1 人+高级副主管 4 人) 中心 Hubs25 人(含领导团队成员 5 人)
学科背景	中心专职人员 高级领导团队成员的学科背景:社会学、高等教育管理、指导技术、指导设计和媒体、信息技术、人类学、英语与戏剧专业、分子、细胞和发展生物学 中心共同体 HUB 的学科背景:英语语言与文学、高等教育、指导设计与技术、学习科学与数字媒体、交流与教育、图书与信息研究、计算机专业、英语文学制片(演播室艺术)、教育媒体与技术、化学工程、历史与宗教研究交流、教学英语

以下再通过对中美著名大学教学发展中心案例的对比分析,描述提供优质教学资源方面的差异。

◆ **大学教学发展中心网站提供的教学资源**

据 B 大学中心网站提供的信息,在"资源支持"一栏,涵盖:1. 教育类期刊:南京大学 C 刊来源期刊收录目录(2014—2015 年)、国内外比较重要的高等教育研究杂志目录 30 本(2013 年);2. 教师网培中心;3."爱课程"两个网站链接。据谢尔丹教与学中心网站提供的信息,中心网站的"教与学资源"(Teaching&Learning Resources)栏目涵盖:1. 宽泛教与学话题的出版和在线资源;2. 全纳性教学;3. 写作教学法;4. 职业指导;5. 课程设计等方面(详见表 3-14)。

通过对两所大学中心官网文本资料梳理发现:B 大学中心提供的教学资源在丰富多样性、及时性(快速、准确地捕捉和回应教学情境的变化)、适切性和针对性方面,与美国著名大学布朗大学谢尔丹中心有较大差距,难以给教师教学探究与变革提供针对性的指导与帮助。尤其是面对时代背景的不确定变化回应的延迟与滞后,忽视对大学校本情境的分析与把握,难以提供植根于本校情境的丰富而独特的教学资源。谢尔丹中心提供的资源显示:教学隐含价值的传递、对教学过程细节与涉及话题的全面关注、针对不同学生群体尤其是学习困难学生的具体支持性资源、程序方面都能全面观照与涉及。中心主任在 2021 年上海交大组织的十周年纪念活动上所做报告中谈到:"Hub"的这一隐喻意味着体现教学的中心、合作、联结、包容性以及有勇气改变是核心的关键词。要成为这样的"Hub",大学教师教学发展中心首先需要通过制度安排、资源配备、流程设计、工作方法,整合组织资源,彰显大学教师发展的制度效应;其次基

表3-14 布朗大学谢尔丹教与学中心教学资源构成

教学资源	
中断时期教学	1.在线资源:支持学生作业的全纳性方式(路径);全纳性教学的异步策略;教与学指南;通过主动性学习的全纳性教学;2020年春+秋(更新的)有效的教师在线+混合的全纳性策略;本科生研究与体验式学习机会;变革时代的写作学习。2.异步工作坊:中断时期异步教学策略;自定步骤的在线教学档案创建。3.事件。
课程设计	1.课程修正(针对不可预期中断的调整);支持中断时期学生作业的全纳性路径、教与学连续性的指南。2.课程计划:大学教学大纲创建、课程反馈的解释、基于证据的实践、建立学习目标、增进学生伴随技术的学习、提升学习技能、整合研究于课程。
教室实践	1.针对不同学习情境(课堂第1天、讲演与大型班级、讨论与研讨会、实验室)。2.主动性学习。3.批判性阅读。4.沉浸式(冥想式)教学法。5.交流与公共演讲。6.元认知促进。7.播客教学。8.教学难题解决。9.写作学习。
数字教与学	1.什么是主动性学习?2.为什么运用?3.怎样使用一种主动性学习路径?4.用主动性学习教得更好我需要做什么?+列举可供参考的"主动性学习"的代表性文献(20种以上)。
与助理一起工作	1.与本科生助教一起工作的策略;2.本科生助教的学院课程指南;3.研究生院教学指南;4.三位教学优秀教授的"与助教一起工作"示范性案例。
教学写作	1.写作Fellows课程:强调共同治理精神由Fellows & Fellowees构成跨越教室的同伴互助课程。作为富有同理心的读者,提供给同伴富有见识的、建构性的评议,定位朝向争论、分析、组织、清晰表达以及对论文的修正策略。2.教学写作的资源:写作需求概览;建议的语言与课程大纲关键的考量;中心帮助师生资源;帮助教师工作的网站资源。3.写作支持Flag:一种提醒写作有困难学生应该花额外时间工作并寻求帮助以改善写作的方式。
教学陈述与档案袋	1.工作坊描述:一个在线的自定步骤的指导参与者写作教学陈述和创建档案袋的过程。2.预期目标:(1)甄别教学档案袋的有效要素;(2)写作个人的反思性的教学陈述;(3)挑选教学档案袋涵盖材料和做注释;(4)创建草拟的教学档案袋;(5)征集反馈和修正草拟档案袋。3.组织:由教学档案袋是什么以及为什么创建、创作教学陈述以及反馈+修正3个循序进行模块构成参与过程。4.注册。

*根据谢尔丹教与学中心网站信息整理

于教师教学发展中心作为一个开放系统的组织属性,充分利用这一系统内外资源的交换实现系统的优化和不断更新,重新统筹规划大学职能交叉、功能相近、人员相同的部门,以大学教师教学发展为工作的核心议题协调好"人"和"事"的关系,以优化和推动教师发展的组织建设,促进大学教与学的持续改善。也就是说,一方面要理顺大学教师教学发展中心的隶属关系与管理层级,优化现有师资培训与管理格局;另一方面要积极探寻符合大学校本情境的大学教师发展支持体系,培育具有创新精神的专业化大学教师发展组织。[①]

2. 服务与项目的设计、组织和实施的专业性与适切性

中心开展服务与项目的设计、组织与实施与不同职业生涯阶段教师教学发展需求匹配度如何？是否了解与满足教师教学变革与创新的需求？教师参与积极性与满意度如何？影响力与感召力如何？参照"教与学中心矩阵"中的"服务与项目"关注点，通过B大学中心与谢尔丹教与学中心网站提供的信息，归纳整理两中心的基本状况与差异。

服务与项目：

◇ **布朗大学谢尔丹教与学中心**

{
项目与服务(Programs & Services)
评估(Assessment)
证明(Certificates)
咨询(Cosultations)
院系支持(Departmental Support)
英语语言支持(English Languages Support)
奖励(Fellowships & Awards)
资金支持(Grant Support)
休假(Institutions & Retreats)
定向(Orientations)
}

◇ **B大学教师教学发展中心**

教师培训：

{
明理讲坛——国内外著名专家开展的系列专题报告
启智沙龙/午餐会——在温馨、平等、开放的环境下进行交流研讨
鸿鹄学堂——新入职教师成长训练营
雄鹰计划——卓越能力训练营
雏燕学园——助教培训班
精工研习营——为兄弟院校提供专业化的教师和管理者培训、领导研修等项目
}

咨询服务：

---

① 刘之远.美国大学教师发展组织专业化建设：困境、破解及借鉴[J].外国教育研究,2017,44(3):93—103.

- 数据平台——应用OQSS系统建立了"教育研究数据采集系统",通过数据的采集和积累为教育研究和科学决策提供重要依据
- 教育智库——中心汇聚了一批著名专家、学者、咨询师、培训师为教师个人成长中的教学质量改进、职业发展规划、职称材料准备、科研课题申报、教育教改论文、英文学术发表等提供咨询服务
- 中期学生反馈——是对课堂教学活动的过程性评价,通常在一门课程教学的早期或中期进行,为任课教师提供教学咨询服务。践行"以学生为中心"的教育理念,有流程简明高效、搜集信息相对客观和保护教师教学隐私等特点,目的在于改善教学效果,促进个性化专业成长
- 质量评估——配合教务处的教学质量评估,参与撰写B大学教学质量年度报告;基于调查研究等科学方法建立本科教学数据库,开展教学评价研究。本科教学评估工作方面,目前已形成了学生评教,校院两级督导专家评教,期初、期中、期末三次教学质量检查制度

谢尔丹中心的咨询主要包含了教学观察、课程咨询、补助(资助)咨询、微教学等具体形式。下面侧重以咨询中的教学观察为例予以重点描述。

◆ 示例:咨询之教学观察

A. 发出邀请:寻求对你的教学建构性反馈吗?有对改善学生学习的兴趣吗?请求一个免费的保护隐私的教学观察。提供合作讨论的机会和跨学科(不同学科多元视角)反馈能引导教学的反思性变化(邀请式的/清晰呈现教学观察的预期目标与特征)——由三个接触点构成:一次起始咨询、一次教学观察、一次追踪咨询。

B. 基本流程:

1. 观察请求:你至少在被观察前两周填写在线教学观察表格。这一表格询问你描述观察的情境和目标。中心会提醒你具体安排日程。**2. 起始咨询**:教学咨询师会安排一个简短的最初的咨询会议,讨论你的教学观察**情境或教学机会**,回答所有关于观察程序的问题,以及对于正在讨论目标的建议。**3. 观察**:两位咨询师将观察你的课程或片段50分钟,请提前通知你的学生,以使你从观察中受益。如果你选择录制课程视频,那么在接下来的咨询会议前你将收到录制视频的复制版。**4. 追踪咨询**:与咨询师之间在两星期内讨论观察与反馈。你将收到咨询师意

在用于你专业发展的书面文本。**5. 追踪反馈**：当完成观察和追踪咨询后，中心会发送一个关于估计（测量）我们工作效能的调查。这个反馈对我们是有价值的，我们请求你花少量时间完成调查表。

从上述描述中反映出谢尔丹教与学中心实施的教学观察项目注重过程的延续性、尊重教师教学隐私，针对情境、关注细节、程序明确，通过合作性的研讨，以多元化的视角对过程与成效进行关注，是邀请式的。具体、明确、对细节的关注是长程的。而我国的教师发展培训尚不够成熟，大学教师教学发展中心职员的专业能力和配置数量不足，所能提供服务的专业性和适切性仍有诸多欠缺。

教师发展中心专业人员只有对大学教师工作有丰富而深刻的认识，才能更准确地把握教师在专业发展过程中所面临的困境与亟待解决的问题。庞海芍研究指出，国内一部分高校教师发展中心未能脱离传统的工作模式，主要原因是受限于组织者自身观念、能力和资源，还有培训师的观念、习惯等。[①] 从现实状况看，我国大学一些理念先进、实力强、起步较早（具有一定发展历史与基础）的教师发展中心工作成效较为显著，如北京理工大学、上海交通大学、复旦大学、大连理工大学、山东大学及中国海洋大学等，这些学校开展了多元化的促进教师教学发展的活动形式与项目，如教学研讨工作坊、沙龙和午餐会、课堂教学中期反馈、教学学术研修及国际化研修等。而另一些教师发展中心受到组织者自身的观念、能力以及资源，还有培训师的观念、习惯等因素的制约，仍采用传统的讲座和灌输方式，对教师教学发展的促进收效甚微。我国大学教师教学发展中心的专业性与学术性并不符合被寄予的高期待，完成教务处和人事处所下达的新教师培训或教学竞赛等任务仍然是其主要职能，对于教师教学发展更为广泛的需要关注较少，重视不够，在提供针对性的教学咨询、发展教学研究能力、给予不同阶段教师职业生涯发展规划与指导等方面是相对滞后于需求的。教师教学发展中心的核心任务应是针对教师教学发展的现实问题提供咨询与解决策略，为教学问题的诊断、研讨与解决以及提升教学能力提供针对性的专业服务。因此，专业性是教师教学发展中心能否得以扩展、延续的关键因素。

研究者以任教于 30 个国家级教师教学发展中心的年龄在 35 岁及以下的青年教师为调查对象，采用描述统计和开放题应答资料梳理的方式分析大学青年教师参与教

---

① 庞海芍,朱亚祥,周溪亭,等.教师发展中心如何才能告别边缘化[J].高教发展与评估,2018,34(6):91—97,114.

师教学发展中心活动项目的现状,结果表明:青年教师普遍对教师教学发展中心不够了解,参与教师教学发展中心的活动项目不够积极(国家级教师教学发展示范中心网站的信息——中心的活动项目:教学竞赛、研讨会和沙龙、工作坊、个别咨询、课堂观摩、短期培训研修、学术讲座、外出交流、教学评价、教学研究10个方面),对教师教学发展中心项目实施的满意度喜忧参半(教师的满意度低与教师教学发展中心活动项目的针对性不强有关)。[①] 教师教学发展中心的性质应该定位于专业服务机构,衡量和判定中心工作成效主要取决于教师对中心工作的满意度。许多大学教师教学发展中心工作多是围绕新任教师或年轻教师展开,其他职业发展阶段的许多教师并不了解教师教学发展中心的真实状况,导致教师的总体参与度受限,对教师的感召力明显不足。

2017年教育部教师工作司委托课题"中国高校教师专业发展调研"表明,中心仅在开展教师培训方面就存在如下问题:A. 教师缺乏参与培训积极性38.78%。B. 缺乏学校政策支持和制度保障28.32%。C. 缺乏专业的培训师队伍67.54%。D. 工作人员短缺64.05%。E. 缺乏资金及场地等资源27.67%。F. 课程体系不完善30.07%。G. 与有关部处的关系难以协调、职责不明晰15.03%。H. 刚成立经验不足23.31%。I. 其他5.23%。

另外,我国大学教师教学发展中心还呈现发展严重不平衡的状况。我们通过大学网站提供的信息整理了一般省属院校(非示范中心)与国内"双一流"大学的国家级示范中心网站上教师教学发展中心建设状况,并做了一个概括性描述和对比,尤其是G大学教师发展中心现状。通过网站和访谈描述,凸显不同层次大学、示范与非示范中心发展状况上的显著差异。如下表3-15所示。

表3-15 示范与非示范教学发展中心发展状况

运作情况 \ 中心类型	P大学示范中心	省属院校非示范中心
组织结构	1. 职责与任务——两大核心任务:(1)是尽可能为教师的教育实践提供全方位的服务,同时为学生提供良好的学习环境;(2)为教师的教、学生的学及课程策略在实践研究中提供支持,使教师将教学作为一种学术来研究并将结果运用于实践,推动教学发展并促进学生学习能力。主要工作包括为教师专业发展提供广泛	1. 职责与任务:组织推广教学改革实践经验和成果,传播先进教学理念与教学方法;组织开展教师教学发展理论研究,探索教师发展前沿理论与应用问题;开展

[①] 李红惠. 大学青年教师参与教师教学发展中心项目现状调查研究[J]. 广西师范大学学报(哲社版),2018,54(3):121—123.

续 表

中心类型 运作情况	P大学示范中心	省属院校非示范中心
	支持和服务:教学技能培养、课程设计、教育技术运用、反思实践能力的训练;为教师的行动研究提供战略性咨询和项目协作服务;通过对教学的学术研究,为课程和教学领域的发展提供支持,促进跨学科的教学研究。 2. 领导结构:主任1名+副主任4名+17名团队成员(含高级工程师3名、工程师10名)分别负责教师教学能力发展、教学支撑服务、教育教学研究,还包括2名中心办公室人员。学科和专业背景涉及高等教育、高等教育管理、跨文化传播、教育管理、教育技术、职能科学与技术、医学教育管理、语言文学、多媒体设计、软件系统开发、教育信息化系统研究、教学信息化等。 3. 合作范围:有明确的学校相关职能部门合作关系	教师教学工作信息的收集、调研和评估;设计、实施教师发展相关项目;利用教育技术,促进优秀教学资源共享;组织开展教师发展咨询服务;开展教学质量评估和教学反馈工作。 2. 领导结构:中心主任+常务副主任+副主任+科长+专家组 3. 合作范围:未明确与学校相关职能部门的合作关系
资源配置+ 基础建设	"教学支撑"提供的资源包括13个方面,分别是网络教学平台建设、精品开放课程支持、教学课件研究与应用、教学促进研究与通信、服务器运维与网络管理、应用系统开发与优化、新技术研究与教学支持、多媒体教室建设、教室运行和管理、有线电视维护、教学资源建设、教学媒体制作、演播室建设运维。围绕"教学发展"的资源包括了教学策略、教学案例、教学工具与软件、推荐阅读书目	优质资源(优质资源+名师授课)
项目+服务	项目:青年教师教学发展计划、慕课相关教育技术培训、教师教育技术一级培训、助教学校、教学主题沙龙。 服务:定制培训、教学咨询、微格教学;教学研究:北大教学促进通讯(期刊)、教师教学发展通讯、探索教师教学发展的前沿——国际高校教与学的对话、名师教育谈、教学档案袋平台(立体化地整合教学资源)	教师培训、教学研究、教学比赛、教师风采

* 资料来源:根据G大学和P大学教师教学发展中心网站信息整理

搜集G大学和P大学官方网站信息,分析其教师教学发展中心运作状况:首先,在组织结构方面,G大学中心作为教学发展组织的愿景缺乏清晰阐述,也未能体现与大学使命的一致性以及秉持理念与价值。P大学教师发展中心对所要完成的核心任务和具体工作有较为详细的陈述,体现了教学学术理念,但对中心愿景以及与大学使命的匹配性方面没有明确阐述。G大学对中心领导结构中的领导团队人数、学科背景与主要职责、专家组构成情况都没有清晰明确的描述；P大学教学发展中心的领导团队结构较为合理，成员数量相对充沛，学科和专业背景相对多元化。其次，在资源配置和基础建设方面：G大学中心设有"优质资源"（优质资源＋名师授课）栏目，但网站上并无任何实质性内容。对于中心的资金投入与相应的用于活动与服务的空间与场所及其相应的设施等的提供也没有任何说明。相较而言，P大学教学发展中心围绕"教学支撑""教学发展"为教师教学发展提供了较充分的多元化的支持性资源，尤其是为课程与教学优化设计与实施以及教室管理所提供的多媒体技术与网络支持较为充足。最后，在项目和服务方面，"教师培训""教学研究""教学比赛"等栏目并无任何项目描述，徒有栏目名称。"教师风采"栏目包含了教学名师、教学能手和教学新秀等具体项目，列举了2004—2016年间教学奖励项目中获奖者的名单，但并未具体描述这些有关教学竞赛与奖励的具体内容以及获奖者获奖理由、获奖者教学优秀的故事。目前的"新闻动态"中的"三尺讲台展风采 教学竞赛求卓越"栏目，有2018—2021年间获得全国和省级青年教学竞赛奖获奖教师教学优秀的事迹与故事，对其他教师发展具有一定引领和促进作用，但内容局限于外界的描述与评价，获奖教师自身对于教学方面的进步与成长感言、感悟与反思是空缺的。"近期活动"一栏有2016年迄今开展的培训和研讨活动的记录，侧重于教学技能培训，教学研讨的形式和内容相对单一，开展频率低，参与活动人数不详，开展活动、提供项目与服务缺乏前瞻性和长远规划。同时也没有教学发展中心年度报告以呈现和描述中心自成立以来本校教师参与其中、产生影响的动态轨迹。P大学教学发展中心为教师发展提供的培训项目和服务形式相对灵活多样，内容较为广泛，尤其富有特色的是通过校本期刊的发行、与国际著名大学专家学者的对话交流的记录、教学档案袋平台的资源整合等所进行的教学研讨及其成果展示与分享。

以上三方面从总体上可以窥见省属、地方大学非示范性的教师教学发展中心与作为"双一流"大学的P大学国家级示范中心的大致运作状况。G大学中心完全未达到教师教学发展中心设立的预期目标与功能，难以满足当代大学变革情境的挑战及大学教师职业生涯发展的多样化需求。而P大学教学发展中心无论是在中心组织结构的合理性，还是提供的资源、相应的项目与服务的多元化与充沛性等方面，都远远优于G大学中心状况。通过对比分析发现：不同层次类型的大学，尤其是否是国家重点资助建立的示范中心，在大学原有整体发展基础、运作资金、中心建制及组织管理、资源（人员）配置等方面存在十分明显的差异，呈现出发展水平上的不平衡。大学教师教学发展中心作为一种自上而下建立起来的组织或机制,实际上难以完全承载和实现其应然功能,需要思考与探索新的更富吸引力和符合不同阶段教师发展需求的支持路径与机制。

我国大学基层教研室和教师教学发展中心作为两种最主要的自上而下设计和安排的教师教学共享的组织建制,从发展的演进路径与过程来看,它们都是我国大学发展特定时期的产物,在教师专业发展过程中扮演了较为重要的作用。然而从上述对发展现状的调研与个案分析的结果来看,作为支持大学教师教学发展的两种最主要的教学共享组织,一方面缺乏先进的适切的理念引领,另一方面重科研轻教学的评价制度导向以及制度设计逻辑的结果取向,导致与教师切身利益相关的评价政策、教学奖励政策不具备激励作用,桎梏了大学教师主动参与教学改革创新及其分享。另外,大学教师教学发展支持机制的健全还面临种种实践阻力。一是大学校园的资源配置与获取。大学在扩招以后校园共享空间作为教与学基础设施的建设与规划是否被纳入管理关注问题?教师与学生需求的多样性与变化是否进入相关管理者视野?二是资金的投入与使用。大学校园是否改进、完善、重构教与学共享空间以满足大学变革时期师生变化的需求?从大学教学共享组织的现实情境看,在支持性资源包括物理空间的布局与配置、技术支持、资金提供、奖励政策等方面仍存在不充分等问题。通过分析表明:大学教研室和教师教学发展中心作为教学共享组织的代表,还有待于进一步优化与完善,需克服既有结构对教师教学探究与创新实践的制约性,更好地发挥其积极的推动作用,以唤醒与激发教师教学探究与创新的原动力,催化教师教学变革的积极行动。

第四章　美国大学教学共享空间的实践样态与经验

第一节　大学教学共享空间建构的非专门化路径

一、基于课堂情境的共享空间建构——以卡内基教学学术学会学者项目为例

（一）缘起

大学教学作为一种职业，人们通常感受到的是促进其发展的困难与棘手，以至于其促进机制长期欠缺或不健全。教学学术有别于一般的教学实践，其改进的关键在于：它能产生他人可以使用并在此基础上进一步建构和累积惯常智力工作易于丢失的知识。当教师开始尝试将自己的问题和实践探索所搜集的数据与证据向同行阐释时，他人能以一定方式可见、可考察、可捕捉并完全理解其重要性。走向公开是教学学术四个可界定的特征之一，这意味着"走向公开"创造了新的透镜和视角去阐释促进教学学术发展进程的重要性，朝向公开的转变既基于大学面对诸多内外变化的挑战，也源于新的信息技术与网络的广泛应用所带来的机遇。促进教学学术走向公开的教学共享空间理念及其实践建构的承诺在于：基于证据和实践的关于教与学的对话在其中将成为规范，学科或跨学科教师作为共同体成员，将参与到教学法观念和实践的主动探索与交流中，分享和引证他人工作的方式将成为惯常，教师将在其他从事过相关工作的同行的工作积累和经验概括的基础上工作。[①] 这需要大学校园通过建立合作项目、奖励制度作为结构以支持这项工作，提供专注于教学探究的大学整体结构与氛围，召唤所有学科和专业领域教师都能富有成效地参与到教学问题的探索和实践过程中。

---

① Huber. M. T., Hutchings, P. *The Advancement of Learning: Building the Teaching Commons* [M]. San Francisco: Jossey-Bass, 2005:51.

(二) 卡内基教学学术学会学者项目概述

美国大学教学学术运动在高等教育领域的发展得到诸如休利特基金会、斯宾塞基金会、皮尤基金会、促进中等后教育基金、丽莉基金会、发展者专业组织等许多学科协会和基金会的支持与协助。其中卡内基教学促进基金会对美国高等教育的政策制定、改革与发展影响尤为深刻,在推动大学及教师的教学学术思想践行中发挥了重要作用。针对本科生教育、教学与研究的关系和教师评价机制等大学最根本问题,卡内基教学促进基金会发表了《大学:美国大学生的就读经验》《学术反思:教授工作的重点领域》《重建本科生教育:美国研究型大学的发展蓝图》及《博耶报告三年回顾》四份影响深远的报告。[1] 1998年,在卡内基教学促进基金会继任主席舒尔曼的倡导下,由皮尤慈善信托基金会和卡内基教学促进基金会共同资助创立了卡内基教学学术学会(Carnegie Academy for the Scholarship of Teaching and Learning,CASTL),旨在使高等教育领域通过项目设立支持教学学术发展,使大学的教学探索和创新能得到应有的认可和奖励,推动教学学术在大学的发展,增进学生有意义的持久的学习体验,加强教学的实践性和专业性。舒尔曼曾提出想把CASTL项目打造成一个为教师教学服务的智库,促进对大学教学的学术性研究,给予教师更好地理解和改善学科领域的教与学的机会,也试图通过这个项目来解决教学学术如何实践的问题。作为核心构成部分的CASTL学者项目从1999年启动,共有6期,来自20多个不同学科领域及不同类型院校、处于职业生涯发展不同阶段的158名教师参与了该项目。项目采用的是行动研究的设计思路,即让教师通过框定他们在特别情境下的教与学问题,以不同的方式探究这些问题。因为大学教学发生在不确定、丰富和具变动性的情境中,如学科、学生人口统计学特征、院校类型、课程目标和教学方式等,对情境与细节的特别关注给予了教学学术更多丰富性,并使它不同于大多数教与学研究。[2] 围绕教与学重要问题进行项目设计并实施,通过教学档案袋、会议陈述、发表论文和以教学问题为主题讨论,以学科同行认可的形式记录他们的教与学问题及实践并公开传播相关成果,通过这一项目,推动大学教学的专业化,并让学生深度参与学习,以培育师生实践共同体。

---

[1] 王玉衡.美国大学教学学术运动[M].北京:北京师范大学出版社,2012:127—128.
[2] Huber M T, Hutchings P. *The Advancement of Learning:Building the Teaching Commons* [M]. San Francisco:Jossey-Bass,2005:57.

(三) 基于课堂情境的教学探究与创新——跨学科研讨会的智力共同体[①]

选取 CASTL 学者项目作为课堂微观层面的实践探索案例,并对其加以详细描述,呈现基于课堂情境的教学探究与创新过程及其影响。

1. 探究缘起:加利福尼亚圣玛丽学院有四个学期的经典名著通识课程。作为这所学院毕业生的费托教授(Jose Alfonso Feito)有很多的参与研讨课堂的经历。研讨会环境对师生有高要求,除非发展智力的共同体,否则研讨会不可能自动地履行它的承诺。费托教授非常愉快地发现学院同事们在考虑周到的研讨会教室的"最好实践"使华丽言辞和批判性思考技能得以发展。他发现他自己作为一个社会心理学家的兴趣转移到一个不同方向。"我好奇学生在合作性和交流性教室环境中怎样学习的",以及研讨会的教学法"怎样能增强在普遍受到个人主义教育视角下、以自我服务为目标的学生的相互依赖和相互尊重的价值?"研讨会中的智力共同体是怎样形成的?它看起来究竟是怎样的?费托教授运用他的"古希腊思想与文学"研讨会作为探索与回答这些问题的实验室。

2. 探究程序:首先,通过简单的调查把握学生(对调查问题的回应)在研讨会课堂的体验,让费托教授获得对学生在研讨课堂的动态感知;包括学生在研讨课堂实践中发生了什么,例如,谁对谁说?频率如何?当讨论特别生动或富有成效时什么言辞转移表明随时间互动模式变化?其次,在学生允许的前提下,利用小型数字录音设备录制了 13 个 90 分钟的课堂片段;最后,将源于学生自己的话语转变为文字,然后以解释性的方式,利用质性研究软件编码分析,将学术性的学科工具应用到提出的教学问题中。

3. 所获经验及影响:第一,实际上的智力共同体是什么?智力共同体体验构成这一议题的形式或特征,尤其捕捉到**"智力亲密度"**这一重要概念。即一种学生意识到的不同于日常友谊的相互之间的思想和观念的动态性,包括更深入地进入他人心灵或思想、班级同学比他自己更熟悉朋友的更深奥水平以及他人观点的可渗透性。在费托教授看来,研讨课堂成为了一个不同的、更深入的亲密度发展的智力形式。第二,另一个出现在工作中的议题是他称之为为了共享的探究进行的

[①] Huber, M. T. & Hutchings, P. *The Advancement of Learning: Building the Teaching Commons*[M]. San Francisco: Jossey-Bass, 2005: 65 – 69.

"不知晓"。他观察到"参与者应该承认他们原初理解的缺乏,他们愿意说'我不知道'"。这种见解提供关注于研讨会参与者怎样学习允许这种类型的不知晓及其发生的相应形式。第三,建立了研讨会教学法工作群组。来自不同情境和学科的学者形成项目的聚丛,他们在一起分享观点。费托教授,既关注研讨会环境下学生怎样提出问题,也关注学生怎样发展一种为他人学习和自我学习的责任感,并不断扩展这一探究成果的影响。

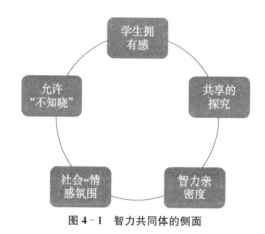

图 4-1　智力共同体的侧面

(四) 共享空间建构的"路标":教与学共同关注点

1. 5 个典型案例

从 CASTL 项目中精选出"学会像数学家一样思考""从历史的理解到政治行动""学习中困难的作用""在细胞中犹如在家""跨学科研讨中的智力共同体"5 个典型工作案例,每一个案例都深深地植根于特定的学科或课堂情境。

◇ **案例1:学会像数学家一样思考——理论数学家的学科探究**

探究目标: 关注于学科理解在教学学术发展中的价值,期望学生能理解学科所强调的原则,意识到学生作为未来数学教师应思考"什么因素构成一个好的数学问题"并能感受到"好的数学公式或定理的美和优雅"等根本性问题。

理论数学家柯蒂斯·贝内特(Curtis Bennett)认为学科是理解世界的强有力的工具,是师生共同的最初智力家园,是教师们感受到对学生学习深切希望的源泉。针对学生数学学习现状,他所要探究的问题是:学生如何理解数学概念？他们怎样使用这些关键概念去获取新的信息和知识？学生怎样学会像数学家一样思考？他基于数学对学生意味着什么的假设的挑战,重新设计1学期长的数学研究课程。通过对学生在修课前后对数学态度的调查,处理和分析所有绩点作业和考试,录制和分析办公室时间与学生项目小组谈话,期末绩点录入后对个别学生访谈等方式考察新的教学方式对学生学习的影响。

◇ **案例2：从历史的理解到政治行动——历史学家和环境人类学者引导学生运用历史到政治行动项目的方式的分类**

探究目标： 为实现大学培育社会责任和共同体建构所需技能的愿景和目标,试图将学生引导到共同体议题的有意义参与中。

加利福尼亚州立大学历史学家申克(Shenk, G. E)和环境人类学者塔卡奇(Takacs, D)开设的《加利福尼亚的社会与环境》课程,关注学生在民主社会的责任与文明参与,他们想知道学生是否将学术内容和技能应用于需要判断、行动和承诺的情境中。此外,他们还关注学生的道德伦理发展,与社会正义有关的价值以及在民主社会的准备与参与。课程中心是高峰作业《通晓历史的政治项目HIPP》,课程大纲明确表示"任何活动如果它影响人们在社会中对自身的治理,它就是政治的",学生被告知这一项目作业需要反思"你在生存于其中的这个世界的个人价值",整合历史研究有助于理解项目背景,此外也需要至少10个小时与项目有关的共同体经历。探究问题是:通过课程结果学生能展示出对政治更复杂的理解吗？他们能更坚定地领悟政治议题吗？他们会在与他们关系重大的共同体中表达赋权吗？他们会表现出对继续工作的承诺吗？他们能在价值与政治之间发展一个复杂的理解吗？[①] 他们将教学学术作为一种邀请,使他们的教学发生转变:不仅关注学生不做什么,更关注学生做什么以及怎样做,怎样将历史运用于政治的项目中。教学者将帮助学生理解当代共同体议题历史支撑的策略设计得更复杂巧妙。发展了运用历史的10种方式的列表,使学生从历史理解转变到政治行动时,通过列表作为一种分类工具更小心地甄别和分析学生的学习要素。这一项目的价值一方面在于帮助其他教师建构并在自己的教学中使用这种分

---

① Takacs, D. "Using Student Work as Evidence." In P. Hutchings (ed). *Ethics of Inquiry: Issues in the Scholarship of Teaching and Learning*. Menlo Park, Calif: The Carnegie Foundation for the Advancement of Teaching, 2002:27.

类;另一方面引导一种关于学生怎样将自己的价值与历史理解相联系的新的见解。他们发现当学生将自己个人的生活与更大的历史和政治议题相联系时,学习质量得到改善。通过探究,他们确定未来研究的方向是:与大学同事分享项目发现并运用从这一项目中所学催化下一个教学阶段和探究,并且将它与正在做系统努力的其他卡内基项目的学院和大学教师相联系,以增强学生的政治理解和参与。

◇ **案例3:"学习中困难的作用"——帮助学生处理文学读本困难的策略**

探究目标: 教学探究的目标在于邀请新进入学术领域的学生从困难中寻找到深度的和令人满意的理解方式,以促进学习思考。

匹兹堡大学教授萨尔瓦托里(Salvatori, M. R.)认为,美国学术文化不看重"困难"而看重"聪明/机灵"的价值,探究的重要问题是:"什么被看作学习中的困难以及学习者如何体验困难? 困难的形式是怎样的? 困难是学习的构成性部分吗? 困难和教育方式之间有关系吗? 教师怎样教学生处理困难?"将教学学术探究议题假定为"困难时刻包含着理解的种子"。教学目标在于将我们所有人从阅读者的无能来判断理解文本的困难转变到一个读者初期意识被文本的语言、结构、风格和内容赋予的特别需求的领悟的困难。[1] 萨尔瓦托里考察发现,困难论文实际上改善学生的写作和理解,她也和在其他人文领域的同事一起工作,帮助他们在不同形势和情境中采纳这种作业,并且在许多学科和跨学科教学法通道表达她所做工作的意义和价值,她所发展的帮助学生最大地利用困难的策略引起了科学和社会科学教师的共鸣。她最强有力的成果在于她的工作植根于清晰阐述"通过困难而学习的理论",重点在于指明教师对学习进程的好的理解对学习者也是有益的。她们解释说,学习中的困难是难以理解的,其难以理解有着不同原因,"因为它是令人迷惑的,模糊的,神秘的,遥远的,陌生的,冲突的,不熟悉的,不舒适的,没有关联的,无意义的,易混淆的,激进的,虚伪的和前后矛盾的"[2]甄别造成困难的原因是学生作为读者处理困难文本的重要步骤。这一步骤,对生活和学校中遇到的困惑同样有效。

---

[1] Salvatori, M. R. and Donahue, P. *The Elements and Pleasure of Difficulty* [M]. New York: Pearson/Longman, 2004:9.

[2] Salvatori, M. R. and Donahue, P. *The Elements and Pleasure of Difficulty* [M]. New York: Pearson/Longman, 2004.

◇ **案例4:"在细胞中犹如在家"——带着生物学课程中的细胞概念探索科学生物学学生的参与方式**

探究目标: 教学中能将学生对细胞的认知和情感的理解放置在一起,让学生感受到与科学相伴的舒适,从而形成对科学更正向积极的态度。

莫拉·弗兰纳里(Maura Flannery)是美国圣约翰大学的生物学家。她长期的研究兴趣点是生物学的审美,如视觉在理解和表达科学时的作用。她的探究项目植根于这一兴趣,意图调查"学生怎样理解细胞和分子的形象"以及视觉形象怎样影响学生的理解。[1] 当其教学关注点转变到课堂时,她想探索的中心问题是:"在细胞里就犹如在家意味着什么?""在家"隐含了学生感觉到是舒适的,因为是学生熟悉的地方,学生知晓围绕这一地方的路径以及它怎样才能起效。这一问题能唤起学生的视觉想象,这一隐喻也有认知方面作用,知晓细胞的这个部分彼此之间的关系以及它们如何工作。她关注到带有情感的思考对于科学家的重要性,以及科学家的激情和直觉的重要性。这一项目提供了一个传统的评估和作业无法提供的新窗口去观察和揭示学生学习的本质。探究开始前,她尝试询问学生对于生物学的态度和知识:"当你参观细胞内部时,你的体验感觉是什么";然后邀请学生画一个细胞和分子;最后学期结束时,每个学生需要汇编一个至少包括了20个项目的档案袋(报纸剪贴、相片、网站影像、至少一个视觉艺术作品、一个音乐作品和诗歌等)。学生需要给每个项目贴标签,指明它们怎样与主题相关联,写作一个自我反思的评论,反馈从发展这一档案袋中学到了什么。学期结束时学生有了更多详细表述的细胞形象以及更复杂巧妙的表达,学生可以描绘对于科学的一种感性体验。莫拉·弗兰纳里为找到学生对生物学更多的理解,试验了新的写作作业。她要求学生描写一个感觉像家的地方。学生作业中用到了诸如和平、安静、保障和安全等词汇,给她提供了一个隐喻的经验库,"帮助学生将细胞视为一个他们很想度过时光的地方"。[2] 弗兰纳里认为从这一试验性探究项目所获得的是"小小的改变,我认为我(想要传达)的信息是:小的改变意味着很多……"也就是说她的教室

---

[1] Flannery, M. "Teaching About Images of the Cell," Carnegie Academy for the Scholarship of Teaching and Learning (CASTL) project update. CASTL Electronic Workspace, Menlo Park, Calif: The Carnegie Foundation for the Advancement of Teaching, Oct, 2000:1.

[2] Flannery, M. Final oral report. Carnegie Academy for the Scholarship of Teaching and Learning (CASTL). Menlo Park, Calif: The Carnegie Foundation for the Advancement of Teaching, June, 2001a:6.

实验并没有奇迹般地转变学生的学习效果,但她将重要变化整理成文件后表明,她最为珍视的是目标:"多年来我一直对科学中的主客体关系感兴趣,这学期终于通过管理(课堂)帮助学生获得那样的联结","学生的档案袋将生物学与他们重要的事情相联系,让他们也看到了生物学富有情感的一面。"①利用新的方式的试验不仅点燃学生求知的激情,也吸引到科学之外的其他科学家的兴趣。这种对于教与学的更个人的、偏重情感方面的教学法的研究,在高等教育中并不很容易寻找到它的位置,但这项工作有其根基和传统,教师们不断增长的兴趣深受帕克·帕尔默的《教学的勇气》的重要影响。

◇ **案例5:"跨学科研讨中的智力共同体"——形成研讨会课程中的智力共同体理论**(详见本书第116—117页)

2. 共同议题和关键联结点

上述5个典型案例都强调了教学探究工作的新意和独特性,普通教师设计和系统地探究自己在教室实践中的问题以激发更多教师和学生去分享。每个案例中都隐含着对教学探究议题的共同关注。教学共享空间将成为不同样态和工作类型得以联结地方,可为涉足这一空间的人们指明方向和规划路径,也为他们提供了一个窗口去看待教学学术特征上的变化主题和方法,绘制教学共享空间特征演化的地图。② 教学学术学者在这里可以寻找到志趣相投的同行分享他们的兴趣与问题,将自己的实践建构于他人努力之上,并且可以对他人工作有所贡献,以克服大学教室探究工作固有的私人化倾向及不易转移到其他情境的局限,促进教学学术进一步走向公开。这些能帮助绘制共享空间地图、允许大学从事教学探究工作教师联系的共同议题和关键联结点主要表现在以下四方面:

(1)基于学科的问题

教师从事教学探究最好从本职工作开始,能认可他们基于校本情境所获取的经验和知识以及理解他们尝试用自己的术语所做的事情。每门学科或领域都有自己在写

---

① Flannery, M. Final oral report. Carnegie Academy for the Scholarship of Teaching and Learning (CASTL). Menlo Park, Calif: The Carnegie Foundation for the Advancement of Teaching, June, 2001a:6.
② Huber. M. T., Hutchings, P. *The Advancement of Learning: Building the Teaching Commons* [M]. San Francisco: Jossey-Bass, 2005:57.

作、论证、问题寻求和问题解决的独特艺术,因此教师产生对教学探究的热情往往是因为被学科内能引起共鸣的教育议题所吸引。学科能给教学学术以鼓舞和方向,也给教学探究工作提供了自然的观众,因为在学科共同体中一个人可以找到面对同样教育议题的同事。① 上述5个典型案例尽管各有其独特之处,但共同之处在于教师的教学探究实践深深地植根于他们的学科情境中。舒尔曼将学科整合视为教学学术学者工作的永久话题:"如果一个人真正致力于自己的学科,他会承诺在学生中传递和发展真理性的概念和学科理解。学科整合引导教师形成对于学生什么是最好的感觉。"②这一议题也成为教学学术的基础。因此,学科整合成为绘制教学共享空间地图的重要议题。学科及其组织还能给从事教学探究的教师提供心理和资金上的支持,许多学科共同体围绕教育议题的富有能量的、新的、充满活力的通道成为交流教学学术工作的情境和催化剂,成为发展与谈论教学法共同语言的地点,判断质量的共享标准生成的论坛。③

(2) 跨学科的交叉衔接主题

例如,《化学导论课程》中某教师对于边缘学生的关注得到因高比例学生流失而感到不安的教授其他科学课程的教师分享;贝内特对于"像数学家一样思考"的兴趣和对数学学科美的感受,在弗兰纳里引导学生理解她称之为"科学的私人的一面和生物学的美学"的试验中得到回响;申克和塔卡奇像弗兰纳里一样,对于超越狭义认知的理解感兴趣;萨尔瓦托里包容了与家庭相似之处的对于困难的工作,到费托教授致力于对学生的不知晓的探究等。学科交叉衔接议题为教师提供进入教学共享空间的另一条路线,进入新的智力世界的学者会伴随相似焦虑,因为传统的学科倾向不那么清晰地涉及,而跨学科的网络对于参与教学探究的教师同事的关注和智力培育具有特别作用,因为它可以成为跨学科学者们的"避难所",在这里可以找到对他们工作的友好的批评,也可以参与进谁正在做什么的"走廊的谈话"(无处不在的非正式的谈话)、学术会议与出版机会,找到经费和职业生涯策略等,所有学术工作的实施信息可以通过非

---

① Huber, M. T., Hutchings, P. *The Advancement of Learning: Building the Teaching Commons* [M]. San Francisco: Jossey-Bass. 2005:86.
② Shulman, L. S. "Inventing the Future." In P. Hutchings (ed). Opening Lines: Approaches to the scholarship of Teaching and Learning[M]. Calif: The Carnegie Foundation for the Advancement of Teaching,2006:98.
③ Huber, M. T., Hutchings, P. *The Advancement of Learning: Building the Teaching Commons* [M]. San Francisco: Jossey-Bass. 2005:88.

正式途径得以传递。①

（3）探究学生学习的方法（方法论）和作业

另一个绘制共享空间地图的可能性存在于教学学术学者探究学生学习所使用的方法中。话语分析、准实验、访谈、语言与行为的记录与分析等，也在学科和教室情境中创造性地采用已经确立的方法，还包括为指导与探究精心设计的作业等。相当多的兴趣在于方法论问题，教学学术学者所要寻求的不仅是基于学科与交叉衔接问题，也包含方法问题方面具有共同性的同行。与采用方法和设计作业联系更紧密的是教室探究工作所产生的证据，这种证据只有当它们能予以公开，当其他教室探究者进行考察时作为一种检验时可获取，并且也可以作为能够在其他存在于内心的议题被不断询问或质疑的来源时才是有效的。教学共享空间将成为运用这些证据的集体探究的空间，参与探究教师将致力于他们自己学生工作的案例，并将其贡献于更大的可分享的数据库，作为赢得更多经验和见解的基础。②

（4）探究所获证据及解释证据的分析工具或策略等

另一个绘制共享空间地图的路标是形成了学者所在学科的一种解释搜集证据的工具，这种工具提供了从一个学科到另一个学科领域可转移的承诺。CASTL 学者项目早期就有了让通过教学探究获得的教与学的新见解和证据、解释证据的策略，通过同行评议走向公开的倡导。探究所应有的分析工具应该是教学学术最富有价值的成果之一，它们聚焦于许多教师先前没有相互区分的学习维度，帮助教师更仔细地思考课程学习目标，成为未来教学共享空间工作的催化剂。

将勾连典型案例的共同关注议题作为绘制共享空间地图的路标，是一种隐喻，目的是示例性的：指出绘制教学共享空间地图的过程是随时间演进的，并伴随不同兴趣和工作线路的参与教学探究的学者进入共享空间赋予其样态的过程。这一进程也是在孤独中工作的大学教师寻找志同道合同事、合作者、合作作者和工作群组以促进他们努力的过程。当大学教师开始研究他们自己的教室发生了什么时，就从个体教室相对封闭的空间转变到跨越个体教室经验和校本的情境，致力于更大智力共同体中的共享，围绕教学探究工作的基于校园情境或跨学科的共同体，公开分享与交流观念及探

---

① Huber, M. T. & Hutchings, P. *The Advancement of Learning: Building the Teaching Commons* [M]. San Francisco: Jossey-Bass, 2005:90.
② Hatch, T., Bass, R., Iiyoshi, T., et al. Building Knowledge for Teaching and Learning: The Promise of Scholarship in a Networked Environment [J]. *Change*, 2004,36(5):42-49.

究成果,形成一种开放的、积极的和支持性的氛围和环境,有别于一般更具竞争性特征的学术文化。①

二、大学校级层面的共享空间建构——以美国迈阿密大学为例

(一) 概述

之所以选取美国迈阿密大学作为大学校园层面共享空间非专门化建构的典型案例,主要基于三点理由:一是迈阿密大学教师学习共同体(Faculty Learning Communities, FLCs)的研究与实践具有悠久历史,形成了较为成熟的体系并积累了相对丰厚的成果。第二,大学得到著名的百合(LILLY)教育基金会资助的教师学习共同体的创建有利于消减教师的孤独与封闭,在促进教师持续成长与专业发展方面卓有成效。该校教师曾在 1993 年和 2004 年获得全美大学最高教学奖励奖——西奥多·M. 赫茨伯格奖(Theodore M. Hesburgh)。第三是迈阿密大学所在的俄亥俄州层面的学习平台与网络(Ohio Learning Network, OLN http://www.oln.org/)。这一州属层面的在线学习网络是俄亥俄州各高校与相关机构的资源与服务的整合,83 所大学之间的合作与联结,经费来源、活动开展、所提供的丰富多元的电子化资源,是州政府与相关高校发挥各自职能的合作运作模式。此网络充分发挥技术在学习共同体实践中的作用,建构校园内与跨校园区域之间的教师学习共同体与网络,虚拟在线与实体教师学习共同体的形成与相互影响,组织安排走向自主建构+互动共享型区域性网络学习共同体,对迈阿密大学教学文化培育的外部情境具有积极的推动作用。教师学习共同体这一概念首先由迈阿密大学教学促进中心主任米尔顿·克斯教授提出。20 世纪 90 年代,他关注到源于 1979 年由迈阿密大学基于百合捐助基金资助,旨在培育初任教师在设计和实施教学上,1 年时间的教师发展项目。他通过追踪研究发现,这一项目具有与学生学习共同体(Student Learning Community, SLC)的相似成效,于是将这些小组重新命名,提出了"教师学习共同体"的概念。在他引领下构建的大学教师学习共同体,目的在于消除大学教师的孤独感,促进教师的专业化成长,支持教师的终身学习和发展,从而有效提高教学质量。

---

① Huber M T, Hutchings P. *The Advancement of Learning: Building the Teaching Commons* [M]. San Francisco: Jossey-Bass, 2005: 77 - 78.

※ **俄亥俄州层面的学习平台与网络**

1999年创建的俄亥俄学习网络(The Ohio Learning Network，OLN)，是基于《技术在明天的学习共同体》报告提出建议，受到州立大学董事会的资助，将新的技术注入俄亥俄学院和大学已经建立起来的课程与项目,此项目也得益于俄亥俄学习共同体的活动支持、相应知识、经验的丰富积淀历史。2002年，基于俄亥俄学习网络和俄亥俄教学促进项目对教师发展的广泛影响，该项目又启动了发展教师学习共同体的新方案(俄亥俄学习网络教师学习共同体Ohio Learning Network Faculty Learning Community)。利用FLC模式促进校园教学法的强有力实施和技术促进项目的教师发展努力,其目标在于呼吁每个教师共同体在一起工作,以学习、应用、分享教与学及技术上的创新知识。俄亥俄学习网络使教师学习共同体向上扩展的条件愈发成熟,为州范围内的教师发展创建了独特平台。这一新方案的实施,通过项目结果和进程,不仅使知识公开分享以及数字经验库达成了预期目标,也使支持教师学习共同体的承诺保持了俄亥俄学习网络的优先地位,是美国在州层面发展教师学习共同体的典型代表。(详见http://www.oin.org/)

(二) 组织结构

1. 政策引领

以重要政策文本《质量保障计划》[the Quality Enhancement Plan(QEP)]的颁布来描述迈阿密大学组织情境中的政策引领。迈阿密大学创建了"通过讨论与对话的学习"(https://discussion.miami.edu/)这一网站,对《质量保障计划》的讨论与交流成为教师学习共同体的话题,通过对QEP的对话和讨论形成联结。通过提供对话与交流平台吸引所有教职员的主动参与。参与教师尝试使用三种创新性教学方法,即哈克尼斯圆桌教学法、基于问题的方法和翻转课堂方法的研究与课程实践。参与者的探索通过每星期基于代表性阅读的讨论他们挑选的方法,当他们跨出朝向课程经验的发展和转变的步伐,公开在网站上分享与交流实践探索的成果时,教学创新的动态变化过程就体现了出来。

A. QEP内容结构设计的实现和实施的教育目的

a.通过对话与讨论的可见性和可得性促使学生主动学习的本科教育和学生体验；b.提供合适的资源、培训、专业发展和合作机会(适切)等支持,以增强教师整合对话与讨论的能力；c.使学习空间现代化以支持主动性的和合作性的教与学。

B. 质量保障计划的内容结构

> 简介(Introduction)
> 发展程序(QEP Development Process)
> 院校需求评估(Institutional Needs Assessment)
> 文献回顾与背景(Literature Review and Background)
> 实施(QEP Implementation)
> 学生学习结果与评估(Student Learning Outcomes and Assessment)
> 预算(QEP Budget)
> 参考文献＋附录

C. 制定过程的民主与多元参与、对话进程

校长的多方位多渠道倾听与采纳不同意见；公开的咨询、交流与讨论；师生有关教与学创新方案启动的相关调查数据搜集，了解需求与愿望。

2. 管理者倡导

基于2019—2020年度报告(2019年秋—2020年秋)中"学习创新与教师参与"团队主管写给全校师生的信件内容，对文本中的"关键词"进行提取分析，可以明显地传递出院校领导者话语中隐含的价值导向，发挥领导力在大学教学创新与变革中的作用。

表4-1 "学习创新与教师参与"团队主管关键话语分析

相同/相似关键词的提取	
2019年	2020年
分享、合作、工作意义、教与学文化、质量保障、参与、持续、影响力、示范性、重新思考	分享、合作、参与、探索、伙伴关系、示范性、影响力、努力、挑战、发明、适应、创造力、耐心(教学变革)

＊资料来源：LIFE 2019-2020 Annual Report
https://academictechnologies.it.miami.edu/about-us/learning-innovation-and-faculty-engagement/annual-report-2019/index.html

——详见2019—2020年"**学习创新与教师参与**"团队主管写给全校师生的信

我非常激动地在此**分享**迈阿密大学"学习创新和教师发展"年度报告。记录一些跨大学团队在2018—2019学年的成就和成功。简短的报告关注于我们一起工作的教职员工和其他伙伴的**富有影响力**的工作**范例和特征**。我特别为我们**富有意义**地**参与**进来工作的**新合作者和伙伴**感到自豪。比如我们参与到与新的研究生学校教学学会中；我们与FIU and Miami Dade

College 跨院校的**合作性努力**作为迈阿密大学教学、学习和技术集合体的一部分;教师展示 the Faculty Showcase,我们大学自己的教与学学术会议在每一年成长得规模更大,更令人激动;以及我们的**教师学习共同体**,支持前沿的**教育创新**及大学的**质量保障**和认证努力。我乐意感谢对我们工作感兴趣的报告的阅读者,以提升迈阿密大学教与学的文化。如果你对探索新的使学生**参与**方式,不管是学生中心还是主动学习教学法或是创新性技术感兴趣,我希望你会考虑与我们**合作**。

——我很高兴**分享**今年迈阿密大学过去一年来跨校园群体的成就与成功。今年报告发布于我们无法预期的时期,全球新冠疫情中的教学需要**发明、适应、创造力和耐心**——种族正义议题也达到了一个公众意识层面的新的高度,包括警觉到警察杀死手无寸铁的黑人妇女和男性的大规模抗议,督促我们中很多人**重新思考**我们在提出和废除种族主义在教室中、在我们的学术领域及我们大学中的作用。这一年我们的一些尝试面临**挑战**,包括我们总是要面对十分忙碌的工作坊日程安排,**创建新的专业发展机会**,为教师参与**在线的、翻转的、混合教学**有关的和新的关于反种族主义、批判教育学以及创伤通晓教育学的**教师阅读小组**。其他在长期运行的创新方案如 *the Faculty Showcase*,*the Faculty Learning Communities*,*and our inter-institutional collaboration*(**多元化的合作途径和形式**)持续地适应**新冠疫情的情境**。因为不可能捕捉我们日复一日所有的成就,我们简洁的报告专注于**强调**我们共同**依存**的教师和其他大学伙伴们**有影响力工作的示范性和特征**。我乐意感谢阅读这份报告的读者,正是你们对我们工作的兴趣,促进迈阿密大学**教与学的文化**的提升。如果你对**探索新的使学生参与的路径**,不管是学生中心、主动学习教学法还是创新技术感兴趣,我希望你会考虑与我们的合作(**邀请性的 VS 外在强迫、规定性的**)。

3. 组织机构及其支持

大学院校文化办公室(The Office of Institutional Culture)培育基于价值和目的驱动的院校文化,创建使每个人感受到有价值和有机会增值的归属感。为了提升归属文化,大学通过各种项目和方案发展了一系列共同价值、领导期望和服务标准以增强参与、成效和积极的结果。

4. 资源、平台与技术支持

（1）资源平台："通过讨论与对话的学习"的专门网站是质量保证计划的家园，此平台提供学术的和管理的资源：QEP计划的概览、目的、实施、文件的正式（官方）链接、QEP计划中每一种教学方法的资源以及参与者和其他利益相关者的管理信息和程序，随时间不断精练和更新完善。这一资源平台由高级教学设计师建立，它能加速相关信息的流动和存储，促进参与教师的管理信息、教学法资源包括活动观念、技术评议和有用的联结。

表4-2 "通过讨论与对话的学习"的专门网站

主要栏目	内容概览
关于质量保障的计划	质量保障计划是什么？为什么？怎样做？阐明目的在于在本科生课程中通过对话和基于讨论的学习促进学生学习。 一般信息（General Information）：1. 教师和其他利益相关者参与计划的重要政策和程序；2. 研究经费；3. 课程产权购买费用；4. 课程计划安排；5. 哈克尼斯圆桌讨论教室。有助于对学生主动学习的环境和互动与民主讨论的物理空间的安排与考量。
参与者	QEP教师群体（Corhorts）：每个秋季学期新参与到三种教学方法之一相关的改革旅程的，通过对话和讨论的教师学习共同体（邮箱和登录地址）。 2021教师学习共同体 事件（Events）：将每学期加速一系列教师发展活动的开展作为我们努力给予继续发展和教QEP课程的教师持续提供支持。此外开展围绕与QEP教学方法相关重要议题讨论，给予参与者和之前教师学习共同体参与者分享和讨论他们成功与挑战的机会。
教学方法	三种教学方法改革：教室资源+有用的链接，通过专门网页介绍资源集合以帮助教师更好地理解和实施这几种新的教学方法，更好面对挑战。1. 哈克尼斯圆桌学习法（详见表4-3）；2. 翻转学习；3. 基于问题的学习。
联系方式	1. 学习创新和教师参与团队高级指导设计师的办公地址、邮箱和联系电话。 2. QEP教师希望讨论课程方面可以填写的一对一咨商表格。

* 根据迈阿密大学网站信息整理 https://discussion.miami.edu/index.html

表4-3 哈克尼斯圆桌教学法

教室资源	1. 平衡讨论：帮助你取得和维持哈克尼斯圆桌讨论的策略和活动。 2. 启动讨论：帮助你启动讨论的策略和活动经验库的多样化。 3. 有助益的技术：处理在哈克尼斯圆桌教室一系列议题的技术，包括讨论的动态性以及学生准备和评估等。 4. 远距离实施：帮助你加速过渡到远距离模式的资源、工具和主意。

续 表

有用的链接	1. 文章:(1)为什么教室讨论是重要的？植根于知识的研究和理论,将对话和讨论作为一种教学工具的清晰阐述;(2)Bohm(David Bohm 理论物理学家)对话:导入、前设、历史、Bohm 对话、更深入阅读——基于对话学习方式特征进行的分享。
	2. 资源集合:教室对话的策略——与基于讨论的教与学相关的一系列文章和教室资源。哈克尼斯圆桌讨论的 TED 演讲、哈克尼斯圆桌教学的有见地定义、评估工具集合;教室讨论策略的大清单(15 种教室讨论结构化的模式)、Diana Davis 的教学网站、哈克尼斯圆桌教学工具——附有相关资源链接网址。

* 根据迈阿密大学网站信息整理
Useful Links ｜ Harkness https://discussion.miami.edu/teaching-methods/harkness/useful-links/index.html

图 4-2 哈克尼斯圆桌教学法

* 图片来源：Harkness ｜ Teaching Methods https://discussion.miami.edu/teaching-methods/harkness/index.html

(2) 共同参与实践基础上的"累积的经验库"

基于 LIFE 2019/2020 年度报告的对比分析,剖析其动态变化,体现其影响力的扩展情况。详见下面年度报告对比分析表(表 4-4)。

表 4-4 LIFE2019/2020 年度报告的对比分析表

年度报告	2019 年	2020 年
主要内容	概览/教职员 Showcase/教师学习共同体/工程学院的教师发展/伙伴关系与项目/出版和学术参与/未来展望	概览/新冠疫情期间学术的持续性/教职员 Showcase/实践共同体/伙伴关系与项目/出版和学术参与/未来展望
项目类型	一次性的个体与群体咨询/持续性的咨询或项目/院系或群体工作坊/课程设计与发展/其他课程参与	一次性的个体与群体咨询/持续性的咨询或项目/院系或群体工作坊/课程设计与发展/其他课程参与

续 表

年度报告	2019 年	2020 年
合作关系 项目分布学术单位或利益相关群体（按项目分布比例多少排列；划线字体表明增加的合作单位）	艺术与科学学院/医学院/工程学院/教育与人类发展学院/护理与健康研究学校/音乐学院/建筑学院/其他	艺术与科学学院/工程学院/<u>迈阿密信息技术大学</u>/<u>教务长办公室</u>/其他/<u>交流学校</u>/<u>可持续和国际教育部</u>/<u>研究生院</u>/医学院/音乐学院/<u>商学院</u>/<u>法学院</u>/教育与人类发展学院/护理与健康研究学校/建筑学院
影响力扩展 2020 年相较于 2019年的主要变化	1. 项目数增长：参与了 275 个不同项目，相较于 2019 年(142 项)增长了 93%； 2. 每个团队成员承担项目数及比例增长：平均每个团队成员参与 55 个咨询、工作坊和其他跨校园项目，相较于 2019 年(33 项)，增长 66%； 3. 参与项目的校内外合作单位的增加与伙伴关系的拓展。校内合作单位从 7 个学院扩展到 13 个包括教务长办公室在内的部门，并不断向校外扩展。 4. 深度参与学术可持续性项目：在线教学工作坊、新冠疫情情境下咨询、团队在跨校园更普遍性地与教与学有关的可见性：时间、关注、专长和努力，年复一年的项目数据的合聚保持了最好的方式以保证团队参与和在大学的影响力。	

* 根据迈阿密大学网站信息整理
Learning Innovation and Faculty Engagement | Academic Technologies
https://academictechnologies.it.miami.edu/about-us/learning-innovation-and-faculty-engagement/

◆ **The LIFE Archive 学习创新和教师参与档案馆**

是以提供宽泛的教与学话题的在线文章和资源为特征的，提供一个分享跨大学的相关指南、媒体和创新性的教学实践的空间。每篇文章都简明、及时，且代表了各种差异性视角以保证他们保持对宽泛对象的可得性。<u>学习创新和教师参与团队成员和学术技术单位致力于通过与同事、伙伴和利益相关者之间合作，引导创新的、有效的且有意义的学习体验的</u>**归档(资源平台—累积的经验库)**——**关键词**：分享空间、创新性教学实践、多元视角、宽泛对象、可得性。

(三) 参与主体及其教学探究与创新行动

1. 多元化的参与主体

(1) 教师实践共同体

教师实践共同体是培育朝向共同兴趣与目标的关于教学实践的讨论、合作和交流空间的群体。这些讨论引导持续的、长期的联结和跨学科的伙伴关系，成为优化大学教与学环境的根本，支持与大学策略性倡议以及来自教学共同体的多元请求。教师学习共同体是一种超学科的实践共同体，共同体中的成员与跨校园同伴主动参与到分享专长、合作、伴随技术的实验、发展课程内的转化性学习体验以及创新性的教学实践的发展中,聚集在一起讨论增强教与学的观念、可能的课程活动及技术。教学作为智力工作,其教育使命是根本性的,需要持续地适应、创新以及改善。FLC 使教师参与定期会议以增进教学知识,促进追求创新的动机,以更学术的路径从事教学。2015—2019 年围绕质量保障计划的实践共同体,关注于信息、交流与技术素养的话题中心,自 2019 年秋季起,教师学习共同体与 QEP"通过对话与讨论"网站形成联合。

Faculty Learning Communities in Numbers
Fall 2018 - Spring 2019

20	20	3	17
Faculty Fellows	Courses Changed	FLC Cohorts	Departments Represented

图 4-3 教师学习共同体(围绕"质量保障计划"主题)

表 4-5 学术技术单位支持的教师学习共同体

学术技术单位支持的教师学习共同体	主题	关注点
FLC2017	3D 打印和制作技术	聚焦于纳入为学生转变课程内容、项目和新的观念进入物理模式、雕刻和机制等的机会
FLC2018	3D 打印与制作技术基于媒体的作业	聚焦于 the Adobe Creative Cloud 程序和其他软件平衡以促进学生创建和编辑形象、可视化数据、视频、录像和多媒体项目。
FLC2019	增强现实和空间计算	聚焦于允许参与者探索 AR 硬件,讨论基于增强现实的教育启示,创建相应体验或运用 AR 优化课程。

* 根据迈阿密大学网站信息整理
Faculty Learning Community | Academic Technologies
https://academictechnologies.it.miami.edu/faculty-engagement/faculty-learning-community/index.html

学术技术单位与教师和学生的教与学相关项目紧密地合作。承诺他们在计算机实验室、教室、演讲捕捉、学生技术支持、指导设计、学习平台上负有责任,探索并发展技术,以增加在线和技术优化的课程。

(2) 学习创新和教师参与团队 Learning Innovation and Faculty Engagement Team

A. 团队及其目标使命简介——学习创新和教师参与团队与大学成员、学术单位及其他大学利益相关者合作以促进大学的教与学文化。目标在于赋权给大学教职员和其他人,使他们通过学习者为中心的主动学习教学法,利用各种教学平台和新涌现的教育技术等,获得创新的、有效的和有意义的学习体验。B. 团队构成——主管 1 名博士和 4 名成员(3 名高级教学设计师＋1 名教学设计师)。

2. 教学探究与创新行动:多元化的围绕教学创新议题的**事件与活动**

共享经历/内容:

(1) 年度教与学学术会议 Faculty Showcase

即教职员展示,每年一次(持续一天)。教职员同事聚集在一起**分享、建立网络和发现**,通过**创新性**的教学法和学习技术丰富学生体验,目的在于支持教师发展和促进学生学习。

表 4-6　教职员年度分享与展示

年度	分享主题	分享与展示目的
2018	Small Steps to Big Leaps in Student Engagement	支持教师发展和促进学生学习
2019	Learning Fast and Slow	
2020	Navigating the New Teaching Landscape	

2018—2020 年度教职员分享与展示活动概况:教职员的展示活动由学习创新和教师参与团队组织,也是迈阿密大学教与学优秀平台(Platform for Excellence in Teaching and Learning, PETAL)的一部分,是教师**交流与分享**教学创新成果的组织与平台。2018 年共有 110 个参与者,50 个参与者对 5 个简单问题的反馈,100% 满意和非常满意度。29 个发言者,9 个学习圈子,6 个 Breakout Session;2019 年有 99 个参与者,发言者 22 人,学习圈子 11 个,Breakout Session 2 个,29 个参与者对 5 个简单问题有及时反馈。2020 年秋季,跨国家的高等教育教室面临无法预期的挑战,迈阿密大学也不例外。分享与展示活动全部改为在线,认可教师为适应新的教学情境,包括混合的、远距离的和完全在线的教学所做的努力。在线教学有 28 个参与者及时回应,获得 86% 的满意度。

◇ **参与者的即时回应与反馈(代表性的回应)**——1.喜欢与对教与学富有激情的不同群体的互动机会,从未预期的资源中收获好的观念和实践。2.构建网络和倾听其他人在教室的所做,感动于在这儿倾听朝向基于讨论的可持续性的努力。这一主旨演讲是杰出的、伟大的。3.所有的 SHOWCASE 在我内心都是最好的——因为这一时刻是正确的、话题具有激励性以及形成网络和分享的机会。4.话题具有教育性(提供有用信息的),是奇妙的,与其他管理者交流时感受到分享的愉快。

（2）教职员成功的故事

分享教职员成功项目的经验(故事及其细节)、**使命(清晰阐明的愿景)**是促进积极的和创新性的教与学文化的构建,激励能力建构以扩展跨院校影响,促进新教职员伙伴、学术单位和其他大学利益相关者合作的重要手段。邀请教职员和学生参与,希望利用**教与学空间分享**自己与大学同事和同行的成功故事,以及有着杰出的服务工作水平的学生和收获较大的本科教育经历的学生的个人故事,讲述共同经历与体验。(这样做的)**目的在于在他人基础上建构经验,帮助其他人"复制"同行的成功**(详见根据迈阿密大学网站资源整理的教职员成功故事的示例)。①

◆ **示例：沉浸式体验与虚拟现实（探究与创新行动）**

1. 概述

这一案例呈现的是两名哲学系助理教授怎样奉献时间和资源将沉浸式现实技术运用于他们的本科和研究生课程中。讨论虚拟现实(VR)技术帮助促进两门现存哲学课程,鞭策新学期创建题为《沉浸式体验与虚拟现实》课程。这一案例研究概述不仅是教学法和逻辑学 VR 作业和活动的启示,也会给更宽泛意义上的学术共同体以建议。

2. 课程探索基本程序——增进沉浸式技术的使用

(1) 2017 年春,学习创新与教师参与团队启动了一个 3D 打印、扫描和可视化的教师学习共同体,伴随教师、学生及职员对 3D 打印技术的需求增加,迈阿密大学得到 3D 技术的额外资助,包括 VR 技术。从 2017 年夏起学习共同体 fellows 运用资助经费,为所有教师、学生及职员购买额外的 VR 设备,此举所带来的结果是,我们发现即使更多教师与学生围绕虚拟现实讨论文献和媒体,但 VR 技术给予他们另一种沉浸式体验课程的新形式。

在 2017 年夏季学期,布兰登得到了 LIFE 头脑风暴的机会,联结"虚拟现实主义"概念,在秋季学期本科课程元物理学(PHI 345)中,作为哲学中更抽象的课程之一,元物理学是现实特征的哲学研究,通过探索元物理的问题理解我们自己和在世界中的位置。布兰登旨在让学生质疑与虚拟物体和场景互动的感知,设法将现有的学习目标、反思和写作与一系列沉浸式空间定位的 VR 体验联系起来。在

---

① https://academictechnologies.it.miami.edu/faculty-engagement/faculty-success-stories/brendan-magdalena-balcerak-jackson/index.html

课程教师和新兴的技术图书馆员合作中,测试和甄别一定的 VR 体验,围绕文献和与"虚拟现实主义"相联系的概念是幻觉、时间与空间、操作目标。时空探索以及运用共享的 Google Docs 概述目标、主题和虚拟现实体验和玩游戏录像,建立学生可以挑选的各种体验。在虚拟现实片段,布置学生阅读大卫·查尔默斯(David Chalmers)"虚拟与真实"的一篇文章,24 名学生报名参加了 Creative Studio 的教师探索中的虚拟现实片段,学生挑选出 2 个虚拟现实体验。

体验之后,学生们提交了他们在黑板学习中对反思问题的回答和面对面课堂片段中讨论的"虚拟现实主义"。接下来的作业包含了一个有多元脚手架要素的,包括一个论点陈述的最终论文,草稿的提交和课堂上多元的同伴评议使用 Google Docs 编辑片段。

图 4-4 沉浸式体验与虚拟现实(教学探究与创新行动示例 1)

* 图片来源:https://academictechnologies.it.miami.edu/faculty-engagement/faculty-success-stories/ brendan-magdalena-balcerak-jackson/index.html

在元物理学课程 VR 作业逻辑和教学法要素的飞行实验之后,马格德莱娜 2018 年春季学期开设研究生课程《**现象学传统**》(课程代码 583R/683R)。如课程大纲所述,现象学是历史的哲学传统及考察哲学问题的方法论路径。她在这门课程中介绍 VR 的动机在于引导参与学生进入深度的观念批判性分析、争论和理论讨论中。她分享说:"当给予学生一些不寻常或新奇的体验时,你能强调你原本不会注意到的特征。通常你习惯于你的视觉器官工作,不反思你的情感怎样起作用。"同元物理学课程准备相同,通过多元商榷和测试体验,搜集各种排除情绪的 VR 体验,允许学生在虚拟空间探索飞行和高度以及体验空间听觉。

特别的课程变革包含了多元的相联结的作业——从虚拟现实片段到讨论论

图 4-5 沉浸式体验与虚拟现实(教学探究与创新行动示例 2)
* 图片来源：https://academictechnologies.it.miami.edu/faculty-engagement/faculty-success-stories/brendan-magdalena-balcerak-jackson/index.html

坛设置再到短小的分析论文等。由 14 个学生签名的 25 分钟的虚拟现实片段体验过后，要写出直觉的和方法论的无限制的描述。学生在一个其他学生能收到反馈的黑板上张贴了他们的描述，以足够细节化的方式描述他们是否真正捕捉到一种现象。学生反思性的描述转变成两千字的体验分析论文，当教学指导者提供反馈后再提交最后的修订版。

3. 课程探索的成效

《沉浸式体验与虚拟现实》——基于两名教师的共同经历，发现运用 VR 技术可以使学生参与进课程材料(内容)中，并拓展了哲学课程的可能性。布兰登分享了他"意识到有许多可以做的，有更多运用 VR 去教哲学议题的方式，也有可以整合进 VR 细节的更多议题。"《沉浸式体验与虚拟现实》邀请 2018 年秋季学期本科生体验各种沉浸式设施，包括新奇的 The Mars Room，电影《Her, The Matrix》，视觉游戏、虚拟世界《第二生活》以及虚拟世界体验《Becoming Homeless》。这一导论课程将哲学路径介绍给本科生，邀请学生反思这些沉浸式设施形成的体验和自己感觉的方式。

4. 课程回应与反馈

"我收到了许多积极的、直接的反馈。许多学生真的很享受这一过程。很明显它是有趣的，一部分学生说比他们设想的更紧张深入，好像忘记了是在虚拟现实之中，当他们从虚拟现实中返回时有令人惊异的体验，直接的反馈是他们真正潜入写作中，所以很容易进入他们经历过程的讨论，并能致力于作业。也就是说，我所看见的这一体验式课程的效果是非常清晰的。"——布兰登

"对写作我有同样的体验。每个人都有他们想写的事情，学生之一写了一篇关于他们的所作所为使他们获得对虚拟世界更多真实感的论文，尽管事实很清楚，真实世界是不完美的。所以他正好反思什么事情使他感觉更真实。整个论文的主题是这一体验尽管是动画的但怎样给人高度写实主义的感觉。这正是一个关注原本所不关注的事情的典型案例。"——马格德莱娜

各种作业形成这门令人兴奋的新课程，包括基于讨论的活动、练习、报告和一篇评论文章。布兰登和马格德莱娜也引导大家在课堂中融合 VR 耳机、the Faculty Exploratory 的 Oculus Go and the VR station 的虚拟现实片段，正如马格德莱娜反思到的那样："我们的工作通常起于疑惑，我们吸引人们思考疑惑。你能明确地表达许多有助于你真正很好地使用 VR 的疑惑"。

（3）教师阅读小组项目 One Book, One U, the University's common reading program

教师阅读小组，每学期学习创新和教师参与团队提供给来自跨学科和院系的教育者机会去讨论教与学共同关注的议题，这一组织认为高等教育作为公共事业的责任是：不仅知晓而且积极地致力于创建更公正平等的社会。支持机构：LIFE、图书馆和院校文化办公室。

◆ **示例：反种族主义——批判教育学阅读小组**

确定专门主题：针对新近人们关注话题——大规模抗议游行，确定专门主题
选定书籍：挑选与反种族主义、反压迫和批判教育学有关的文本，挑选出与主题相关的经典书目
阅读小组项目的促进者：LIFE Facilitator-Matt Acevedo
共读与分享时间：2020 年夏/2020 年秋

通过大学组织的目标和愿景、政策引领（重要政策文本的颁行）、管理者倡导（领导者话语中隐含的价值观）、组织支持（专业组织的强有力支持）、平台与资源构建起来的教与学情境：**结构**，吸引教职员工广泛而主动地参与，以更富有学术性、创新性、合作性的路径探索教学：**行动者的能动性**。在**实践参与和交流互动**中形成大学实践共同体的**合作共赢的关系**。借助多元化的形式和场合交流与分享在教学探究与创新过程中的故事与成果、共同经历与体验，推动大学**参与式文化**的培育。

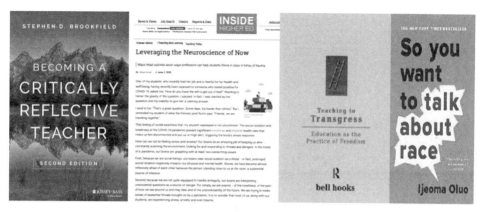

图 4-6　反种族主义——2020 年秋批判教育学阅读小组阅读书目

*详见大学网站链接 https://academictechnologies.it.miami.edu/about-us/learning-innovation-and-faculty-engagement/annual-report-2020/index.html

图 4-7　教职工 Showcase

*图片来源：Faculty Showcase ｜ Academic Technologies https://academictechnologies.it.miami.edu/news-and-events/events/faculty-showcase/index.html

第二节　大学专门化的教学共享空间

一、教学共享空间的结构剖析

（一）斯坦福大学历史概述[①]——一个学习、发现、创新、表达话语的场所

斯坦福大学由加利福尼亚议员利兰·斯坦福和他妻子简·莱思罗普·斯坦福

---

① https://www.stanford.edu/about/history/

(Leland Stanford & Leland Stanford Jane)创建于1885年。创建初衷是"通过人性和文明的影响提升公共福利",计划建成一所现代研究型大学,以纪念他们逝去的儿子。大学愿景形成于the San Francisco Peninsula橡树点缀的农场作为连廊和四方院子矩阵的设计是基于扩展和消融人、学科和观念之间的障碍。斯坦福家族与始任校长戴维·斯塔尔·乔丹(David Starr Jordan)将新大学的办学目的确定为无宗教派别的、男女同校教育的及可负担的,致力于培养有文化的和有用的毕业生。创建之初确立的办学宗旨是使所学的东西都对学生的生活直接有用,帮助他们取得成功。因此创建是以整个人类的文明进步为最终利益,积极发挥大学的作用,促进社会福祉;教导学生遵纪守法,尽享自由给人的快乐;教育学生尊重和热爱民主政体中蕴含的崇高原则。创立者们一开始特别的土地赠予帮助支持了大学,给多样性机构、学校和实验室提供了可相互跨域的、改变世界的创新空间,取得了科学领域的许多原创性突破成就,为硅谷的发展打下了牢固根基,造就了许多高科技产业领袖和创造天才,如惠普、谷歌、雅虎、耐克、罗技、思科和LinkedIn等公司的创始人。斯坦福大学的研究机构涵盖了院系实验室、大学与工业合作的研究中心、政府设在大学的研究中心以及独立研究机构四种类别,包含122个研究单位。截至2021年4月,共有84位校友、教授及研究人员曾获得诺贝尔奖(现任教职工中19位诺贝尔奖得主)。Die luft der Freiheit weht,这句话出自16世纪的德国人类学家修顿,英文为The wind of freedom blows,意为"自由之风劲吹",这一校训在于鼓励和确保大学师生能自由地、畅通无阻地从事教学和相关学科研究。斯坦福大学目前设有7个学院、18个跨学科机构,拥有16 000名学生、2 100名教职员和1 800名博士后学者,招收美国50个州和91个国家的留学生。斯坦福大学以师生为主导的开放式教育创新项目"2025计划",能清晰地呈现大学在变革方面的前瞻性与创新性,以及多学科领域相互渗透的、最前沿的研究领域以及对创新和实用人才培养的重要性。斯坦福大学第十任校长约翰·汉尼斯(John L. Hennessy)在2012年7月曾发表过题为"正在到来的教育技术海啸"的主题演讲,对在线教育的新潮流作了深刻的分析和大胆的预测。他说:"如同技术颠覆并再造了报纸与音乐产业一样,现在轮到另一个传统行业——高等教育了","教育技术将摧毁现有的高等教育体系,这是不容否认的","再见了,讲堂,学生已经厌倦了传统课堂并准备拥抱网络教育","成为颠覆者,而非被颠覆者……斯坦福将应用教育技术来提升校内师生的教学水平……"大学高层领导者前瞻性讲话与隐含思想对大学教学创新与变革有着潜在影响与引领作用。

(二) 教学共享空间的概念、愿景与构成(详见表4-7)

1. 概念:斯坦福大学教学共享空间是斯坦福教与学的一种**资源**(广义的理解,涉及物质、人际、社会等方面的资源)。它由副教务长办公室领导下的负责教师发展的教与学中心创始。为所有由指导者、教学助理和支持员工组成的对学习、教育和教学法感兴趣的斯坦福共同体成员所设计。

2. 愿景和目标:为斯坦福共同体的所有对学习、教育和教学法感兴趣的成员设计(教学者、教学助理、支持员工)。聚集简便的、灵活的和基于研究的资源,给指导者以帮助,使他们成功地教学。致力于创建合作性的发现,发现和分享新的观点,寻找关于教学问题的答案,把握斯坦福大学最近的教学发展。

3. 主要构成:"探索教学指南""寻找文章""联结到资源""事件与机会"和"教与学中心"。

表4-7 斯坦福大学教学共享空间

概念	愿景	构成
斯坦福大学教学共享空间是斯坦福教与学的一种资源,它是副教务长办公室领导下的负责教师发展的教与学中心的创始方案。为所有由指导者、教学助理和支持员工组成的对学习、教育和教学法感兴趣的斯坦福共同体成员所设计。	使命:聚集简便的、灵活的和基于研究的**资源**给指导者以帮助他们成功地教学。为斯坦福共同体的所有对学习、教育和教学法感兴趣的成员设计(教学者、教学助理、支持员工)。 共享目标(愿景):致力于创建合作性的发现——发现和分享新的观点,寻找关于教学问题的答案,阅读斯坦福大学最近的教学发展。	1. 教学谈话(Teaching Talks) 2. 课程简介(Course Profile) 3. 事件与机会(Events & Opportunities) 4. 资助与奖励(Grants & Award) 5. 教学助理支持(TA Support) 6. 资源(Resources) ◇ 2020年栏目新变化 1. 教学探索指引(Explore Teaching Guides) 2. 发现文章(Find Articles) 3. 连接资源(Connect to Resources) 4. 教与学中心(Center for Teaching & Learning) 5. 事件(Events)

* 根据 https://teachingcommons.stanford.edu/网站信息整理

图4-8 斯坦福大学教学共享空间　　图4-9 斯坦福大学教学共享空间入口

图片来源 Teaching Commons https://teachingcommons.stanford.edu/

◆ **教学共享空间主要栏目剖析**

A. 探索教学指南

在线教学指南:启动、从理论到实践、课程计划、学习者支持、内容传递、学习活动、反馈与评估——利用这些**资源**指引教师进行在线课堂设计(重新设计)。每个教学指南都是仔细挑选的跨教学共享空间关注的特别主题。内容页面的收集有意图地为以任何课程形式教学的新教师以及有经验的教师重新更新知识。

表 4-8 教学共享空间栏目之教学指南

全纳性教学指南	核心的策略性指南	远距离教学指南
关注点:支持全纳性、差异性和无障碍人群和共同体。	关注点:教学法和课程设计的基础。	关注点:完全远距离课程形式的策略与资源。
为谁指南:有心的教学者、教学助理和支持性员工。	为谁指南:新任/有经验的潜心于教学并想要更新教学的教师。	为谁指南:在线课程设计与教学的教学者和教学团队。
适用范围:任何好的教学实践的整合与不可分割部分。	适用范围:一般意义上的广泛应用性(非具体)+每门课程计划的早期阶段。	适用范围:新冠疫情期间大多数在线课程,更适用于混合型课程和混合的技术增进的传统课程。
具体内容: 1. 全纳性教学实践概览 2. 公平的通道 3. 设置规范和承诺 4. 建构全纳性共同体 5. 支持残障学生 6. 全纳性和公正性的讨论	具体内容: 1. 新来斯坦福的教学 2. TEACH 框架 3. 教师中心 VS 学生中心的课程设计 4. 理解 TPACK 框架 5. ADDIE 指导设计框架 6. 界定在线课程模态 7. Canvas 的设计原则 8. 教学助理和教学团队 9. 运用学术的技术 10. 优化教学大纲 11. 设备的借出与支持 12. 学生支持服务 13. 形成性评价与反馈。 14. 学术诚实	具体内容: 1. 三种简单在线模式 2. 十种有前景的有效在线教学实践 3. 解决共同的在线教学难题 4. 管理远距离测验 5. 虚拟办公室时间 6. 重新思考在线作业 7. 参与性活动 8. 平衡同步与异步活动 9. 直播在线课程 10. 预先录制的教学视频 11. 组织 Canvas 上的内容

* 根据 https://teachingcommons.stanford.edu/explore-teaching-guides/core-strategies-guide 网页内容整理而成

◆ **教学指南示例——TEACH Framework**

1. 核心理念:尽管思考关于技术和基础设施的仪器可能是容易的,但我们转变到在线使用机会、重新确立中心、重新详细阐述我们作为斯坦福教学者关注的价值更重要。

2. 开发者：由引导性研讨会和教师发展的副主管罗莉·迪茨（Lauri Dietz）开发。

3. TEACH Framework——促进教学使命的基于价值的框架，由及时性、参与性、无障碍性、联结性和人道的 **5 要素或本质特征**构成教学。体现了斯坦福将**教学视为中心的核心价值**。

- Timely teaching **及时性教学**：对学生和教学者社会的、情感的及智力需求的回应，伴随对影响教与学情境的考量，以使每个人都能处于成功的最佳位置——**对学生和教学者需求与所处情境的回应。**
- Engaging teaching **参与性教学**：邀请学生沉浸于他们的内在动机，通过做、创造和反思学得更多——**为内部动机而学。**
- Accessible teaching **无障碍教学**：明确欢迎所有学生全身心进入学习共同体，有意识地创建全纳性学习环境，尊重每个学生的尊严，通过提供工具和必需的支持，使尽可能多的学生取得学习目标——**创建为所有学生提供必需的支持的全纳性学习环境。**
- Connected teaching **关联性教学**：鼓励学生将学习嵌入班级共同体以及他们所处的共同体（家庭的、社会的、国内的、居住地的、学科的、专业的等），并整合他们进入跨课程和合作课程情境中——**鼓励学生将跨课程和合作课程情境进行整合。**
- Humane teaching **人道的教学**：富有同理心，优先考虑人而不是完美的教学。

TEACH 框架允许大学设立高级的、可感知的、超越性的，学生能企及的学习目标，因为坚信学生会受到场合提升的影响，知晓大学这一教学框架正提供方向、资源和成功所需要的灵活性。

B. 寻找文章

高效的教学技巧、话题性文章以及从斯坦福**教与学生态系统（Ecosystem）**收集的

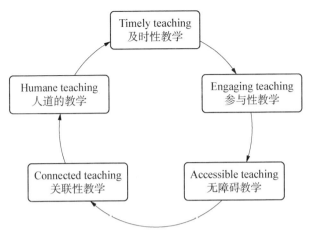

图 4-10 TEACH 框架图

*图片来源:根据斯坦福大学网站资源绘制 https://teachingcommons.stanford.edu/explore-teaching-guides/online-teaching-guide/theory-practice/teach-framework

新闻等。包括无障碍性、异步活动、学科—专业的、全纳和平等、访谈、学生声音、同步活动、教学助理、技术指导、大学资源。

◆ 示例:异步活动——在线讨论论坛(Online discussion forum)

提供一个学生对课程阅读和作业有关内容的多元在线讨论地点(place),以回应其他同学提出的问题和想法,使其成为课程材料和在教室外相互之间介入(engage)的可利用在线讨论的平台(platform)。学生围绕讨论话题,以自己的节奏参与(at their own pace)、接纳不同类型学习者的贡献,增进个体学生学习,建构学习共同体。学生可以感受在课堂中被质疑,可从讨论中收获,也能表达他们的观念。这些话题可以是指导者和学生提出的,指导者如果希望从学生那儿获得有意义的讨论,可以准备参与这些论坛。设立在线模式可能很难达成想要的话语水平,但通过下面这些有效的实践,便能取得更好的结果。可视为**虚拟维度的教学共享空间**。

C. 与资源的联结——将斯坦福的资源和服务相联结以支持在线教育

{
新冠疫情期间相关政策和资源(Teach Anywhere for University Policies)
一对一的教学咨询(Teaching Consultations)
设备和软件(Equipment and Software)
给学生的资源(Resources for Your Students)
教学助理和本科生指导者(Teaching Assistants and Grad Instructors)
专门学院的教学资源(School-Specific Teaching Resources)

* 详见斯坦福大学网站链接 https://teachingcommons.stanford.edu/university-resources

◆ 示例:在线旅程(详见图4-11)

演化的故事、发现、资源的采集——**师生教学共享的虚拟空间:共享的累积的共同体财富**(教育研究院的IT教学资源)。

{
探索数字教室的共同挑战——6个方面的共同挑战
倾听航行在远距离学习中的教授和学生的声音——在线教学的故事
寻找增加在线体验的策略、研究和资源——教室资源:技术29个+富有前景的实践48个+研究30个——共享资源的收集、分享与交流——基于教学者在线教室体验的文章、工具、技巧汇编。浏览下面的信息收集资源或使用筛选程序找到与你的需求匹配的资源。

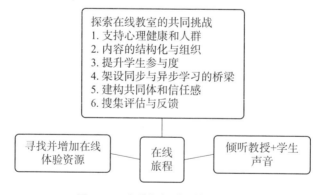

图4-11 与资源相联结的在线旅程

* 根据斯坦福大学网站资源整理与绘制
https://teachingresources.stanford.edu/

◆ 来自指导者和学生的**声音**(在线教室的故事)

1. Lunch-n-Learn：Instructor Panel #1 讨论最有益的工具和策略，探究远距离教学环境是怎样影响学生关系和有效学习能力的
2. 当远距离学习时如何善待自己(发展和心理科学项目学生，分享她适应在线学习的策略)
3. Lunch-n-Learn：重新设计在线教室的主动、合作性学习(促进学生参与)
4. 重新框定在线限制，使其成为一种创新学习与共同体(教学哲学和实践的传递)

IT Teaching Resources https://teachingresources.stanford.edu/interviews/nadia-gathers-and-erika-woolsey/

D. Events&Opportunities 事件和机会

按特色、日期、类型、主题、组织等分类标准进行分类。事件细节可按需要类型进行搜索。

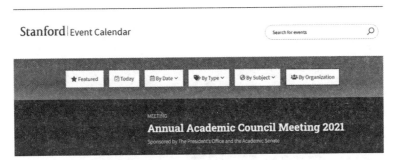

图 4-12 "事件与机会"栏目的年度学术会议

*图片来源：https://events.stanford.edu/events/914/91426/

二、教学共享空间中的行动(教学探究与创新)

(一)教学探究与创新示例：重新捕捉班级教学动态要素的在线课程实验

在线虚拟维度空间中教师探究与创新行动

1. <u>课程实验的目标</u>：克服在线教学平台(Zoom)非人格化的局限和挑战，重新捕捉课堂中的动态要素，创建能容纳上百人直播收看的学习环境，促进线上教学的参与度，加速对话，给学术交流赋能。新的基于 Zoom 的平台在斯坦福的发展

促使指导者直接地参与学生和促进主动学习的大型讲演。鲍勃·史密斯(Bob Smith)教授一个月的努力在一个先驱性的虚拟学习模式上在整个过去的冬季学期达到高潮,不仅成功地驱动了 CS182,而且赋能于在新冠疫情期间的虚拟学习。

2. 课程实验的体验与反馈(来自师生)

a. 我们意识到在家授课时教与学条件的有限性,看到了传统的虚拟教室模式不能提供互动视频以及我们想要跟随的教学法路径这一问题。首次 CS182 课程中要感谢的是,史密斯教授真正传递,并使我们感受到他构建的这个学习平台把握住从其他课程中获得的承诺——**罗布·瑞奇(Rob Reich)教授**,课程指导者之一,政治科学与社会伦理院系主任。

b. 运用 Zoom 的局限——"被动地坐在那儿观看屏幕会感到学习困难","事实是这个新的平台使我能站在房间里,走向学生,然后来回地走动,看见他们的面部表情,感受到真正的参与——那是游戏改变者。"——杰里米·温斯坦(Jeremy Weinstein),课程指导者之一,政治科学教授。

c. 这些演讲鼓励你思考和批判性地考察你自己的观念,所以同步 synchronous 的学习方面是很重要的——一年级符号系统专业学生。"当你知道

图 4-13 重新捕捉班级教学动态要素的在线课程实验

* 图片来源 https://news.stanford.edu/today/2021/03/12/recapturing-dynamic-elements-class-teaching/

你随时可能被教授提问,那么你有更多的杠杆去与教授互动","在 CS182 上教授真的在做一项令人惊奇的工作。"——高年级政治科学专业学生。"感受到这个平台重新捕捉到在真实课堂教学的动态机制而不是标准 Zoom 平台上的大型讲演","我喜欢这种设置带回来的一些校园讲演的学习绩效。"——计算机专业高年级学生。

3. 课程实验描述

史密斯教授的课程平台提供了最大化的杠杆,运用非传统观念解除新的功能束缚。优化的虚拟教室体验使教师来到校园,在一个提供特别设备装置,有 32 英尺宽、8 英尺高巨幕的房间里进行课程演讲。学生都可展现在 Zoom 屏幕设施上,通过放置于房间的一个固定的摄像机传输的直播视频,使教师能在视频墙上与学生互动。这一平台的独特性在于可以选小组,学生处于"滚动"状态以参与一对一和指导者在课堂的讨论。这一学习平台突破教室的额外的常规内容,提供给学生讨论今日话题,进行现场投票以及聊天的功能,从而推进了参与式学习。

4. 课程实验平台改革的优势

$\left\{\begin{array}{l}培育动态的交流\\修正计划(Setup 程序|设置)\\富有前景的新模式\end{array}\right.$

* 详见斯坦福大学网站链接 https://news.stanford.edu/today/2021/03/12/recapturing-dynamic-elements-class-teaching/

这一课程实验平台代表了斯坦福教室延伸至校园外的学生的卓越机会,是多元化教室空间的扩展。利用网络和新的技术、特殊设备优化过的在线虚拟教室,及时地捕捉、展示教师教学探究与创新的过程及其成果,克服了长期以来大学教学创新成果难以被记录从而导致的流失,提供了对教学创新实践与行动进一步分析、解释和编码整理的可靠证据,逐渐积累了可供他人借鉴、学习、交流与在此基础上可以不断建构的经验库。通过这一课程实验平台构建的虚拟共享空间,斯坦福大学卓越的教学探究与创新实践工作具有了普适性和可推广性,通过公开分享也提供了引领大学教师教学变革的适用的普遍原则和最好的实践范例。

(二) 教学探究与创新示例之二:物理维度的共享空间的探究(参见表 4-9)

1. 斯坦福教室的重新构想——基于研究的设计:科学性、适切性、可操作性

(1) 初步发现:一种规格不能满足所有需要

通过前期调研搜集师生的反馈:大多数教学者希望在几种不同教学模式之间切换,只有 9% 的大学教室被认为是富有"灵活性"的。相关研究者个人通过 Zoom 倾听来自学生、指导者、教职员和院系管理者的调查、焦点团体的访谈。参与他们贡献的问题、观念和特别的反馈。技术与学习的副教务长迈克·凯勒(Mike Keller)认为,"学习环境相当重要",斯坦福在教室与学习空间上有很重要的投资。不断增加投资以支持主动的和参与式的学习及进步的教学法。他说,斯坦福共同体所有成员的持续输入对于继续改善斯坦福的学习环境和促进智力生长,是至关重要的。

(2) 挑战与机会

挑战·最大的痛点——看见和听见的困难。教室规格不适合班级人数,教室条件阻碍新的教学模式实施;安静的个人学习与工作空间不充分;多元的教室安排系统使用困难等。(教室提供有需求的 Gap;满足学生不断变化的需求——最大化地利用现存空间与资源)

机会(潜在)——可能的解决方案——正式和非正式学习空间的全盘考量(**完整的人的考量**):强调物理的心理的舒适度——基于学生来源的多元化,增加相机和图像在空间的使用有效性。学生需求:教室空间能唤醒他们,是富于幻想的、充满了自然的光线,可移动的设施(家具)允许他们能与同伴、老师联结。灵活的教室帮助教师在不同教学模式之间(演讲、研讨、主动性学习)转换过渡,因此探寻将传统教室改变成适应新的教与学方法的教师的有效方式势在必行。探索伴随技术使用的学习空间如何支持教师和学生的学习体验——整合所有展示与写作的空间表面、更好的音响设施、教室内外优化的无线设施等所有对师生学习体验有重要影响的要素。

(3) 形成最终报告:对 10 年计划的建议:包含新的和重新设计的学习空间的最佳目录清单;绩效指标创建;政策和程序的管理与调度;与合作伙伴和利益相关者的沟通;呈送给教务长的报告。

* 资料来源:https://lts.stanford.edu/news/stanford-classrooms-one-sizedoes-not-fit-all

表4-9 2019年斯坦福教室的重新构想计划

概览	关键目标	项目时间线
计划启动的背景:满足变化需求,使学习资源和空间最优化	1.进行正式和非正式学习空间的综合分析;2.创建新的校园学习空间使用原则;3.发展10年更新、改造和新建学习空间的路线图和资金计划;4.创建学习空间咨询委员会;5.创建持续反馈机会;6.实施对各处发展新模式的持续研究	利益相关者的参与——数据搜集——分析——初步发现——最终报告 https://lts.stanford.edu/classrooms/stanford-classrooms-reimagined

* 资料来源:Stanford Classrooms Reimagined | Learning Technologica & Spaces https://lts.stanford.edu/classrooms/stanford-classrooms-reimagined

2. 关键的项目伙伴(合作与各司其职)

伙伴关系与责任(利益相关者的合作与各司其职:明确的职权划分、透明公开)

学校&学院——本地拥有包括更新、维持管理空间和项目时间安排
LTS——设计、更新技术以及维持正式和非正式学习空间
土地、建筑和真实评估——校园建筑和基础设施
注册者——空间利用、时间安排和课程需要匹配空间
VPSA——引导设计和住宿空间项目
住宿与餐饮企业——住宿空间的营运和维持

三、教学共享空间的组织与管理

(一) 管理机构——教与学中心(Center for Teaching and Learning, CTL)

1. 中心简介:斯坦福大学教学共享空间是由大学副教务长办公室领导下负责教师发展的教与学中心管理。教与学中心是1975年,由丹弗斯基金会资助斯坦福大学建立的一所教学与学习中心,这是该基金会同年在全美范围内资助建立起的5个教学改进中心之一。该中心服务于斯坦福共同体,提供项目的系列服务和促进教与学的服务。

图 4-14　为合作与表达提供先进资源的教室

* 图片来源：https://lts.stanford.edu/classrooms/advanced-resource-classrooms

2. 使命—目标—任务

使命：支持<u>基于证据的</u>和<u>全纳性的</u>学习和教学实践、教育项目和培训，共同体建构强大的与学校、院系和其他办公室的<u>合作和伙伴关系</u>。

目标：<u>承诺</u>支持和提升跨斯坦福共同体的有效的教与学。目标在于：a. 创建一个看重<u>所有视角</u>、<u>体验/经历</u>和贡献的，教学者和学习者能从<u>开放的多边的对话</u>中<u>参与</u>和学习的环境（<u>尊重与维持</u>）；b. 促进和实践基于证据的平等策略，认可所有学习者带给教室的资产；c. 通过项目和方案提升边缘化声音，拥抱人文性，以持续不断地从文化、历史、故事中以及和那些一起<u>参与</u>的人所获得的认同中学习。

任务：中心提供促进教与学的系列<u>项目和服务</u>。帮助教师促进教学和保证所有学生的教育经历（体验）质量。加速教学专长的发展和以学习者为中心的教学方式（路径），支持严格的、深思熟虑的、持续的评估和反馈，以改善学习结果。提供一对一的咨询、课程支持和教育项目以及任何在斯坦福从教者同伴间的项目。我们能帮助你发展和拓展新的、创新性的跨越斯坦福校园的教育内容——**<u>创建支持性、包容性、人文性的环境</u>**。团队的使命表明资源是简单的、灵活的和基于研究的："指导者不可避免地忙，我们想以一种方式组织资源支持所有日程安排和防止阅读者感觉到不知所措"，"这儿有大量关于在线学习的文献"，"我们想导向几个围绕鼓励可得性、无障碍性、平等和学生中心学习的关键点目标"。由此可见,中心不仅对教师感受和时间有限性有着充分考虑,同时强调对大学教育目标和围绕关键目标提供充分的资源。新材料的不断增加以及对来自大学共同体的反馈的欢迎,具有及时更新性的特点。

3. CTL团队的组织架构(详见表4-10)

CTL团队由中心主管1名,分项目主管3名,分项目副主管5名,咨询师4名,学术教练2名,学术技术专家2名,共17名成员构成。其中12人具有博士学位,占70%以上。学科背景涉及生物学、英语文学、伦理与政策研究、教育技术生物学、英语、英语与写作、文化研究、哲学、计算机、心理学等,通过给教师/指导者和学生提供协助、指导、咨询、培训等服务与项目,依托技术支持,促进教师基于证据的实践改善、学生主动参与学习与合作,并取得良好学习成果。

表4-10 斯坦福大学CTL团队组织架构

人员配置	学科/专长	负责项目/职责
中心主管1人 +项目主管3人	生物学、英语文学、伦理与政策研究、教育技术	基于证据的指导、学生学习测量、共同体建构、指导设计、交流项目、学生反馈、写作、领导力与策略定向、将学术技术整合于课程的指导
副主管5人	生物学、英语、文化研究、哲学	同伴学习与指导、学生学习项目、教师与讲演项目、研究生教学咨询项目、教学助理培训、主动性学习、学生参与技巧、学术性的教练技术、STEM学习等
讲演者咨询师4人	高绩效计算机、癌症生物学、心理学、生物科学	课程设计(STEM学科、基于团队或基于问题解决)、教学助理培训、全纳性教学、评估
学术教练2人	心理学、英语与写作	学生学习策略指导、动机、学习和行为改变
学术技术专家2人	教育技术	学术的技术指导、指导(教学)设计试听产品、信息可视化、学习模块和MOOC设计等

* 根据斯坦福大学网站信息整理

斯坦福大学教学共享空间的管理机构兼关键校园伙伴,是本科生副教务长办公室领导的斯坦福教与学中心以及教与学副教务长办公室领导的学习技术与空间(Learning Technologies & Spaces, LTS)。管理团队是兼具广泛的学科背景、合理的学缘结构,以学科与专业为核心的扁平化组织。这一组织机构及其管理团队利用他们各自在教师教学发展领域的所长,为多学科领域的不同职业发展阶段的教师提供适切的帮助与指导。这一扁平化专业组织是相对独立的,管理跨度较大,管理层次相对较少,管理权力的配置相对分散,具有多元化的信息传递渠道,同成员之间商谈性质的沟通与协调方式,组织边界及组织内部边界相对模糊,有助于实现目标管理扁平化的功能与定位。以计算机技术和网络技术为组织结构建设和运行支撑和平台,依靠秉承的共同理念与目标的引领与驱动,也有赖于民主化的认同保障,而非强硬的规章制度促进教师之间的互动与自觉行动。

(二) 资金支持

斯坦福大学教与学中心自成立以来,一直获得稳定的资金支持。1975年,斯坦福大学教与学中心获得丹佛斯基金会捐助而创立,是全美五所获得捐助的大学之一。中心的早期发展首先得益于充沛的资金来源。1978年,该基金撤资之后,中心的维持运转与发展依赖于斯坦福大学内部大量经费的持续投入。仅2013年,斯坦福大学用于教师发展的财政预算就高达120万美元;2014年,这一预算也超过了110万美元,属于全美大学较高水平。大学广泛设立的各种教学资助与奖励项目很显然也源于强有力的经费支持。由校外基金支持转变为大学自身支持与运营后,斯坦福大学教与学中心非常明显地体现出自土发展的特征,将教师教学发展聚焦于为本校师生服务,突出大学特色,独立自主地探索基于校本情境的教师发展路径。大学将教与学中心的经费纳入大学财务预算,以给予其稳定的经费支持,这标志着教与学中心被正式纳入大学组织中心体系,保障了中心的持续稳定发展。①

(三) 教学资助与奖赏制度

中心利用为教职员设计的资助和项目探索课程的新方向、数字技术的发展以及支持院系、项目、中心和学校的优先表达。下面简要介绍几种主要类型,描述这些教学资助项目或教学奖项设立的目的、评选标准、程序以及受资助与奖励的对象等。

1. 类型

(1) 教学促进资助拨款(The Teaching Advancement Grant)

提供滚动式的总共2500美元的基础资助,包括教职员、演讲者、学生、指导团队和院系在内的所有斯坦福成员均可得到。这一次性拨款意味着项目资助的出发点在于服务于探索、设计和实施新的或改进的教学法,在课程和教育项目中整合理想的价值以支持斯坦福学生的学习。

资助怎样使用?

---

① 李玲玲.美国斯坦福大学教学与学习中心研究[D].保定:河北大学,2015.

{ 斯坦福学生的教学法发展:增进研究生与本科生教学,包括学生合作计划课程的薪酬,发展教育学课程以及支持教学实践的研究或评估。

对课程资源的支持:为教师、讲演者和院系/项目,整合指导技术、设备、软件和其他材料以促进学生学习的机会。院系支持和长期维持计划的价值分享将伴随项目的开展过程。

参加聚焦于教学和学习的学术会议:分享对教学法的创新探索,从与斯坦福共同体相关的更大的教育共同体中学习教学法(给予在教与学学术会议上表达的申请者以优先考虑)。

带给校园教学法专长:在教与学方面给我们的指导者和学生提供培训和指南。

谁能申请?——院系、教师团队、研究生、个体教师和讲演者。

(2) 将 iPads 用于教与学中

概况:这一年项目委员会选择斯坦福教师/指导者挑选一定数量的项目支持教学、学习和研究。接受奖励项目的教师、学生、指导者等将获得包括软件以及指导的、技术的、后勤上的支持。

目标

{ 探索 iPads 怎样影响斯坦福的教学、学习和研究

提供给获得奖励者及其学生以技术、指导以及后勤方面的支持

与斯坦福共同体分享从特别项目中获得的经验

选择 iPads 的理由以及怎样将其运用于教学、学习及研究获得奖励资源

{ 硬件:iPads、USB、适配器、苹果书写笔和键盘等

软件:支持教学与研究的免费预先载入的免费和付费的 iOS 应用

指导支持:与支持团队围绕怎样以学习者为中心使用整合 iPads 进课程的教学法讨论

技术支持:技术团队协助你测试 iPads 及其用户化

后勤支持:团队将帮助你计划好 check-in/checkout 日期

相应管理规则是所有提供项目在季末归还,受奖者会收到归还截止日期。相应的

支持资源包括指南和文件以及咨询与工作坊：

> iPads 用于教与学的启动指南
> 怎样利用 iPads 使用 Powerpoint/Zoom？
> 怎样利用 iPads 使用 Zoom 白板？
> 怎样利用 iPads 和苹果铅笔在远距离讲演中进行数字签名？

奖励的挑选标准与程序与需求评估详见斯坦福大学网站：https://ctl.stanford.edu/ipads-teaching-learning

(3) 百周年纪念教学助理奖[Centennial Teaching Assistant Awards (CTA)]

a. 概览——百周年纪念教学助理奖每年都会颁发，以此奖励那些以巨大的服务和奉献为斯坦福学生提供优秀的课堂指导的教学助理。获奖候选人从人文、科学、地理、能源与环境科学、工程等学院遴选。这一奖项受参与学院和教与学中心合作管理。CTL 定向培训和指导教学助理，提高其指导者能力，并主持每年于 6 月召开的颁奖仪式，参与院系主任颁发给获奖者 500 美金和认可这一成就的证书。

b. 挑选程序——1989 年，担任人文与科学学院主任的心理学教授 Ewart Thomas 为确认和庆贺教学助理在斯坦福扮演重要作用，设立了这一奖项。从那时起，学院一半学系被邀请挑选指定数量的研究生教师得到这一荣誉（院系规模决定提名人数）。鼓励院系寻求教师和研究生最广泛参与并利用教学助理效能和贡献的宽泛信息，包括学生对教学助理的评价进行评选，这一评价规则并不意味着竞争，而是更认可教学助理随时间的杰出贡献进程。

c. 2020 年获奖者名单——地球、能源与环境科学学院 7 名、工程学院 26 名、人文与科学学院 26 名。学校网站可查询到 2002—2020 年间所有获奖者的名单。

＊详见大学网站链接：Centennial Teaching Assistant Awards｜Center for Teaching and Learning https://ctl.stanford.edu/centennial-teaching-assistant-awards

(4) 授予/认可(Grants/Recognition)

为了反映斯坦福对有效教学的重视，这些教学奖每年在校园范围、学校水平及学生群体颁发。致敬为学生在教室内外做出特殊贡献的赢得教学奖的教师。

{
Bass University Fellows
The Miriam Aaron Roland Volunteer Service Prize
Walter J. Gores Awards
Centennial Teaching Assistant Awards
Lloyd W. Dinkelspiel Awards
Phi Beta Kappa Teaching Prize
Dr. St. Clair Drake Award for Outstanding Teaching
Asian American Center Faculty Award
School-Specific Teaching Awards

◆ 教学奖励与认可示例——The Walter J. Gores Faculty Awards for Excellence in Teaching

The Walter J. Gores Faculty Awards for Excellence in Teaching 是每年颁发的大学教学优秀最高奖。奖励教师在广泛意义上的教学，如讲演、指导、劝告、讨论引导等方面的特别贡献。该奖项会参照相对合理比例地颁发给不同职业生涯阶段教师：教学助理、初级教师、高级讲师、高级教师。

The Gores Award——特别贡献（教学最宽泛意义上/不限于教师的职级）

The Walter J. Gores Awards 教学优秀奖提名建议

谁可以提名？ 斯坦福共同体的所有成员，尤其鼓励学生参与提名任何对教育有特别贡献的人

为什么提名？ 对卓越努力的公开认可——**对共同体重要个人贡献的感谢与提醒**。斯坦福作为教育机构的质量依赖于它的教师、学生和员工。承认那些特别努力的人使斯坦福成为了更好的地方，感谢获奖者提醒着个人贡献于机构的共同体的重要性。每个奖项都有**现金奖励、正式的嘉奖和延伸性的公开认可**

怎样提名？ 在提名草案页按应用按钮提交提名

＊详见斯坦福大学网站链接 https://ctl.stanford.edu/find-teaching-grants

2. 特征

斯坦福大学教学资助与奖赏制度归于组织教与学情境中的"资源"类目,与我国大学教学奖励制度对比分析后发现,其具有如下特征:(1)奖励受众面较为广泛:面向大学各类人群,奖励范围涉及大学不同类型不同职业生涯阶段的教师,属于"阳光普照式"而不只是针对"高精尖"金字塔人群;(2)奖励制度的类型多样化;(3)资助政策定位明确,指向清晰;(4)奖励标准客观公正,执行过程程序透明;(5)资助政策条款细致,注重过程和细节等。

另外大学网站上可查询到教学优秀最高奖从1970—1971年度到2017—2018年度近50年间所有获奖者名单。获奖者名单历时性的呈现,足见大学长期以来对教学赋予的高价值,力求表达对所有奉献于教学、致力于教学实践改善人群的尊重和工作价值的充分肯定,渗透大学对教学价值文化的重视理念,以隐性的、间接的方式潜移默化地影响大学师生的体验与感受。这种历时性呈现正如斯坦福大学第十任校长约翰·汉尼斯在大学《教学手册》的前言部分中写到的:"斯坦福大学是一所伟大的教学与研究型大学,我们要像对待科研一样,给予教学同等的重视与支持,这不仅可能,而且很重要……,教师们应该用同样的热情对待科研与教学。"从大学高层领导者的日常话语中也明显地传递出重教学价值的信息。从教与学中心有关大学教学的资助和奖励制度来看,大学对教学高价值进行了充分的公开的认可,倡导全员参与,传递出重视任何人在教学上付诸的所有努力和贡献,是全校师生民主参与学校管理的实质性体现。

2012年,斯坦福大学校董会出版了《2012年斯坦福大学本科教育报告》(SUES)。这份文件作为大学最高领导机构对该校本科教育的阶段性总结,其中有专门章节对教与学中心的工作内容和近年来取得成绩的描述。报告指出,"教与学中心给广大教师提供了一个交流教学经验的平台,为新教师及助教提供教学支持的培训及工作坊,与各系合作,提高了各系教师的教学能力。"这份文件在对中心所取得的成绩进行总结的基础上,还从多方面对未来的教师发展工作做出了明确长远的规划,体现了大学领导层对教学发展和教与学中心工作的认可与支持,并且在之后的实践中得到了充分落实,对大学日后的教学发展工作具有很大的政策指导与引导意义;同时,2014年12月,在大学副教务长主持下,斯坦福大学进行了有史以来最全面的一次跨学院教学问卷调查,全校3 022名教师中超过半数参与其中,形成了基础调研—政策制定—政策执行—追踪调研—政策调整五位一体,以实证为依据,对教学持续追踪的常态化机制,为教师教学发展工作的深入展开提供了不断更新和完善的动态化的数据和相应的基于证据的有针对性的政策保障。

第三节 美国大学教学共享空间的建构经验

从课堂微观层面的"智力共同体"的形成,到大学校园层面跨学科的教师学习(实践)共同体的教学探究与创新实践,再到斯坦福大学的教学共享空间的建设,都深深植根于不同大学组织提供的教与学情境,体现了美国大学从非专门化到专门化的教学共享空间的实践探索路径,呈现出多层面、多元化的样态。通过分析与归纳发现,这一实践探索与建构的过程体现了教学共享空间的本质特征、共同要素与建构原则,也折射出大学所追求的重要价值及共同目标。

一、教学共享空间的本质特征

空间的特征能改变心情和行为,这些特征是可以调整和校准的,从开放到封闭会极大地改变情境中心性,任何一项特性的变化都会从根本上改变身处其间活动的主体间的互动特性。依空间的物理特性而言,在安排、设计和配置空间时有三个关键特征需要尤为关注。首先是朝向或定位。朝向通常指向视觉关注和将人联系协调一致的原则。单一的或多侧面的朝向或定位是相对于人和物的位置而言。"单向度"将关注指向于一个人或物,"多侧面"则强调所有人或物是平等的。朝向或定位表明固定家具与可调整环境之间的根本差异。家具安排反映资源和对象之间可期待的参与关系。传统的教室等正式学习空间的固定座位排列是朝向前面的,若有意让所有参与者看见、听见及相互介入,那么开放的、多侧面的朝向或定位是优先选择,其中家具的可移动性和可调整性成为关键。第二是氛围或布景。灯光、声音、纹理、气味和色彩等是空间情绪格调的表达,体现环境更虚无形态的特征,能够通过量身定制地调整而释放出不同的情绪应答。氛围是占据空间的人们所体验到的感觉,恰当的氛围是通过高度精细的艺术形式表达出来的。松弛氛围的空间有舒服的座位、多点灯光布置、安静的音乐和温暖厚重的色彩;富有活力的空间一般采用粗加工的材质、明亮的灯光、活泼的音乐和高饱和度的色彩及开放的窗户。第三方面是存储性。代表人工制品和信息的可得到与可接近性,包括受保护的范围幅度到可得到的开放共享的程度。存储的可接近性是空间的物理和数字资源的重要议题,存储资源是共同体联系性的有意义的信号,并且空间的存储能力也与人对空间可否控制的体验有关。因此创建合作性环境中资源的可得性和鼓励使用需要存储充沛的资源,也潜在地需要长期的维持和保护。

图4-15 迈阿密大学校园共享空间示意图

* 图片来源:https://academictechnologies.it.miami.edu/about-us/index.html

如何根据学习科学与空间的基本特性,建构与参与者需求相匹配的教学共享空间?如何优化伴随网络与技术使用的共享空间以更有效地支持师生学习和参与互动的体验呢?

(一) 物理的和心理的舒适度与灵活性

环境心理学关注于场所的吸引力、空间的心理舒适度以及空间领域的动力与鼓舞唤醒性。从生理视角上来看,空间中的灯光、温度和身体接近性都会对参与活动的人有直接影响。因而大学校园物理空间传递的非言语信息甚至比言语信息更有力。空间配置对空间活动有强有力的影响,物理特征上的吸引力有助于唤醒空间中参与者的动机与提高任务绩效,会通过刺激身处其中的人们的感觉与知识创建、交流和应用之间产生一定联系。因此空间布置中充满了富于幻想的、自然的与任务相适切的灯光、色彩及令人感兴趣的房间形态,会对人的感觉具有一定刺激性,以唤醒参与者的动机及其他相伴随的积极心理体验;空间的座位也需考虑不同参与者的身体尺寸和久坐的可移动性;有支持计算机、书籍和其他学习材料摆放的宽大的家具表面,桌椅的扶手和靠背能适合相应的参与目的、完成任务及其参与者的身体状态。同时,空间设施与配置的灵活性和可移动性很关键。即便是世界顶尖研究型大学的斯坦福大学,在前期调研搜集师生对大学教室使用情况时得到的反馈结果是:只有约9%的大学教室被认为是富有"灵活性"的。作为大学校园师生交流与互动的共享空间,教室相对单一的规格与配置限制了新的教学模式的实施与切换,阻碍了师生在空间中的参与式学习和交流互动的深入,教室与非正式学习空间的提供与空间活动、参与者的多元需求之间存在严重差距。

图 4-16 传统教室与重构的教室

图 4-16 左这种相对传统的教室等正式学习空间的固定座位排列是秧田式的,"单向度"地朝向教室前面,关注点明显地指向教师或投影屏幕或黑板,是"教师中心"的课堂教学模式或班级授课制的典型表现,适用于对大班教学的控制和体现课堂中教师所占据的优势地位。但这显然不利于空间里所有学习者或参与者看见、听见尤其是交流互动,也不适应于新的教学模式的应用。如果能增加空间里家具的可移动性和可调整性,形成开放的、多侧面的朝向,学习者或参与者可以坐成一个大环形,或分组围坐于不同的可组合的桌椅边形成多个圆圈,身处其中的人就会从心理感受上是相对平等的,更利于相互间的深入交流与互动。

正式和非正式的共享空间往往是人们集中学习和参与活动的中心,应能根据人们需求快速灵活地改变空间布局与相应设施(家具)配置等以支持不同类型的活动。当前课堂教学变革的过程中,学习者已从传统的被动听讲的单一状态转变到基于项目或团队活动的小组内工作,再到阅读、写作或电子资源获取等个人独立工作的完成,那么灵活设计与可移动性的配置,如各种可得的方便使用的技术设施,便于灵活组合的家具,能满足小组写作及其成果的分享与展示环节等需求的空间表面,辅以教室内外优化的无线网络设施就变成必需。这种将促进学习与参与置于空间设计的中心进行考量从而构建起来的物理共享空间,强调社会建构原则,保持从图书馆到教室、管理者办公室到教室到楼梯转角和户外走廊等空间的流动性,传递合作学习和知识合作建构的信息,避免设置前台或优先关注中心,营造的是无处不在的交流、讨论和学习的场景,整合所有对师生体验有积极影响的要素,帮助教师在不同教学模式之间顺畅地过渡与切换,促进学习者有效地参与以及师生、生生之间的多向性质的互动与联结。

图 4-17　为团队合作工作配置家具的共享空间

从灵活的可移动的家具配置到多元化的计算机资源,支持小组或大组合作的教室。

* 图片来源:http://wallenberg.stanford.edu/

劳伦斯大学(Lawrence University)教与学中心非正式和正式聚集的会议室地处便利,配备有线和无线网络接口、多元技术支持和简易、舒适与可移动家具。

图 4-18　劳伦斯大学(Lawrence University)教与学中心

* 图片来源:https://www.educause.edu/research-and-publications/books/learning-spaces/chapter-34-st-lawrence-university-center-teaching-and-learning

(二) 富于技术支持的生成性与整合性

美国宾夕法尼亚大学批判性写作项目主管瓦莱丽·罗斯(Valerie Ross)博士曾经这样陈述道:"共享空间是一个合作性学习的超级空间……我惊异地看到空间及服务能持续地给予知识生产和过程以更好的控制时怎样改变着我的教学和学生。"[①]她所描绘的令人惊奇的结果正是这种教学中的生成性特征某些时候带给人的真实体验和反映。"当团队在一起工作时通过唤起个人间由互动催生的知识和创新观念,可被描述成一种生成性财富,但它不仅仅是现存观念的总和,而是非常新颖和无法预期的……在某种意义上,组织学习是一种生成性财富——它不仅仅是复制而且是一个基于个人间互动创建思想新模式的进程……这里的学习不仅仅是培训或新技能获取,而是赢得洞见与理解……知识的学习、催生和分享需要提供合适的社会—文化条件以支持联结和相互依赖。"[②]新的知识媒体的采用与新的校园IT基础设施的提供,促使技术优势与传统空间的种要素在重新概念化的教学发展支持服务框架下进行重新配置与联合。重构的共享空间具备生成性或创生性特征,便于从信息与资源的获得与提取,到解释、程序化和控制,再到新知识的发展、打包直至表达等。新技术的使用,使难以用传统模式公开展示的教学改革及其成果,以各种新的形式得到记录与捕捉以及公开分享与交流。共享空间所秉持的观念与哲学促使它从物理的、虚拟的维度延伸到了社会—文化的维度,能促进正式和非正式学习的发生,从打印、互联网、声音视频录制或播放电影等整合信息,学习环境创设等具有整合性功能和富于意义体验的校园多元合作支持系统。

社会建构主义者的研究表明,社会情境极大地影响学习,他们一致认可互动在学习进程中的关键作用。身处丰富而强有力的社会学习情境之中,师生共享的有意义体验超越了单向、传统的教室讲授的信息流动,对不同视角的鼓励、理解与欣赏以及增加异质性成员的独特品质可以加深和引导学习。共同体环境中的学习通过设置期望标准和提供良好氛围以催化深度学习,有效地促进参与者的绩效,是最有效的社会进程和实践。因此,共享空间设计应该将有利于共同体培育,促进共同的集体互动的情境创设作为一个关键因素加以考量。关于技术的作用,教师、学习技术专家和管理者都

[①] Ross V. Success stories 2007 – 2008: Cinena studies and narrative studies. In David C. Weigle, *Information Commons: First Annval Report*. Retrieved from http://wic.library.upenn.edu/multimedia/doos/WICAnn Rep,2008:13.

[②] Mitleton-Kelly E. *Complex Systems and Evolutionary Perspectives of Organisations: The Application of The Complexity Theory to Organizations* [M]. Bingley, UK Emerald Group, 2013:42.

认识到：技术带给共享空间独特的优势，利用信息技术可增进交流和合作。因此空间的重构与优化设计可以围绕诸多基本问题，如空间参与者怎样学习和解决问题？怎样利用工具和分享信息？怎样产生内容和创建知识？这样的共享空间能有目的地整合参与者为中心的社会互动进程，介入信息搜寻、知识收集和内容创建等活动，培育社会文化和技术的联结性，催化新的教学与学习模式的生成平台。

图4-19为斯坦福大学Wallenberg Hall中的通过视频会议扩展社交世界的教室。该教室可促进复杂的信息的提取、展示，以及捕捉与记录教学进程。

图4-19　通过视频会议分享田野体验的空间

＊图片来源：http://wallenberg.stanford.edu/teachresources/examples/videoconf2.html

Wallenberg Hall中类似这样的教室配置了多元展示的大屏幕、有电子空间合作软件的笔记本电脑、高速的无线网络通道、捕捉和记录教室工作进程并且延续教室外工作的复照仪以及灵活的家具和多个写作桌面以支持广泛的学习活动。这些先进的教室供斯坦福大学20个院系的教授和指导者承诺至少进行一项教学法创新的讲演、研讨会、基于项目的课堂和艺术课堂教学使用。这一共享空间成功的关键特征体现在三个方面：一是网络会聚；Wallenberg Hall处于斯坦福校园地理位置上的中心，Palo Alto是硅谷中心，这一位置提供了人们在跨越教室的支持创新性实践的松散网络中许多关键机会的互动；二是教学者变化的作用：支持合作和互动性的技术高装备的空间，促使教学者创造性地思考教学法，教学者通常扮演处于空间边缘的引导者；最后是学术技术员工的多元支持。他们具有支持设计、执行和评估创新学习活动的宽广专长。学术技术专家承担在教学法理论和先进技术方面的培训工作。这一专业团队帮助搭建起弥合教师愿望和需求同技术团队传递资源之间隔阂的桥梁。

通过合作性工具、视频会议或开放的虚拟世界的探索促进更多互动,实现空间、技术和教学法的整合以确保参与者的成功。技术变革提供了很多便利设施,如无线环境、网络能力支持展示媒体和使用权,包括灵活的即插即用能力。无缝衔接技术若运用于共享空间的设计与优化,提供各种可使用工具的桌子、整合的实验室设施、可得性的各类重要资源与应用软件和设施、共享屏幕等小群组工作与研讨学习空间,促进基于团队和资源的探究驱动的学习进程,提供泛在的学习环境,可促使知识的共享、协同与建构,促进参与式学习与互动交流可以随时发生在这样的IT高整合与高支持的空间。技术为空间建构提供人性化环境以及蕴含丰富的传统与新型数字资源,可以支持不同类型的讨论与交流、协作与共享。技术允许了信息与学习环境的随处可得,也催生了物理空间的不同设计与用处,让参与空间的实践者开放获取、自由参与和互动交流,有助于推进基于团队学习和群体进程的、基于资源和探究驱动的建构主义学习路径及教学法的实施。

例如图4-20所示的数字演播室The Studio。混合的、充满家具和技术支持的空间,整合了从打印、因特网、声音/视频录制与播放、带无线耳机的声音系统、触屏控制系统、视频会议系统、数字相机电影播放(与工作有关),支持有线和无线的高速网络通道,是能提供聚集、讨论、展示和持续学习的场所。

图4-20 数字演播室

*图片来源:https://www.educause.edu/research-and-publications/books/learning-spaces/

友好的门厅设计(图 4-21 所示)。这种新的空间模型将演播室概念和其他团队、研讨会和集会区域的联合,扩展了支持持续的学习机会,提升即席聚集和提供个人安静反思的场所。这种非正式空间的多用途、多功能,即时的和流动特质的设计与布局提供了满足和支持各种类型活动的条件。

图 4-21 友好的门厅

* 图片来源:https://www.educause.edu/research-and-publications/books/learning-spaces/

(三) 基于多向互动的分布式领导

"分布式领导"(Distributed Leadership)这一理念缘起于 20 世纪 50 年代末的社会心理学研究。澳大利亚领导力理论家塞西尔·吉布(Cecil Gibb)在《社会心理学手册》一书中最早使用这一术语,率先提出领导力以分布式模式展现的可能性。他认为可以从群体的视角来观察领导角色,由群体成员共享领导职责,用于理解正式和非正式群体影响进程的动态性。[①]

20 世纪 70 年代,随着组织理论研究的学者对环境认知的更多关注,分布式领导理论得以继承与修正。20 世纪 80 年代以来随着后现代主义思潮兴起,传统领导理论因其工具理性的泛滥与道德思维的匮乏,遭到像萨乔万尼等代表性学者的质疑和批判,他们倡导学校领导者应使用道德权威,以及各种领导的替代物去激发人性潜能,通

---

① Gronn P. Distributed Leadership as a Unit of Analysis [J]. *The Leadership Quarterly*,2002,13(4):423-451.

过"领导者共同体"构建实现分布式领导,与所有组织成员一起共同建立德行学校。1996年出版的《分布式领导:通过合作改进学校》是较早以分布式领导为专题的书籍之一,通过美国德克萨斯、密苏里和伊利诺伊的小学、初中、高中搜集数据进行的一系列案例研究,关注于界定领导力与反思领导者同追随者之间关系,以及重新考察学校组织的传统假设,建议利用分布式领导力优势做基于校本的决策。当时分布式领导理念尚处于启蒙阶段,并未形成较为系统与明确的理论观点。[①] 分布式领导研究的关键人物是美国西北大学学者詹姆斯·P. 斯皮兰(James P. Spillane),他以分布式认知理论和活动理论为基础,从分布式视角发展了学校领导力的整合性概念框架,以探究学校领导者的思考、行为和情境的互动的领导力实践。其目的在于通过揭示和分析领导如何思考和行动使领导力实践更透明,理解领导力实践的内在动态性,促使学校领导者反思、分析及修正他们的实践。他的研究视角是基于"学校领导力最好的理解是通过考虑领导力任务"以及"领导力是分布于领导者、追随者和学校情境中的"两个前提假设。斯皮兰认为,"从分布式视角看,领导力是由领导者、追随者和情境等互动要素构成的实践体系。"[②]他将对领导力的分析单位从个体或群体行动者转变到领导者、追随者以及所处情境构成的网络,将学校领导力定义为甄别、获取、配置、协调和使用必需的社会的、物质的和文化资源以建立教与学可能性条件。这一理论框架也暗含了社会情境及其相互间关系是领导力活动整体的一部分。彼得·格罗纳 Peter Gronn 将分布式领导力界定为:"一个群体或个体互动网络生成性的特性",关注于自发的参与合作模式(工作场所)、基于同事间直觉式理解的紧密的工作关系以及构成调节分布式行动的结构性关系与院校化安排这三种主要的分布式领导力模式,发展分布式领导力观作为一个分析单位以更好地理解领导力实践。[③] 阿尔玛·哈里斯(Alma Harris)借鉴斯皮兰的观点进一步指出,分布式领导概念的核心是,领导不是某个人所拥有的,而是组织成员都有可能担当的职能;领导也不是固定不变的,而是流动的,具有生成性。分布式的领导力意味着领导力是分享的或者分布于在不同时间承担引领职责的个体,担当领导角色的领导者的构成会不断变化,他们承担的领导职责也会随之发生变化。他

[①] Clift, R. T., Thurston P W. *Distributed Leadership: School Improvement Through Collaboration* [M]. Emerald Publishing Limited, 1996, 94-95.

[②] Spillane, J. P., Sherer J, Coldren A F. *Distributed Leadership: Leadership Practice and the Situation* [M]. Charlotte, NC: Information Age Publishing, 2005:150.

[③] Gronn, P. Distributed leadership as a unit of analysis [J]. *The Leadership Quarterly*, 2002, 13(4): 423-451.

着力探索分布式领导力与组织变革的关系,关注于分布式领导力的不同模式或配置对组织发展的贡献。①

通过对分布式领导力相关代表性研究的梳理发现:分布式领导的基本理念是赋权、协作与分享。组织中成员之间的关系是平等的、合作互惠的,基于对教学变革与探究的共识与共同目标并利用各自拥有的知识、专长与资源为组织提供动态服务,履行与之相匹配的职能。从组织进程和结构角度来看,分布式领导力强调领导力是在团队成员合作互动过程中产生的一种互相依赖、相互影响的持续状态。重点关注于组织团队成员间的有效沟通与协作。在这种领导理念指导下,每个组织成员都能发挥各自知识、专长与智慧,进而形成一个协作式的实践共同体以实现共同愿景。"分布式领导"理论及其蕴含的基本理念,与大学教学共享空间这种新型教学发展支持性组织建构所希冀实现的愿景是完全协调一致的,能为共享空间组织管理的本质特征分析提供合理性依据。

彼得·格罗纳认为,"大学作为一个知识密集型组织,如果不在高校组织成员中分布领导职能,要完成其所承担的教学、科研与社会服务等复杂的任务几乎是不可能的。"也就是说"分布式领导"理论认为传统的科层组织结构与单一取向的领导模式不能完全适用于诸如高校之类的知识密集型组织。② 那么,从非专门化到专门化的实践探索过程来看,不同路径建构的大学教学共享空间符合与具备多元参与互动的"分布式领导"的主要特征。一是空间领导权力的共享性。也就是共享空间建构过程中,所应关注的重点是如何实施领导力分配的问题。对于大学教学共享组织发展而言,随着时间和环境变化,领导者和参与教师的角色可以互换,根据所需完成任务和所处情境的不同与变化,参与者可以共享领导角色和分享领导权力,发挥其专业影响力。③ 因此,保障共享空间领导力的成功分配,一方面需要特别关注的是将领导力分配给那些具备或者能发展执行领导任务所期待的知识与专长的人;另一方面则是能通过某些事先计划的方式加以协调,以保证领导力的有效分布与实施。二是空间领导行为的互依性。也就是强调空间中的权力共享的同时,参与空间行动或实践的成员基于对知识信息和资源的共同需要会产生相互依赖。这种相互依赖有助于成员在展开行动时能彼此强化、互相督促

---

① Harris, A. Distributed Leadership: According to the Evidence [J]. *Journal of Educational Administration*, 2008,46(2):172-188.
② Gronn, P. Distributed properties: A new architecture for leadership [J]. *Educational Management and Administration*, 2000,28(3):317-338.
③ 张熙.分布式领导视域下高校教师教学发展的组织建设[J].高校教育管理,2017,11(5):102—109.

与鼓励。通过成员承担相应领导行为与职责之间的相互依赖激发出成员潜在的创新精神，使其发挥自己拥有的专业特长，能创造出每个个体单独行动难以企及的成果。与此同时，领导者与参与者随时间变化而产生的分配与变换，还意味着领导力从静态走向动态的过程，领导者与空间实践的参与者之间的界限会变得逐渐模糊，进而保持领导边界的开放性。三是空间领导行动的情境性。情境是在特定时间内由一项任务或是一项任务的不同阶段所构成的，它包含了影响共享空间构建的内外诸多因素。涉及参与者与共享空间管理者（例如教学发展中心专职人员、专门化教学共享空间的各种专业人员）的交互行动与领导职责、角色的转换，需要协调与处理好任务与知识、知识与权力、权力与角色、角色与责任等多种关系，通过相应的设计与管理合理地分配与实施领导力。

二、共同要素与原则

（一）共同要素

基于对美国大学从非专门化到专门化建构路径与实践样态的描摹，归纳提炼教学共享空间的共同要素（参见表4-11），以期能丰富和拓展对教学共享空间的学理认识和指导实践层面的深入探索，为我国教学共享空间的建构提供可资借鉴经验。

表4-11 教学共享空间非专门化到专门化建构的共同要素分析表

非专门化到专门化 建构路径 共同要素	智力共同体 IC 课堂微观层面	教师学习共同体 FLCs 多元的+跨学科/ 校园层面	教学共享空间 Teaching Commons 专门化/校园层面
愿景	对教学实践改善有兴趣的教师框定教室特别情境中的问题，并通过与学生进行系统探究予以解决，将教学视为智力工作的观念（教学学术观）渗透于实践	促进教师对教学的兴趣与跨学科合作；增进对教与学创新的资金支持以及对优秀教学声望的奖励；培育对教与学复杂性的认识，推进教学学术并将其应用于促进学生学习的实践	为所有对学习、教育和教学法感兴趣的斯坦福共同体成员所设计和提供广泛支持；发现和分享新的观点，寻找关于教学问题的答案；阅读斯坦福大学最近的教学发展；致力于对话，创建合作性的发现
资源+活动	活动：参与式研讨 共享的探究 课堂体验	资源+活动：充沛、便捷、不断更新的技术支持下的资源+平台；围绕教学创新议题的事件与活动	资源+活动：简便的、灵活的、基于研究的资源+平台（技术充沛的正式+非正式学习空间）；异步+同步活动（基于技术支持的互动+参与+沉浸式）；参与性+易得性的学习体验

续 表

共同要素 \ 非专门化到专门化建构路径	智力共同体 IC 课堂微观层面	教师学习共同体 FLCs 多元的＋跨学科/校园层面	教学共享空间 Teaching Commons 专门化/校园层面
规则	课堂管理规则	管理规则：协调与预算安排、活动日程和主持安排、数据库管理与资源使用条款、信息收集与管理	管理规则：资源与平台、项目与服务的内部管理与协调；人员配置与培训机制、合作机制；服务质量评价；空间及其设备的更新与维护（经费保障）以及与外界的协调
关系	社会—情感氛围＋智力亲密度	相互介入—彼此信任	参与＋交流＋分享＝建构信任

美国大学从非专门化到专门化组织建制的教学共享空间的实践探索，是现实与虚拟维度的结合，也是大学教学发展支持机制建设与重教学价值的文化培育的互为促进的过程。教学共享空间是一种生成性的，大学师生与管理者在交流与互动中形成共同愿景，共建共享资源，参与教学改革活动和合作研讨，分享与积累共同经历中的经验。身处教学共享空间的教师基于证据和实践的有关教与学的对话成为规范，跨学科成员参与教学法观念的主动交流，分享和引证他人工作所得，因共同理念与共享价值而聚集，在平等的交流与合作中共同创造和彼此分享资源，建立起相互信任的关系。教学共享空间既是大学实践共同体建设过程或跨学科团队的孵化器，也是跨学科团队分享与展现自身成果的舞台。信息技术的应用，拓展了共享空间的时空舞台，促进了大学共同体成员之间的跨时空交流与合作，推动了资源共建共享。

（二）建构原则

1. 主体性原则

遵循主体性原则的关键在于了解与把握作为参与主体的人的特性与偏好，多元化的变化需求与意愿以及作为共同体关系的考量，以人为中心进行空间的设计与重构，将人而不是最新的技术放在设计决策中予以最优先考虑。关注于共享空间"为什么"这样设计而不是"怎样"设计，也就是侧重从人的角度考量驱动技术和设施的相应配置，基于对开展活动清晰的理解与有意图地提供支持，使空间尽可能支持空间活动主体希望的环境而不是阻碍他们工作，创建促进学习和催生变革的共享空间。以人为中心的建构指南与原则，可以帮助大学管理者将大学校园整体视为一个整合性的教与学参与式场域作为愿景,优化的设计可以改变场所的固有意义并发挥其催生学习与促进参与的潜能,好的空间设计可以有效地支持教与学并激发身处其间的活动主体的积极感知与体验。

(1) 分析主体需求与特性

确定作为空间参与主体的特性与需要,将对人的需求和特性分析作为共享空间设计与重构的第一考量因素。首先是对物理和心理的舒适需求的优先考量。朱迪思·赫尔瓦根(Judith Heerwagen)研究人作为人的感觉和它怎样影响成效、创造和参与。她的研究关注于认知效能、社会支持、情绪功能及物理(生理)功能这四个要素的组合所创建的积极和富有成效的场所。因此空间设计与重构必须首先考虑人的身心(大脑和身体)的舒适状况。其次是个性差异和风格偏好的关照。研究表明,大脑或心灵是社会的,我们因他人参与的应答而改变。同时,每个人的大脑都是独特的,人们会以不同的方式体验环境。"空间是沉默的课程",意味着空间能决定参与频率、质量以及相伴随的体验。好的空间设计观和进程将人作为环境的最重要特征。

因此共享空间设计与重构,要基于对参与者的需求和特性的分析,通过敏感性的暗示与令人惊奇的多种要素的组合,刺激鼓励参与者和激发创造性思维。一方面,特定场所、声音和味道联系所提供的暗示能帮助大脑建立记忆和过程信息。房间、墙壁的色彩或者家具环境设施的布置,若能给予人们视觉的、听觉的和动感的刺激,就能使人获得多元而敏感的体验,将有助于促使和唤起处于空间中的主体意识,允许人们更好地提取与吸收信息和观念。另一方面,令人惊异的要素,如秘密和惊异会刺激人们的心灵、感觉和发现。新的观念通常生成于社会互动中,松弛的、非正式的和友好的互动有助于人们开放地分享彼此观点,并点燃新的联结火花。

(2) 情境和目标达成的匹配度与适切度分析

共享空间建构所面临的挑战一方面是参与空间实践者的时间分配和多元化关注需求,另一方面则是参与和交流有可能发生在教室内外的各种场所。那么,空间所建构的情境与提供的资源是否适用于所开展的活动及其目标与任务的达成?情境所能提供的环境与资源的刺激性和吸引力、开放性、透明度以及表达的氛围与特征(包括家具配置和人工制品陈列)是否与之匹配协调?因此以人为中心进行情境性分析尤为关键。

空间设计重要的在于提供设施及环境能鼓励人的参与,对主动学习、互动和社会参与的考量能催化教与学包括进程与结果的变革。相关研究表明,如果能通过主动参与互动活动,承担倾听者、评议者、指导者和表达者等多元角色和小组工作、讨论群组等社会参与,学习便能得到增进、加深和更富有意义。最好的空间设计是实施不同项目的团队从质变学习到构成的人彼此挑战和观念互补的合作的达成。作为正式与非正式空间设计与重构的共同语言和标准被清晰阐述与表达应是促进教与学改善与优化的能动因素。空间恰似组织的身体语言,通过空间设计透露它所蕴含的语言,有意图或无意的空间形式、功能及完成都反映文化、行为及在其中人们优先考虑的方面。因此空间设计者兼具文化翻译者和建造者的身份。

a. 开放与封闭的空间布局平衡,能满足参与者合作与独处的需求

有效合作的价值对组织绩效和灵活性日益关键。伴随技术和管理的策略的出现,工作场所的空间环境需要被识别,并研究它对合作和互动行为的影响。研究者梳理了不同学科对工作场所的代表性研究,认为以往研究主要集中于工作站点的规模等空间参数方面,较少涉及工作场所的开放性、可视化和可得性(无障碍性)。他们基于两年多的工作场景的田野研究,探索了更宽范围的正式与非正式合作空间的分类,引入了新的一系列空间布局规模的量化指标,并描绘了工作场所合作性空间的数量和分布,预测了空间拥有者对工作场所布局影响的感知对于合作性工作的支持和互动行为的吸引力,甄别有效的空间平面配置布局:个人工作站点到最近会议空间距离、最近共享的复印打印区域距离、最近共享厨房或咖啡区的距离、平面空间分配给会议空间的比例、分配共享服务和便利设施空间比例以及开放性等六个变量贡献于支持合作性绩效的工作场所设计的理论。[①] 高差异性的合作环境和工作场所能认可和容纳各种形式的互动交流,独特的空间布局与安排可能支持或阻碍合作性工作。合作性空间不仅是为合作性工作的物理、虚拟维度的外在进行甄别或设计,也是潜在地影响合作和非正式互动的心理或社会维度的空间。这些空间布局影响到参与到这些地点进行交流与合作的可能性、频率、时长和内容,其设计与安排也体现了组织形象和管理风格,对共享空间建构具有重要的启示意义与参考价值。

社会性的共同体空间能联结个人与其他人通过活动参与相互努力的过程中,锻造彼此之间的联结,从而增强学习能力并创造归属感。教师劳动的个人化特征,决定了创建私人空间的重要性。赫曼·米勒公司(Herman Miller, InC),在《创造性工作模

[①] Ying, H., Loftness, V., Kraut, R. E. Workplace collaborative space layout typology and occupant perception of collaboration environment [J]. *Environment and Planning B: Urban Analytics and City Science*, 2010,37(3):429-448.

式》的研究报告中讨论安静的、专注思考空间的重要性时指出,安静时刻允许一个人最终有了机会挑选出促进因素或刺激物和使联结附着……。因此通过封闭、形态形状不同程度的组合,考虑尊重隐私的空间设施及调节方式,诸如高座椅的面板,滚动的屏幕和植物布置等,可以更好地服务于私人的思考实践。

优化共同体设计的空间(图4-22)——重新配置的家具,无前台,允许聚焦于互动和参与的主动学习。多元等离子屏幕联结各种视听资源和写作平面,在等高的墙面提供灵活的表达选择。便携式标记黑板、灯光和视听附属设备能用一个简单、快捷操作的LCD触屏的面板。沿走廊墙玻璃门和窗户创建更透明的环境,使教学不"在关闭的门后"发生。

图4-22 优化共同体设计的空间

* 图片来源:https://www.educause.edu/research-and-publications/books/learning-spaces/

b. 正式与非正式交流空间的配置协调,适应参与者随时随地可能发生学习与互动的需求

交流是建构和维持共同体的关键。技术提供杰出的平台及无线网络连接教室内外的正式与非正式空间,保证了共同体成员之间顺畅地分享知识、信息与资源,面对面交流、在线交流及混合式学习模式都可以借助空间内外的技术优势在各种物理或虚拟空间发生,利用技术工具和手段拓展和建构彼此之间的关系的具体方式,以其技术上的特点与优势为社会关系建构带来一些新的特征,使互动和交流可以突破时空限制随

时发生。高技术支持下的空间设计伴随更多灵活性与可移动性,允许在群组内的创建与分享知识发生在正式教室环境内外,可达成更为宽泛的教学法路径,有利于培育和建构共同体。教室、会议室等正式的面对面的交流空间与线上线下的非正式交流空间,如门厅、走廊、楼梯角落等,以及利用技术和网络构建的平台,如电子邮件、QQ及微信群、脸书、博客等,各种形式的共享空间使参与者有了更多的选择,可满足他们随时随地可能发生的交流与学习需求。

门厅与其他房间连结的空间是一种延伸,成为有利于教师之间、师生之间碰面和即兴聚集的非正式交流区域。舒适的家具和柔和的灯光保证空间更紧密地接近需求,以实现技术、共同体和信息的交流互动。

圣母堂门厅(Marianist Hall Pathway),宽阔的角落和门厅连接多媒体教室和小的会议空间,足够容纳流动和促进小组对话。CopyCam (Poly Vision)能数字化地捕捉网上白板形象。舒适的家具安排培育社会性互动,也有助于研究。无线使用点允许连接笔记本电脑,创建在教室变化的过程中可供持续对话的宽敞环境。

图 4-23 圣母堂门厅

* 图片来源:https://www.educause.edu/research-and-publications/books/learning-spaces/

2. 科学性原则

好的共享空间背后的设计思维,应涉及美学、人体工学、建筑学、认知科学、心理学、教育学(在空间设计及其在使用中所体现的教育理念和教育哲学)等相关知识与智慧的融通,需要从整体上加以考量。

(1) 寻求科学的设计依据——科学理念引领的空间设计与重构

空间要成为多样化的学习与交流场域,依赖于将环境心理学、人体工程学、学习科学、教育科学等科学作为设计与重构的基本指导理念和依据。用科学的教育与设计理念引领,将主动性的变革与技术赋能于空间。

环境心理学探索场所吸引力、空间的心理舒适度以及动力和唤醒效果。从生理的视角研究灯光、温度和物理距离上的接近性对参与活动的影响。环境心理学把关注的焦点放在人与环境的相互关系上,将空间作为人的行动的中介,使得空间和人通过互动而发挥效应。在环境心理学中,环境大体包括物质和心理环境,也就是物理和心理空间两个层面。心理空间的形成是在物理空间和行动者互动的基础上形成的。[①] 空间设计上用优美的环境带给人愉悦舒适的感受,在布局和功能上展现亲近、多元、复合、灵活、开放等特征,为参与者的交流、学习与分享提供更多可能性。大量的学习科学研究揭示了学习的基本原理是:强调学习是学习者与外界环境交互过程中主动建构新经验的过程,重在经历与体验对外界事物赋予意义的过程;对知识的理解与实践是同时发生的,是高度参与性;学习是综合性的而不是分割的,并且是群体的认知活动等。用变化的学习观审视今天的大学教学,其蕴含的逻辑应是互动、开放、自主、多元等要求融于一体的过程,并且学习活动不再局限在某个固定场所或时间。因此如何通过空间的优化设计与重构,有目的有意图地创建支持社会性的、主动性的学习,塑造自由、开放、灵活、多元体验的活动场域,为随时随地发生的学习、交流、分享与展示提供适切场所,是我们需要思考的问题。

(2) 融入科学理念的元素

a. 灯光:利用混合灯光类型或者各种类型灯光与调光器发挥转变情绪和刺激作用;自然光线、非直接光线及伴随控制增加的光线形成对学习的最大化影响。

b. 身体的适切度:考量怎样支持与身体的互动。桌椅或配套设施应该是根据身体或不同任务可调整和可选择的,以匹配人体身材的差异性,参与者站立和移动时能行动自如不受阻碍,能预防对身体的伤害。

c. 透明度和可视化:可视化的联结使人们感觉自身成为空间整体中的一部分。看见他人参与学习与互动可以给参与者增加能量。考虑附属区域怎样联结正式与非

[①] 张扬.空间·场所·时间——建筑场的基本构成要素[J].河北建筑工程学院学报,2000,18(2):26—29.

正式学习空间,比如教室和连廊、楼梯角落等。提供与长的、刻板的线性场所相对的,扩展和开放内在景观以及参与视线的建筑和设计元素,释放邀请信号,吸引更多参与者,使他们获得更丰富的参与体验。

d. 联结自然:生物学视角的相关研究表明,总体而言,倾向于自然的环境对人及其行动效率更具有支持性,因为人与自然的联结是深入和持久的。作为人的多元化需求源于个体间与个体内在差异,它是通过人与活动完成的。因此健康和绿色的空间建构需要考量这些需求,通过阳光、户外视野、户内可见的绿色植物、新鲜空气以及环绕条件的可感知的变化等增加与自然之间的联结,让置身空间中的人有积极的感知与体验,保持自然的舒适度以减少压力,提升认知与社会功能,进而保持身心健康。此外,墙壁、灯光、家具、地板等空间配置的色彩与质地以及空间形态的变换也都属于绿色健康空间需要融入的元素。

3. 灵活性原则

空间是物质形式、地点与意义的复杂聚集。要想满足和适应参与者多元化的需求与偏好,匹配其中开展的各种形式的活动,与不同的教与学风格保持协调步伐,那么需要围绕人这一中心因素考量,充分利用和灵活配置有限资源以支持人、活动和变化。空间能给人们驻留并参与活动创造灵活多元的条件,满足研讨交流、展演示范等多样化需求,因此灵活性是共享空间设计的一个重要因素。

(1)区域布局的可转变性与空间的充沛性

a. 布局的可转变性:空间的灵活性首先体现在空间内有各种不同类型的区域——从单个人的演讲空间到小组空间再到大的群组讨论空间的可转变性的区域。小组学习者能从单一的听讲转变到团队或基于项目活动的相互依赖地工作。当专门化的场所能容纳各种活动或工作时,活动的流动性通常是及时且顺畅的。布局上可变化焦点或朝向思考空间是否需要设置固定的前台。例如讲演和表达区域需要不被前台限制,如果不设置固定朝向,那么空间使用者可以移动和重新按照适合他们的方式组合家具与技术设施,以多元灵活的方式布局活动与交流的形式与场所,通过空间布局和结构要素的调整支持和鼓励类型多元、规模不同的教学实践活动和风格,实现空间之间的有序流动和相互联结。

b. 空间的充沛性:人在空间中的流动与参与活动所要完成的任务不同,因而空间布局应该有能支持流动和循环的区域,供人们相对自由地逗留和互动。如果空间配置不支持人们的流动,那么差异性的教与学方式就难以实践。

例如,门厅和走廊的潜能在于能提供宽敞的、流动的空间为小组合作工作,或安静工作的隐藏空间,应该包含意外发现和没有事先计划活动的机会。灵活的门厅空间提供了小型或大型群体合作性的学习区域与社会空间,鼓励师生正式与非正式的聚集与互动。鼓励多元形式以满足表演、成果展示或辩论的共同体验,也用于群体表达和与学术或课程项目有关的静态工作。

灵活的门厅空间能满足参与者小组表达、与学术和课程有关的多元化需求以及共同经历,是一个联结其他房间和一个很受喜爱的研究的延伸区域和快捷聚集空间。舒服的家具和柔和的灯光保证更好地实现参与者需求。玻璃墙提供了一个邀请参与者在他们毗邻办公室互动的暗示。

图4-24 开放、灵活的门厅共享空间

* 图片来源:https://www.educause.edu/research-and-publications/books/learning-spaces

(2) 家具与设施的可移动性与技术支持的可及性

a. 家具的可移动性和可组合性:桌椅和相应设施能快捷地重新配置、建构,支持不同类型的活动空间,包括多媒体设备、课桌椅等室内的装备要可移动,室内的温度、声音要可调节等。可移动的配置与灵活组合,考虑到怎样移动空间里的挂图或计算机。小组发展的信息和再重新连接成大组可以分享他们所做的工作,需要相对充沛的空间与设施容纳人和信息的可移动性。

b. 数字技术、设施与工具的可及性(accessability):信息技术通过收集、分析、展示和传播知识及提取信息等途径改变我们的所知和知晓方式。利用多媒体技术,将网络资源整合进课堂内外空间,富有流动性地支持参与实践。互联网成为人们的信息世界，人们越来越依赖于同伴网络和信息数据库。无线环境、带有其他设施与展示工具的互联网络及其使用权，使空间通过无缝衔接为人们提供了即插即用能力，使教室内外空间与线上线下得以无限延展。

  无线网络的技术环境，可以促进参与者之间的对话、问题解决和信息分享，移动和无线技术使得运用多样新颖的教学法成为可能。如白板或数字媒体、个人应答系统或视频会议等技术支持，以形形色色的方式展示和交流信息以促进更多互动，需考虑所使用工具传递的信息能否被分享和控制。好的空间设计与技术允许信息传递步骤和风格的变化支持不同人的需求与偏好，关键目标是最大化数量和类型的展示。另外给予许可的空间让使用者有了拥有感，使用者最大程度地使用空间，怎样使用各种工具、家具能支持使用者的需求是前提条件，提供的家具、工具和设施让参与者充分感受到他们可以拥有、可控制。

第五章　我国大学教学共享空间建构的实践探索

第一节　大学组织教与学情境——结构剖析

一、学校概况与探究过程

（一）学校概况

X大学是国家重点建设的"双一流"和"211工程"高校，于1896年创建，前身为北洋政府铁路局创办的山海关北洋铁路官学堂，是中国首所工程类院校，同时也是中国交通、土木及矿冶工程等高等教育的发源地，曾被誉为"东方康奈尔"。在建校后125年的发展历程中，屡经迁校，数次更名，但X大学始终坚守"灌输文化尚交通"的历史使命，秉承"竢实扬华、自强不息"的大学宗旨，以培养铁路、交通类、土木工程类优秀专业人才为目标，建校以来为国家培育和输送了以茅以升、竺可桢、林同炎等为代表的"两弹一星"元勋3名、国内外院士60名、全国工程勘测设计专家24名等30余万卓越人才，在土木工程、交通运输等领域取得一百多项国内外领先成果，为推进我国现代化进程特别是轨道交通与高速铁路建设作出了重要贡献。目前设有包括书院、中心等在内的27个专业学院，拥有专任教师2 700余人，在校本科、硕博研究生等逾4万人。"竢实扬华，自强不息"的学校精神蕴含了"爱国至上、振兴中华""严谨严格、求真务实""爱校如家、敬业奉献"以及"开拓创新、艰苦奋斗"等基本内涵，而"严谨治学、严格要求"是学校一直不变的优秀传统。

（二）探究过程

1. 缘起：我与X大学跨学科课程团队的"邂逅"

2018年10月11日—14日，主题为"研究性学习与创新人才培养"的第五届高校

图 5-1 教育总长特奖学校匾额

1916年荣获北洋政府教育部主办的全国专门以上学校成绩展览会第一名,教育总长范源濂颁给匾额一方,上书"竢实扬华",后亦成为X大学一直传承的精神。

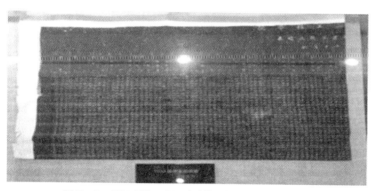

图 5-2 1933届"一班四院士"所在班级学生成绩单

教学发展网络(Chinese Higher Education Development Network,CHED Network)年会在Y大学召开。X大学由四位跨学科团队成员组成了"思维导图在教学中的应用与实践"工作坊。该团队有关思维导图在自己日常教学中的创新性应用的分享非常精彩。工作坊中团队成员各司其职,利用各自优势并结合专业背景的分享获得了参与老师的一致好评和积极反馈,也吸引了我的浓厚兴趣。后来从X大学相关网站工作动态上了解得知,这次年会X大学党委教师工作部(教师发展中心)部长带领20位一线教师参加年会,呈现了四场分会场报告和工作坊;另有15位教师提交了教学研究论文,两位获得优秀论文奖(**体现了学校重视教学探究与创新实践成果的交流、分享与推广,也提供经费和平台予以支持**)。后来我通过QQ与跨学科课程团队成员Z老师进行线上沟通,表明自己在Y大学的CHED年会上聆听了她们团队组织的关于思维导图应用的分享深受启发,目前一直在研究的国家课题与他们的跨学科课程团队建设有很大关联,表达了想建立联系后前去实地调研的愿望与期待(**基于对教学革新的共同兴趣与热情,突破时空限制,与 Z 老师结缘**)。

2. 持续的过程关注

此后开始从网站上关注到 X 大学的跨学科课程,在长期"混迹"于教学学术年会和高校教学发展网络(Chinese Higher Education Development Network,CHED Network)年会结识国内多所大学教师教学发展中心人员同时,我也有缘在某个线上交流群上与 F 老师相识。通过 F 老师推介的 X 大学教务处网站上推送的链接,我逐渐了解到多门跨学科课程创建的故事,且对其中几门很有意思的通识类跨学科课程产生更强烈的探究欲望,有了一定要前去 X 大学实地调研的计划。

3. 实地考察与调研

2019 年 11 月,我通过两天的实地考察与调研,较为全面地把握了该大学跨学科课程及其团队创建与发展的现状,为后续交流与建立更深入的访谈奠定了研究基础,且与另一位前来 X 大学调研的博士生小 H"相遇"。此后,我们借助这次实地调研建立联系,先后用电子邮件、微信语音与电话访谈了多位参与跨学科课程的教师,补充完善跨学科课程团队成员及其参与状况的资料信息。

二、"资源"视角下大学组织的教与学情境

(一)大学组织的教与学情境:结构解析

亚当·加莫兰等(Adam Gamoran)在《教与学的组织情境——变革视角》一文中,他们尝试用一种新的方式看待学校组织情境同教学活动之间的关系,探究学校组织情境在教学活动的不同场景中所扮演的作用。他们认为,资源是组织教与学情境最突出特征。其中,物力资源是构成教学的组织情境的重要条件。包括了课程材料、设施和供应;教学(包括计划与准备)的可用时间、个人(指导员工)支出以及教与学相关其他项目的支出与花费资金的权力等。[①] 这些物质资源并非直接地影响教与学,只有当这些资源能朝向和满足教学需求时才会发挥其实质性影响。其中内隐的机制强调教师有更多可用时间,延伸性地或更深入地覆盖于课程可增进学生学习,提升学习效果。

---

① Gamoran A,Secada W G,Marrett C B. The Organizational Context of Teaching and Learning (In Eds) Maureen T. Hallinan. *Handbook of the Sociology of Education*[M]. New York:Kluwer Academic/Plenum Publishers,2000:47-48.

但时间作为组织资源,更为关键的是教师如何将可用时间合理地分配于教室教学中。人力资源一方面由教师的知识、能力与性向尤其对教学更深入的理解构成,还包括给予教师更多教学自主;另一方面是学校领导者的领导力。高层管理者的领导力在创建有共同目的的共同体方面具有关键作用。在大学这种松散耦合组织中领导力的作用更具象征意义,是通过高层管理者引领性愿景的清晰陈述,挑选与培育能认同学校共同目的与愿景的教师而达成其影响的。共享价值与合作以及集体决策构成组织情境中支持、激励教师的社会资源。有关学校社会组织的研究认为,一定条件下教育者的社会关系深远地影响教师的教室工作与学生学习。当教学能被视为具有复杂性、互动性和动态变化性,依赖于发展承诺而不是强加控制的一个管理的有机系统时,会引导更成功的教与学。[①] 有机的组织管理意味着鼓励基于信任、共享责任、集体决策和共同价值建构的社会关系作为引起变革的机制。与此同时,社会资源也产生于教师从实践中获取的经验,因为承认教学的不确定性会引导教师与他人谈论其在教室中所遇到的教与学难题,当他们通过对教学的反思性讨论,寻找到更好的解决路径并付诸实践时,会增强教师间集体的联结与合作,将教学转变为低私人化的工作,从而打破教学传统意义上的孤独与封闭,反过来也有助于促进教师对教学的更多关注和理解。

根据本研究的概念分析框架,基于"资源"定义与构成对大学组织教与学情境进行的分析,和本课题研究上一章美国斯坦福大学的"教学共享空间"定义中的关键词"资源"相吻合,是相对宽泛意义上的理解。下面将依据这一分析框架,对 X 大学教学学术理念引领下的教学探究与创新行动的校本情境进行描绘。物质资源侧重从大学教学质量激励制度与赋权教师教学自主(时间、空间与权力)方面;人力资源从大学管理者在教学变革方面的愿景表达、承诺与通过反思、倡导与行动方面的领导力,以及教师在持续的、有内聚力和合作性的专业发展活动推动下优化与增进教学知识、能力与性向(教学探究与创新行动的胜任力+深入的教学理解);社会资源则从跨学科课程团队运行过程中通过参与和互动、交流与分享建立起相互信任与合作共赢的社会关系等主要方面作出整体描绘与分析(详见表 5-1)。

---

① Rowan, B. Commitment and Control: Alternative strategies for the organizational design of schools [J]. In C. Cazden (Ed.), *Review of Research in Education*. 1990: 353-389. Washington, DC: American Educational Research Association.

表 5-1 "资源"视角下的组织教与学情境——结构解析

物质资源 M	人力资源 H	社会资源 S
教学质量激励制度	领导力 愿景表达与承诺 反思、倡导与行动	参与、互动＋交流、分享 ＝建构的社会关系 （相互信任、合作共赢）
赋权教师教学自主 （时间、空间与权力）	教学知识、能力、教学性向 （教学探究与创新胜任力＋深入的教学理解） ↕ 专业发展活动	

（二）大学组织教与学情境的具体解析

M 物质资源

1. 大学质量激励制度

{
教学评奖评优
持续教学研究
课程设计与创新
长线教改项目
教学质量保障新体系
}

以"教学质量保障新体系"的构建为例。由制度构建起来的文化＋质量保障三级组织架构包含六个质量要素的课程质量标准框架＋三维度（过程＋水平＋增量）评价体系＋《X大学本科课程教学目标与学习成果评估指导》＋质量标准，构建以"学"为中心的本科教学质量保障体系，明确了"学校为评估主体、教学单位为责任主体、基层教学组织为工作主体"的三级质量保障工作机制，有明确的组织架构和责任划分，建构起以学为中心的课程质量持续提升机制（覆盖所有课程类型：《X大学本科通识类课程通用质量标准》《X大学本科新生研讨课通用质量标准》《X大学公共基础类课程通用质量标准》《X大学专业类课程通用质量标准》《X大学在线开放课程建设标准》《X大学混合教学模式改革课程建设质量标准》）。

另外，针对学院以"学"为中心的质量保障体系建设相对薄弱的问题，指出校院两级联动亟待加强。2020年发布了《关于开展本科教学质量保障校院两级联动试点工作的通知（2020）》全面推进《深化以"学"为中心的院级本科质量保障体系建设、强化校院两级联动》这一文件的落实——"努力培育以人才培养为中心的质量文化。坚持学生中心、产出导向、持续改进的基本理念,建立健全自查自纠的质量保障机制。加强课程教学过程管理和质量监控,推进以'质'为导向的奖励绩效分配改革,进一步完善校院两级本科教学质量保障体系。"——以问题为中心的驱动机制,以合作研究为特征的研究模式以及多方合作构建支持机制,以共享为目的的校本教研成果,结合信息化与教学融合平台及途径(在线开放课程建设+混合教学模式改革+信息化教学服务平台——技术驱动),给跨学科教学探究与创新提供了机会、场所和平台,创设了良好的教与学变革的组织情境。

2. 赋权教师教学自主(时间、空间与权力)

首届研修班学员,《运动科技与智慧人生》跨学科课程团队主持人 S 老师在回忆教改起点时说,"当时教师发展中心发来的邀请函给我们很大的触动,如果是要求我们参加,我可能不愿意参加,可是以关注我们教师自身发展的口吻邀请我们,让我们感到了温暖,激起了我的好奇心,我才决定加入。"——教师教学探究与创新的主动性被唤醒,教学改革的原动力来自教师自身对卓越教学的不断追求。

以 X 大学依托最优质师资、办学资源和完善的质量保障体系建立的荣誉学院——茅以升学院为试点,提供了最好的平台供跨学科课程及其团队的教学改革和创新试验,给予了参与教师充分的时间和空间进行开创性的教学探究,允许尝试和可能出现的失败,相信他们蕴藏着潜能,赋予了教师们教室革新的自主权。相对于回报来自行为之外,源于内在动机的行为本身就是一种回报。通过氛围营造、教学与教研能力发展、教学交流分享平台、教学文化打造创建起卓越教与学支持体系,以质量保障主体的责任强化,打造课程创新成果,激发教师教学创新原动力和热情,使教师突破时间与空间、角色和效率的束缚,利用系统思考转变教师心智模式,促进个人与跨学科课程团队的成长与改变。

什么才是课程改革的真正推动力呢?所有教学改革的动力都必须来自教师自身对卓越教学的不断追求。我们意识到,一直以来,几乎所有老师都曾有过课程改革的愿望与尝试,这种努力往往与对报酬、考核、奖励等的追求无关,而只是因为心中那个关于卓越教学的梦想。——引自《序 X 大学以学生为中心课程教学改革与创新案例故事》

◇ 示例:学校层面的支持见诸于细微点滴处——X 大学对教学改革与创新实践的支持

2020 年,北京理工大学主办的中国教学学术国际会议召开,X 大学三天参会教师加学生(班长)共 24 人,4 个跨学科课程团队共 16 门创新课程在会议分论坛和研修坊分享。所有参会费用由学校教务处予以资助,这是国内大学绝无仅有的。

H 人力资源

1. 领导力

(1) 愿景表达与倡导(话语与行动)

　　* 对连续6年高层领导在研修班开班及结业典礼上的寄语分析(近义的高频词)

$\Big\{$ 提升19+促进3+支持7+发展18+激发5+影响4=56(**结构性要素**:外部驱动)

教学能力16(能力23)+专业素养2=18(教学能力提升6)

学生成长7+教师成长4+学习20+收获2=33(**愿景/目标**:成就全人发展与成长)

创新6+改革3+探索4+实践5+行动4+引领7=29

研讨8+交流7+参与2+合作2+互动2+共同体2=23[**交流+参与+互动=实践共同体**(共享价值与信任关系)贯通性要素]

热爱8+认同1+热情5+幸福感2+荣誉感2=18+信念1+理念5+教育情怀3=27(内在动机激发:**原生动力**)

氛围2+环境2+平台2+机制1+体系1=8(**结构性因素**:外部驱动)

校级领导、相关职能部门领导多年来的全程参与、支持和话语激励与引导,包括对与教师利益相关政策的回应。

(2) 仪式的象征意义(**领导者全程参与和寄语**)

　　——"老师,你升级了吗?"

　　——X大学青年教师开启提升教学能力的破"冰"旅程(2015.4.28)——X大学教师教学能力提升研修班第六届结业暨第七届开班典礼(2021.4.29)

$\Big\{$ 研修班剪影:热烈　碰撞

开班典礼:温馨　励志

教学工作坊:激荡　融合

反思心得:感动　动力

八个关键词突显了首届"教师教学能力提升研修班"是开启 X 大学教师专业发展旅程和培育教学创新土壤或生态环境的标志性事件(**关键事件**)。X 大学 F 校长曾这样说过:"当时的'黄埔一期'确实起到了播撒教学改革与创新种子的作用。"

(3) 教学管理者的反思与行动

A. **反思**:作为从教近 20 年,从事新教学管理岗位的大学老师,自己与很多老师有同样的**困惑**:为何学生取得的进步,与我们的期待与付出相比,有那么大的差距?同时心怀**疑虑**:贝恩教授的书与报告中那样的课程,那样的老师和学生,真的有可能出现在我们身边吗?从应试教育走过来习惯了策略性学习的学生,他们的好奇心真的能够被唤醒吗?他们真的有可能成为积极主动的深层学习者吗?承担了繁重教学科研任务的教师,他们真的愿意改变早已驾轻就熟的教学模式,去尝试创新吗?这样的创新,又真的能够成功吗?

B. 发出邀请与承诺

亲爱的老师:

有这样一个"班级",由国家级教学名师和教授分别担任班级导师和教学助理,为您精心准备教学能力提升的系统培训,堪称青年教师精英班;有这样一个愿景,从前沿的教育思想、教学理念到操作层面的教学方法、教学技能,采用多样形式涵盖不同主题,全方位提升您的教学能力。有这样一个充满热情、思想碰撞、火花四射的班级,您是否有兴趣成为其中的一员?

X 校长指出,未来我们要着力培养三类人才——学术人才、管理人才和专业技术人才,那我们的老师首先应具备"学术大师""管理精英"和"产业翘楚"之师的素质(**高层领导者的话语及倡导**)。教师发展中心开设的研修班可以为此略尽绵薄之力。我们将用系列课程激发您对教学更深层次的热爱,让您充盈满满的职业荣誉感。从这里结业后,您不但可以收获教学能力,还会获得志同道合的同侪情谊。我们愿意服务您的教学、学术以及职业发展,促进您的全方位成长。未来,我们将对您进行至少五年的后续服务支持,建立个人教学档案,并加强信息反馈。——**关键词**:服务、支持、可持续性、同事合作关系、承诺。

C. 行动——支持性专业发展活动的组织与参与(跨学科课程建设的午间沙龙两学期 9 期)

2. 专业发展活动与教学胜任力的增进

(1) 教师专业发展活动——延续性的、有内聚力的、合作性与反思性特征教师专业发展作为教学改善的关键机制，在刺激、支持和增进变革中扮演关键作用进而成为教学变革的引擎。教师专业发展以两种方式影响组织资源。一是通过贡献于教师的知识、能力和性向等人力资源；另一方面，通过帮助大学建立专业共同体的许多特征，包括合作、共享价值、低私人化的实践和反思性的讨论等贡献于组织的社会资源。同时，组织资源也会影响专业发展的相应规则和特征，因为专业发展需要实质性的资金、时间、领导力和能量维持，专业发展对教学可能产生的影响部分地依赖于实施和传播新观念和实践可获得资源的水平。研究者发现，当考察教学改革的持久性时，新的教学实践更可能随时间持续，尤其是当领导者能帮助协调支持教学创新的供应、设备和空间等物质资源以及促使教师聚集在一起工作的机会等社会资源时。①

a. 专业引领——专家的直接引领

国外教学领域杰出学者的引领——2015年10月肯·贝恩（Ken Bain）教授（《如何成为卓越的大学教师》作者）来访，开设了14场与教育教学相关的讲座和论坛，报告内容涉及如何开展以学生为中心的教学：如何引导学生脱离浅层和策略性学习，进入深层学习；如何撰写邀请性的教学大纲；如何看待学生评教结果；如何用问题促进学生深层学习；如何通过教学奖励带动更多教师的教学创新。——**潜在影响：点燃了 X 大学教师教育教学思索探究的热情，渗透到学校后续的一系列教学改革工作中。**2017年，X大学7位教师组成团队赴美参加了第二十届卓越教师国际学会夏季交流活动，听取了贝恩教授专题报告，并与他进行了深入的交流探讨。2018年10月10日—11日，贝恩教授受教务处之邀，时隔三年之后再次访问 X 大学，延续与深化了 X 大学与教育家之间的情感。这两场教师沙龙是他本次研讨活动的组成部分。教务处 H 处长表示，贝恩教授三年前给 X 大学老师点燃的火苗如今已火焰耀眼，他的教育思想和理念对该大学教师教学探索与创新影响深远。

肯·贝恩教授是美国颇具影响力的四个教学中心的创始人之一，有着丰富的教学实践和研究经验，曾获得过多项全美教学优秀奖。2015年和2018年，贝恩教授曾两次访问大学，在校期间为全校师生作了近20场报告，反响热烈，有力推动了 X 大学"以学生的成长和发展为中心"的教育教学改革。贝恩教授参与 X 大学教师沙龙时谈到：

---

① Dahl, R. Organizational factors and continuation of a complex instraetional technology. In E. G. Cohen & R. A. Lotan (Eds). *Working for equity in heteiogeneous classrooms: Sociological theory in practice* [M]. New York: Teachers College Press, 1997: 260 - 274.

图 5-3　肯·贝恩教授在 X 大学的讲座
*图片来源:X 大学跨学科课程教学创新虚拟教研室启动会报告

"'超级课程'的特点在于围绕着问题构建'关键自然学习环境'(critical natural learning environment),以目标为驱动,通过跨学科的方式提出具体问题,学生被给予多次机会去尝试回答问题,老师与学生共同获得进步。"——详见 X 大学党委教师工作部(教师发展中心)网站

　　*资料来源:https://fdc.swjtu.edu.cn/shownews-4168.html

　◆ 国内专家的直接引领——2015 年首届青年教师教学能力提升研修班首期研习举办两场讲座和一场工作坊研讨

　　2015 年 4 月,于厦门大学教育研究院任教的 F 教授开设了首期教学工作坊"青年教师教学能力提升研修班"(教学副校长 F 教授担任班主任——**高层领导者**的**直接参与**)——工作坊主要内容:第一场讲座以"教师,你升级了吗?"为主题,工作坊则以"改变教师角色:如何设计项目式教学"为主题,系统介绍了项目式教学的理念、策略、流程与方法,并引导教师组建跨学科项目式教学团队,通过头脑风暴产生跨学科课程的构思。a. 向老师们提出了"老师,你升级了吗?"为主题的讲座旨在让教师们了解传统教育以教师为中心进行知识传输、学生被动地学习,无法提高学生的创新能力,促进其全面发展。基于全人教育的创新人才培养才能激发学生的主动性、自觉性和好奇心,培养学生发现问题、融会贯通、团队合作、齐心合力解决问题的能力与创新精神(直抵每人内心的问题,激发了教师的创变积极性);b. 分享全人教育在教学中实施的理念、策

略、路径和方法——指出教师的角色需要转变,从关注知识传输转向对人的全面发展与成长的关注,激发学生潜力的发挥和创造力的提升;c.第二场讲座以"挪威科技大学跨学科创新教学"为例,展示了教学过程从外部约束到内在驱动、从重视教到重视学、从重知识到重能力、从教师为中心到学生为中心、从纯理论到理论与实践相结合、从单学科到跨学科、从灌输式学习到探究式学习、从个体学习到合作学习、从传统手段到信息化手段转变的具体历程和鲜活的案例,激发了教师对跨学科学习、团队创造性学习的好奇心与热情。学习了挪威科技大学基于项目的跨学科团队的创新教学案例——**直接成效**:来自不同学科的教师通过团队研讨碰撞出 7 门跨学科课程的火花。

图 5-4　首期研修班+教学工作坊

*图片来源:[教研论坛]虚拟教研室主任报告:构建跨学科教学创新平台,打造教研新生态

◆ **倡议与实践推动**——**倡议**:于学校教师发展中心任职的 F 老师跟教务处商量,是否有可能把这些在首期工作坊中搭起课程框架的跨学科课程真正开出来?

——**实践推动**:第一期围绕跨学科课程建设的午间教学沙龙(2015.11.3)——**直接成效**:第一批**七门跨学科课程**正式开课(肯·贝恩所编著书中被选作为中国大学唯一案例的课程《运动科技与智慧人生》就是其中之一)。

b. 自我反思——延续性与扩散性(创新的扩散)——同行之间的相互影响/自我在不断反思、探索与实践中的成长

*资源服务之教师发展研讨:"师说:研修总结"

◇ **示例**:十年如一瞬——第三届教师教学能力提升研修班学习体会(2018.3.21)

从 2017 年 4 月 11 日参加第三届教师教学能力提升研修班的首次活动至今,不知不觉已度过了一年的时光。翻看工作笔记,才发现我已陆续参加了 10 次讲

座、2次工作坊和1次沙龙。在这一年的时间里,我在教学专家们的带领和指导下开始了十三年教学生涯以来第一次系统的教学学习和反思,并在2017年12月27日收获了人生中非常宝贵的一个奖项——"X青年教师教学竞赛一等奖"。如白驹过隙般,意犹未尽却不得不迎来结业的这一天。为了不断积累,继续提高,我将参加过的一些活动的心得体会逐一总结。……在研修班的微信群中,一次L老师突然翻出了十年前我首次参加教学竞赛时的校报报道,于是不禁唏嘘,从当年的三等奖到如今的一等奖,经过了整整十年的时间。扪心自问,十年的教学工作到底带给我什么改变?我想,改变是在每一天的备课上课中悄然发生的,是在与每一位学生的课上课下交往中不期而至的,更是在这一年的研修班学习中由量变到质变的。但有些东西是在这十年中一直保持不变的,那就是一颗热爱教学的心、一份面对学生的真和一腔为教学默默奉献的情。真所谓,十年如一瞬,不忘初心。

最后,我要再次感谢交大教师发展中心为我们提供了这样宝贵的学习机会,感谢陈主任心系教师们的学习与发展,为交大教学质量的提升呕心沥血;感谢梁老师认真敬业的工作态度,每一次成功的工作坊和讲座背后都留下了梁老师专业而高效的身影;感谢范教授专业的指引,为教学迷茫期的我指明前进的道路;感谢十多位教学名师为我们授课解惑,教给我们最新的教学理论与方法;感谢五十余位同仁的一路同行,教改的路上我们彼此协助,温暖彼此的内心。十年,只是教学生涯的一个节点,我期待第二个和第三个教学十年,遇见更好的自己和更好的交大。——Z老师十三年来指导学生获得国家级学科竞赛等级奖12项,省级学科竞赛等级奖59项,获得2017年西南交大青年教师讲课竞赛一等奖。

这个富有校园特色的栏目在教师发展中心网站上作为"教学资源"记录与保存了自2018年3月20日—2021年4月29日期间约140多位教师参与研修工作坊、校际青年教师交流互访、专题研讨沙龙(由往届参与研修班教师举办,内容涵盖教学设计、教学变革、教学方法、教学学术及PPT设计制作等)等多元化形式专业发展活动后的<u>体验、感悟、反思以及渐进式的成长历程</u>。

S老师是第二届(2016年)青年教师教学能力提升研修班的学员,在研修结束之际,她也真诚地表达过"感谢教师发展中心一年来对我们的帮助,我们汲取了充足的营养,我们的进步就是你们培育的结果,我已经把这里当成了跟学院一样温馨的港湾。"

在第二届"全国高等学校物理基础课程青年教师讲课比赛"决赛中荣获一等奖的 X 大学物理学院 S 老师在《物理与工程》杂志上发表了一篇题为"热爱物理教学,促进学生发展"的参赛感想文章,其中对学校教师发展中心表达了感谢。她说,"我校教师发展中心特意为青年教师开设了教学提升研修班,在资深教师的细心点拨下,青年教师能够尽快地成长为一名合格甚至优秀的大学教师。"

[战"疫"师说]G 老师:如何在线上实现互动性强的心理学课程教学的再思考(2020.3.14)

如何在满足基本教学要求的基础之上,更大程度地在辅助线上教学方案中进行深挖,以满足心理学课程灵活性和互动性强的需求,是心理中心的老师们近期不断在探索和交流的话题——**及时地应对突发事件时的教学反思**。

在不断进行的线上教学实践研讨中,老师们发现,不可或缺的课堂积极参与性和互动性是心理学课程的灵魂。在线上课堂中,与个人独立学习相比,如果在整个学习历程里有教师的同步指导与同伴的参与和回应,将极大程度提升个体的学习参与度和对课堂的黏合度,帮助学生完成知识的内化和课后的学习迁移。小组伙伴式学习是一种极好的教学设计,在小组中,学生之间的脑力激荡和相互启发,可以创设一种线上学习的凝聚力,帮助每一个参与线上学习的学生跟上整个课程的教学进度,并从他人的回应和教师的点评和指导中获得更多的思路和启发。

心理中心的老师们在线上教学的实践中发现,一些辅助教学手段,如各类会议软件(腾讯会议、zoom、瞩目)以及功能强大的其他软件(腾讯 QQ 群课堂、群直播间)可以在很大程度上实现课堂的互动功能。如果课程设计需要有学生之间或者师生之间更多的研讨和互动,在会议软件中的分组讨论、教师分享屏幕时的聊天区的留言功能等都可以帮助教师进行更多互动性强的教学设计。00 后学生具有极强的信息时代的学习特点,思维活跃、兴趣广泛、思维的独立性和批判性强,信息收集和处理的能力也非常高。同时,00 后学生对于网络的使用,特别是很多娱乐类直播软件的功能使用也非常熟悉,这些都是实现线上研讨型教学的很好的学生基础。相比起线下教学的面对面课堂而言,00 后学生更容易在线上课堂的互动聊天等功能区中展开关于课程内容的讨论。教师在线上课堂里,在某种程度上可以不完全将自己拘泥于一言堂的教师角色,而是通过扮演类似于主持人的角色,随时关注学生通过各种方式(弹幕、留言区、聊天区、语音、摄像头)进行的师生或者学生之间的互动。通过会议软件的分组讨论功能,还可以实现小组内的讨论。教师可以在进入小组分会场和回到主会场之间进行灵活切换,根据课程进程的需要,掌控分组讨论和课堂整体答疑的时间,实现和线下教学高度相似的心理学研讨型课堂。

准确地分析线上教学过程中面临的问题,通过准确分析学生学情和充分利用技术平台优势,及时地反馈和探寻针对性的应对策略,通过校园平台的经验分享,有助于帮助其他面临相似线上教学问题的老师解决困惑,获取相互支持的力量。

c. 同伴互助——《教学勇气》经典名著共读活动(集体的共享的延续性的)

N大学Z老师在学院师生自发组织的读书会举办近百次时写下随笔:"读书,是一生的修行"。他认为经典著作内蕴着更为复杂的逻辑体系,对于训练抽象、贯通的理论思维品质具有不可替代的作用。经典著作就是千丝万缕织就的云锦,金线贯穿,或隐或现。原典著作博大精深,融会贯通,如能深读,领悟其通透心法,自然能够化解冲突,协调聚力。因此,阅读经典论著,可以潜移默化地训练一个人思维的抽象性、逻辑性、批判性和整合性。①

◇ **经典名著共读邀请**

活动缘起:《教学勇气》是一本关于教师自我认知的经典著作。X大学地学学院G老师在阅读十几遍之后,认为《教学勇气》是所有教师关于教学的"最大公约数",说出了从事教学活动教师的心声。2021年寒假期间,G老师鼓起勇气,在X大学地学学院自发地组织了《教学勇气》线上共读活动,受到教师们的欢迎,大家建议开学后,共读活动能从线上转为线下,形成可持续的教学交流活动。2021年春季学期开学后,在地学学院Z副院长的支持下,学院各个专业的教师以及学院学科学术办公室、教育教学办公室等管理部门成立了"地学GSEE教学交流小组",定期开展交流活动。2021年3月,在X大学教务处、党委教师工作部(教师发展中心)和高教研究院的指导下,教务处教学设计师团队发起并组织了全校范

---

① 南雍读书会/宗晓华:读书,是一生的修行[EB/OL].2020-07-11 20:05.

围内的共读《教学勇气》活动。

图 5-5 经典名著共读海报
*图片来源:X 大学教学设计师微信公众号 https://mp.weixin.qq.com/s/nglKPKWxTmaTGPaqsMGBGw

活动邀请:作为大学教师,教书育人是我们神圣的职责,而在教学中我们需要勇气!在创新中我们需要勇气!在终身的学习中我们需要勇气!在科学研究中我们需要勇气!各位教师正在以教学勇气去创造正在生成的未来教育景观。值 4 月 23 日世界读书日之际,X 大学教务处教学设计师团队在教务处、教师发展中心、高等教育研究院的指导下隆重推出世界读书日系列活动——《教学勇气》共读活动。如果你热爱教学,这本书一定要必读。欢迎你和我们一起继续品读经典,以教学勇气打开自我精神成长的世界,4 月 29 日(周四)晚 19:00,我们在 X 校区图书馆 C621 阅读空间不见不散。也欢迎线上的老师们一同参与,线上聆听"教师的心灵"。

◇ **共读过程|活动组织与安排**

《教学勇气》共读活动从 2021 年 4 月 22 日启动到 6 月 18 日结束,期间由领读(邀请九位老师领读)、特邀嘉宾和主持人组织,采用线下线上结合的方式,有思想解读、佳句欣赏、原文共读、心得体会、话题讨论等多种形式。全书共分 9 个部分,共读活动按照书的章节,每周阅读一个章节,持续了 9 周,安排在每周四晚上 19:00—20:30 大学图书馆阅读空间进行,同时利用腾讯会议平台线上直播共享。在 X 大学教学设计师微信公众号共推送了九期活动海报与现场精彩报道,用优美的文字、丰富的图片和视频详细地记录了共读活动过程。

线下线上参会教师涉及 X 大学大多数学院的 10—20 位教师,吸引着文、理及工科教师,已退休教师,刚入职几年的年轻教师还有校外教师的参与。除了正式参与共读的教师,还吸引了大学校内外无数线上参与者。

◇ 分享、感悟与反思

领读嘉宾分享

我们有时过分强调技术层面的东西,反而忽略了教学的初心以及对教师内心的建设。《教学勇气》这本书强调我们教学的内部景观——应努力将智能、情感和精神结合在一起。一颗心在天空中发出的光芒是有限的,与繁星聚在一起,才能点亮星空,形成众星璀璨的局面。所以此书的核心不仅是探索教师的内心生活,也探讨了如何使教师的灵魂从孤独中走出来的问题。——D老师

通过这一章的阅读,她最大的感悟是:面对这些悖论,最终归结于爱、接纳与时间。爱的力量很重要,解决难题的勇气来源于爱。爱的能力更重要,有时候缺乏的是爱的能力,想爱而不能。——Y老师

感悟与反思

教学中无论是老师还是学生常常充满焦虑和恐惧,老师恐惧的是学生对教学内容的理解和参与;学生恐惧的是无法回答问题遭到别人嘲笑……我想我们老师不应只在课堂上鼓励学生大胆发言,还应该充满深情地走入学生的世界去理解、宽容他们,倾听学生内心的声音,做学生的良师益友,让他从内心接受你、喜欢你,自然就不会产生"恐惧"了。老师应突破道的层面,走进共同的"精神家园"。——人文学院D老师

教育就是转变,从最小可行性之处开始,由微而著,由易而难。心怀希望行动,如暗室燃灯,如新芽破土。——地学学院G老师

自理工至诗词,奇风异景,天下独绝。授业解惑,缠绕于心。不忘传道,泠泠作响。教学分共同体,负势竞上,互相轩邈。思则百折不挠,习则天天向上。——电气学院T老师

不要怕学生做实验出错,要允许学生在探索中去掌握知识。要对学生亲切相待,让学生即使听不懂也愿意待在教室里。做老师的好处就是可以和学生共同成长,不管是主动还是被动。——Y老师

以主体为中心,激发伟大事物,师生共同探寻真理,最终真正实现"传道"。在教学形式上帕先生提出尽量开放空间让学生探究主体,老师只在关键时候发声,实际上类似于孔子的"不愤不启,不悱不发"的理念。——材料学院Z老师

◇ **活动影响与辐射**——《中国教育报》发表署名文章,报道 X 大学共读活动

坚持的力量

　　回望人类千年,综观世界万里,一位位伟大的教师创造出优质教学景观,就像名山大川一样,散布于世界各地,留存于各个时代,为学习者提供学习的巅峰体验。一部部教学经典,就是世界各地、历史时代教学景观的说明书,记录和诠释着人类的教学文明,为阅读者提供思维的玄渊深潜。回顾《教学勇气》的阅读过程,有 G 和 Z 老师对整个活动的坚持,有 D 老师更新微博心得的坚持。她在每一次共读活动之后,都会撰写心得体会和阅读总结,并发布在其个人微博和微信朋友圈,阅读量从几千到上万次,这些文字既有对自身教学经验的总结,也有对教育教学的热忱呼唤,字里行间透露出浓浓的文学气息。有小 G 老师撰写读书笔记的坚持,有 T 老师对知识创新的坚持,有 Z 老师持续分享的坚持,有 H 老师制作海报的坚持,有 S 老师利用微信公众号宣传的坚持,有图书馆持续的场地支持,还有参与活动的老师们持续进行教学思考的坚持……正是因为教师们对教育充满了炽热的爱,对教学研究充满了探索精神,才能让教育教学的研究和实践得以坚持,才有了可以期待的未来。通过教学经典阅读活动,教师们有信心和勇气去推动教育教学创新的可持续发展,去创造正在生成的未来教育景观。阅读引领教师与经典名著中的新知识"相遇",更新自己的教育理念,形成更为理性的教育信念,也找到心灵共同成长的家园。("阅读者共同体")

　　*资料来源:中国教育报2021年9月1日9版

　　http://paper.jyb.cn/zgjyb/html/2021-09/01/content_598709.htm?div=-1

◇ **校外共读平台搭建与影响**——教学设计师通过全国"创新者说"X 成都搭起了校外共读平台,不断形成更大的阅读共同体。2021 年 5 月组织的第一次共读活动就吸引了成都大学、绵阳师范学院、四川师范大学及成都中小学众多热爱教学的老师们。希望通过这些系列活动,构建起未来教育景观。

(2) 专业发展活动对教师教学理念、知识和能力的优化与提升

A. 教学理念的转变——为理解而教

　　土木工程学院国家级教学名师 Y 教授在作题为"教学科研深度融合　做学生的榜样和引路人"首场报告中,回顾了自己首次开课的经历。她说自己首次开

课之前,用了整整两年的时间为教研室本专业的老教师做教学辅导,听课、批改作业,认真记录整理听课笔记,自己的指导老师随时查阅听课笔记,随时考查和提问。正是这两年的教学助教工作,让她完成了从优秀学生到教师的转变,熟悉了专业的课程体系,学到了前辈们的优秀。她感慨道,这就是X大学的传承,严谨治学、无私传授,对自己影响至深,也受用无穷。她认为,讲台是神圣的,老师要敬畏讲台,敬畏学生。合格的教师,要做到两点:一是让学生佩服,需要教师不仅具备渊博的知识,还要不断攻克专业领域的科技难关;二是做学生的榜样和领路人,需要教师不断学习钻研。要想支撑学生的能力培养,教师首先要提升自己。教师终身学习,不断丰富自己,让自己一直站在科学前沿,就是在讲台上给学生树立了终身学习的榜样。做学问,要做纯粹的学问研究人,追求卓越。

"教学也是学术研究",Y教授结合自己36年来的教学实践,介绍了自己如何从深入了解课程理论体系的理论出发,不断琢磨问题、方法、概念、公式、参数,列举了自己如何从《铁路选线》课程中曲线公式一个参数研究,由此开启了后续一系列科研、教学、现场实践互相渗透、互为补充的工作实践。她说,通过教学,会不断发现科研的空间和深度,只要科技在发展,问题始终存在,研究始终存在,教学内容和课程体系就会不断完善、不断更新。"教学科研的深度融合,使得科研反哺教学,从而进一步提升了教学质量和水平"(2020年10月29日,第20期首次开课教师培训首场报告)。

国家级教学名师分享自己从初任教师成长为名师的历程,对其他教师具有<u>引领、启迪与示范作用</u>,指导从教之初的教师们避免或减少盲目摸索,能更理性深入地理解教学与研究的关系,反思自己的教学行为,培植坚定的教育信念。

通过调研发现参与跨学科课程团队的教师普遍确立和秉持的教育信念是:帮助学生们相信,他们的智力和能力是可发展的,只要他们愿意努力,他们就会成功;让学生怀揣梦想,走向他们未来辽阔而美好的人生。相信学生的潜能,引领他们追求真善美的生活和健全人格养成。正如林工学院理查德·米勒校长在接受访谈时所说:"我们在高等教育中创造了各种标签,然后学生用一生去努力摆脱这些标签。那么,假如我们从一开始就剔除这些标签呢?"参与跨学科课程学生的分享:"我想这门课带给我的远比那些技能更丰富,它给了我一条通往未来的信仰之路,有荆棘亦有光芒,有脚下的泥土,也有远方。"

"未曾想,研修班竟然改变了我的教学生涯……""教学创新的意义是改变学生的思维,培养学生的能力,我们的心被点亮时,就想着把学生的心点亮,我们在路上并会一直坚持下去。"(S老师)

首届研修班学员、地学学院G老师用"研究者被研究""教育者被教育""教学需要勇气"三个词组来总结自己的研修经历,表示从研修活动中收获颇丰,许多内容至今仍启迪着自己去探寻前进的方向。

"……有更多的思想上的碰撞交流,而不是单纯的老师讲学生听。我不喜欢这样,因为我这样的话内心有一种被禁锢的感觉……100多个人坐在这里对吧?为什么这一课堂100多个生命在这里会只有一种思想在这种时空里头游荡呢?……像这种心灵成长、自我的内在动力、价值观信念,我觉得像是一种软实力……"(W老师)

无论是参与研修活动的专业引领,还是基于参与跨学科课程的实践探索过程对传统课堂教学模式弊端的反思,都能帮助教师们汲取先进的教育理念,去重新思考与定位自己的教学。这其实意味着教师教学取向的转变。也就是他们尝试改变原来常规的以知识为核心的教学,转向为理解而教,其中隐含着教学观念和教学哲学的改变。教学理解的转向使教师对自我有更高的角色期待,更关注于教学对于学生可持续的完整成长的意义,有助于发挥他们在激发学生学习潜能与主动参与热情方面的引领作用。正如X大学教学发展的促进者F老师所言:"只有我们对教育的理想和使命的理解高于单纯的传授知识时,我们才会去关注与学生心灵的触碰、思想的交流和灵魂的交融。"

B. 教学知识优化与能力增进

教师的知识、能力及性向构成重要的人力资源,影响教师教学和学生学习质量。[①] 舒尔曼曾提出教学中存在的三种最基本的知识类型:学科内容知识、一般教学法知识以及以促进学生理解的方式教特别科目的学科教学内容知识。而教师的教学能力主要体现在教学设计、组织与实施、教学研究能力等方面。X大学教与学的组织情境提供了相对充沛的资源、平台促进教师知识结构的优化及教学能力的提升。

a. 多元化的专业引领活动——专家讲座、研修工作坊、午间沙龙、专题研讨会

---

① Gamoran, A., Secada, W. G., Marrett, C. B. The Organizational Context of Teaching and Learning (In Eds). Maureen T Hallinan Kluwer. *Handbook of the Sociology of Education*[M]. New York: Academic Plenium Publishers, 2000:47-48.

b. 基于工作现场的培训——走进高铁施工现场开展工程实践，提升青年教师工程实践能力——符合工科院校的校本情境和专业特色

为提升青年教师工程实践能力、了解铁路施工企业的生产现状和技术需求，进而提高教学能力和人才培养质量，X 大学教师发展中心组织第十五期 40 余名首开课教师赴多地进行工程实践培训，实地考察了 X 铁路公司、X 高铁制梁场、轨道板预制场、X 公铁两用特大桥、车站、路基及防护工程等施工现场。通过学校搭桥和校友助力，将施工一线"变成课堂"，老师们带着问题"下工地"，把课堂教学与工程实践有机结合，使青年教师的知识和能力体系逐渐完善，促进青年教师实际操作能力和创新能力的提高。

c. 学术会议上的分享与交流——教育理念与教学知识、能力的综合呈现

X 大学学习自组织专题工作组围绕"2020 中国教与学学术国际会议"筹备过程的交流研讨分享，2020 年北理工中国教学学术国际会议分论坛四之专题研讨会、多维学术、全人教育、学生组织与团队共创式、基于四门跨学科课程的案例分析（在线-腾讯会议）开展分享与交流。

共享愿景——分享与交流教学改革与创新的过程及经验，扩展影响与辐射面，吸引更多的院校及教师、管理者知晓 X 大学的教学质量提升与教学创新的体制机制及教学实践，并使其参与其中，促进所有参与院校及其管理者、教师、学生的改变——**共同愿景：为学生创造有意义的学习经历**

共享主体——多元化的参与者：不同院校、不同院系、不同身份（跨院校、跨专业＋云相遇——单一性质的师范大学＋工科院校＋综合性院校）的教师与学生

共享平台——微信群＋腾讯会议（演讲者视频＋PPT 屏幕分享＋聊天区问题与交流研讨互动环节）

共享内容——研讨四门跨学科课程及团队合作，展现教学改革与创新的过程

◇ **课程案例分享**

$\left\{\begin{array}{l}\text{Z老师的专业核心课《创新能力基础训练》的项目式学习与团队共创模式}\\ \text{H老师的材料类新生研讨课的课程自组织模式}\\ \text{L老师的功率器件专业课的多主体学习共同体模式}\\ \text{K老师的《悠然见君子》的共享空间打造与从游育人}\end{array}\right.$

分析与点评:

对每门课的课程特色进行了简要概括,并对案例分享教学探索与创新实践过程隐含的多维学术观和秉持的高等教育理念进行了凝练。借用吴非老师的话:教育重在立人,师生方能美好生活。——作为参与者的研究者全程参与这个研讨活动过程既是一种历练,也是提升自我对教学的信念和更多理解的过程。

各种形式、渠道和平台提供的支持体系、教师教学能力提升研修班、教师发展中心连续 6 年的支持、服务及提供平台(包括场所与空间)对教学信念培植与理念转变、教师教学知识与能力提升的潜在的持续性影响,形成优质的人力资源。培育环境需要物质资源,特别是合作时间和人力资源,从专业发展而来的促进学生理解水平的知识等。为理解而教和社会资源的关系在学校是一个动态关系,一旦被认可就提供了社会关系的内容,这些关系会反过来增进理解性教学。通过教师之间的相互讨论、教室观摩、计划等建构实践共同体,形成支持性的社会环境,可以促进理解性教学得以生成。

S社会资源

1. 参与+互动
2. 交流+分享   ⟶   建构(相互信任、合作共赢)的社会关系

◆ **教师参与的感悟和收获**

首届研修班 **S教师的参与、交流感言**:"团队成员互相学习,互相交流激发出无限的思维火花,我们的教学热情在首次参与工作坊中被点燃……""首先,我们不仅是引导者,其实也是被指导者,我们需要,也接受了在课程建设过程中专家的指导、团队成员的交流学习和自我学习的指导;其次,我们设计的课程不再是教师展现自身才华的舞台,而是能够鼓励学生发现问题、在同伴互助的过程中探索和解决问题的平台;另外教师不再是简单传授知识的解惑者,而是有效课程的设计者,好的课程设计才能有效激发学生无限的创新和实践能力。"S老师将研修教师们比喻为一棵棵渴望汲取养分的小树,而研修班正是教师最宝贵、最适宜的热带雨林,它为小树苗成长为参天大树送来了光明、清风和涓涓细流。光合成荫,日久

月深,构筑起了属于自己的教学生态氧吧(**实践共同体**)。

第二届研修班学员 H 老师感慨:"参加研修班之前的教学历程像是独自在**黑暗中摸索,困惑苦闷只能自己消解**(教学上的孤独)。而研修班是一把钥匙,打开了通往秘密花园的大门,无论是通过讲座得到教学理念、教学技巧、教学方法上的提升,还是在研修班这一共同体中获得的**归属感、认同感、成就感**,都让自己免于迷惘孤单。"(克服个体经验的局限与孤独感)

第七届研修班新学员 C 老师表示:"尽管自己在教育教学和教改方面取得了些许成绩,仍深感教学理论和教研教改能力迫切需要进一步提升。期盼通过未来一年的学习,能够在研修班接受系统的教学理论训练,增强教研能力,为教学做更多贡献。"

2017 级地质工程系 C 同学分享对于教师教学的体会,认为课堂上教师启发自己养成了思考探究的习惯带来并促进了自己成长,从学生角度,为教学研讨提供了多元视角……

教师发展中心网站"资源服务"栏目中的"师说研修总结"是很有特色的栏目。参与中心各种形式活动的教师将自己的感悟、收获与成长历程书写成文字分享在网站上,是极其宝贵的探索实践与共同经历累积起来的经验库。将私人化的教室经验转变成了同行之间相互分享、交流与建构的共同体财富。教师同行之间的分享,产生了潜在的延续性影响。

*资料来源:详见 X 大学党委教师工作部(教师发展中心)网站

第二节 大学教师教学探究与创新实践

一、大学组织教与学情境中的行动过程

(一) 创建缘起

1. 基于个体生活史的独特建构

通过对个人生活"突发/关键"事件的感悟,对成长经历的回顾与反思,对自我向内探索的学习、实践与感悟,希望将有价值的东西加以传递,回馈他人。

2015 年父亲外出旅游时突发心肌梗死,经他人帮助抢救转危为安。病痛疗

治过程中受到多人关照。这件事让我思考:人不可能孤立地生活于世界之中,那我可以以什么方式回馈别人的帮助?在照顾病危父亲过程中,我正好翻阅《论语》一书,突然想到自己最擅长的,就是之前做辅导员帮助学生成长,培养学生经验。结合《论语》,我联想到"君子人格"作为学生的培养目标。于是我初创虚拟的"君子书院",对培养方式进行梳理。其中第一课——社群中的规范表达,是在陪护父亲过程中完成的。(2020.7.12 13:54—14:40,K老师微信语音电话访谈)

在我儿子快上小学的时候,从催眠上来讲,内在的自己就被激发了。我6岁的时候,我的母亲为了生我弟弟,就把我突然放到姥姥家,然后就消失了,没有人跟我解释为什么我被放在我姥姥家,那时我小舅9岁,我小姨可能是11岁……我感觉到自己在家庭里面因为大人忙,每天一个人很孤单,又没有学上,每天只是一个人玩,也很思念母亲,我不理解发生了什么。可能从心理学角度来讲,就有一个被抛弃的创伤在。所以从我儿子小学一年级到三年级,我经常会处于一种愤怒焦虑和恐惧的状态,我用这样的状态对孩子,自己也会伤心内疚,于是不断地走上了向内探索,可能一年里头,除了睡觉的那几个小时,都是看心理学的书,看网上的公众号,可能买了有几百本心理学的书,沉浸在那种不断向内探索的路上……(2020.10.7 17:10—17:49,W老师微信电话访谈)

2. 对教学的理解与信念

课堂上应该有更多思想上的碰撞交流,课堂应该是富有生机和活力的空间;相对于专业知识能力,学生的心灵成长、自我的内在动力、价值观与信念,以及对学生完整的人格培养和有利于可持续发展的软实力更应得到关注。

我内在有一个潜意识的模式,就是我内在有一部分对自己是不认可的。我感觉这堂课已经备得很好了,上得也很顺利,学生也不错,但是我自己上下来对自己不满意,因为我想有更多的思想上的碰撞交流,而不是单纯的老师讲学生听。我不喜欢这样,因为我觉得这样内心有一种禁锢,老师的思想,怎么能去影响50多个人?70多个人?100多个人?为什么这一课堂100多个生命在这里会只有一种思想在这种时空里头游荡呢?……像这种心灵成长、自我的内在动力、价值观信念,我觉得像是一种软实力。……因为人的成长里面因素很多,但是在现阶段里我们能支持他的,希望能起到一种转化的作用,然后后面走得要顺畅一点……这种结果可能是要花很长时间,因为学生毕业以后做起来是最终可能的结果,更多是看他们在什么单位就业,但是就业以后学生的表现可能不是我们毕业以后真正关注的,我们统计的是他在什么名牌大型企业就业。但是学生究竟做得怎么样?他日常生活的状态怎么样?这个是我们可能国家整体都不会关注的……**(2020.10.7 17:10—17:49,W 老师微信电话访谈)**

3. 对学生学习状态的观察以及对学生成长的更高期待

开课目的在于让学生在学习、人际交往和兴趣等方面找到自己内心的真正想法,感受到力量,从而度过美好的大学生活。同时,在这个过程中,认识更多的不同专业的朋友,是一个相互补充、相互陪伴、螺旋式上升的过程。

部分学生欠缺自发的学习动力——从我的角度来观察,其实是上课的时候,有些学生会一开始的时候出勤率比较高,后面就慢慢消失;作业有些做得很好,有些做得不好;上课的时候,可能来了以后心也不在这里,他在玩手机或者睡觉。有些学生是心不在焉,然后有个别的学生,譬如说一个班上,假如说七八十个人的时候,可能有那么七八个孩子,可能是自己的一些想法问题,或 10 多个人有一段时间会不来,但是你要点名了布置任务的时候他又来了……**(2019.11.12,16:38,X 大学附近某酒店)**

上课的时候发现有的学生出现迟到、旷课和不认真写作业的情况,我们从这些行为中觉察到他们在学习方面没有完全使出他的力量来。**(2018.5.7,交大教务科)**

4. "关键人物"的引领和关键事件的触发

(1) "关键人物"|"领航导师"F 老师

跨学科课程团队(共同体)中的领航教师 F 老师作为核心人物,她通过设计跨学科课程激发教师产生新的认知与行为。在跨学科课程及团队创建与发展中发挥着关键的引领作用。

F 老师作为跨学科课程团队创建者与领导者的教学变革实践及其经验的形成与发展,源于她对个人生活史的觉察,基于个人生活土壤的生长点,不断寻求自我认同与完整,通过自我不断学习和成长更好地建立与学科、学生之间的联结,形成了对教育本质与自我职业角色认知以及对教育情境的理性判断,建构和赋予了生命与职业独特的教育意蕴。她个人与生活经历之间的良性互动关系成为促使她持续成长的直接动因。

a. 重要经历

专业转向与职业定位——F 老师是 78 级大学生,专业属土木工程的隧道与地下铁道。入学初期,她对专业、就业和兴趣问题考虑较少,也缺乏明确的职业生涯规划。因为有想当老师的明确定位,于是便利用学校定向培养的机会第一次转到数学专业。之后借学校选拔英语好的学生赴长沙铁道学院定向培养的机会成为西交大外语师资班学生,成为全校两名在短时间内两次转专业的学生之一。1982 年毕业后留校任教。

英语课程改革探索(教学创新的尝试)——20 世纪八九十年代大学英语重笔试轻口语,重成绩轻实用,造成学生大学毕业后缺乏运用英语于实际的能力的问题。面对这种英语学习困境,在 F 老师从教生涯的第 10 个年头起,她开始思索有关职业、生活、生命等深层次问题,并阅读了大量涉及心理学、教育学、社会学、女性学、语言学、语言教学等多学科领域的书籍,力图为自己的生命成长寻找更清晰的方向,也开启了以研究态度去探索和解决自己教学中的问题的旅程(**对教学问题的觉察、敏感以及探索的意识与能力——嵌入式学习/教育研究能力的广义理解/教学学术的表现**)。她意识到英语学科应该是具有工具性质的,学以致用很重要,"我的直觉很强,想到什么就会去做"。她向学校提出开设英语第二课堂,利用视听辅助教学、交际式语言学习,结合英文影视作品、英文原著开展生动、实用的英语教学。以她为主导的这项教学改革为刚进校的学生、过了四、六级的学生安排了课外视听辅助外语学习项目,并通过英语故事会、演讲比赛、每周两次观看英文原版电影、周末进行影评交流,独幕剧、音乐剧展演等全校组织的活动全面锻炼与提升了学生能力与素质,并获得显著成效。因此于 1997 年获得了国家级教学成果奖。当时全校只有两个项目获得国家级教学成果奖,另一个是院士主持的——**这次获奖是对她这段时间教学探索与创新实践的价值认可,也成为她后来职业生涯具有变革和创新动力的源泉或者说是重要契机。**

b. 个人生活史中的重大变故和反思(**生活事件与事业瓶颈双重压力及突破**)

F 在这一年遭遇了人生的重大丧失(重大生活事件),这件事对她打击非常大,使她情绪异常低落,随之而来的是,她的工作也开始进入发展的瓶颈期。双重打击让 F 内心无数次绝望地想要放弃挣扎,不与命运抗争,但自己内心的真实声音让她意识到必须向内求索,依靠自我努力和行动寻求改变以获得新生和突破。就如我们所知,上天为你关闭了一扇门也许又打开了一扇窗。1997 年 4—7 月,F 得到了 8 周到美国纽约新社会研究院进行研究学习的机会。1998 年秋季被 F 活跃的二课堂教学模式所吸引,美国一所高校邀请她去访学和交流。再后来(**个人生活史中的转机**),F 在美国读了教育学博士,读博期间当助教的经历让她获益良多,通过实践和观摩培养了她未来职业生涯中利用技术、平台与资源有效展开教师发展工作的专长。

c. 契机与挑战

2015 年 7 月份,F 在厦大退休。4 月份应 X 大学邀请做教师发展工作坊后,坚定了退休后去做教师发展工作的决心。没过多久西南交大教师发展中心向她提出返聘,她欣然接受,然而在获得教师发展工作的机会的同时,也面临着诸多困难与挑战。

F 老师作为 X 大学教学创新与变革的核心领导者,具备相应品性。主要表现在:第一,她热爱教师职业,充分认识和理解教师工作的重要价值,形成了自己独特的"教育哲学";第二,乐于植根于课堂实践,不断反思教学中的问题,并通过探究完善自己的教学实践;第三,具有持久的学习力和坚定的变革力、超强的实践力和研究力等。[①] 同时,F 老师也具有乐观豁达、热情开朗、乐于助人的良好性格特征。例如,虽然历经人生重大磨难,闲暇生活中的 F 是一个积极阳光、心思细腻的人。最具体的表现是她善于体察生活,善于发现美并创造美的作品。F 老师曾说过,这种生活中点点滴滴美的创造,信手拈来,随心所欲,承载着一份自由,一丝随意,一些奔放,一怀飘逸,令人洒脱,使人疗愈。从简单的创意摆盘到复杂的系列作品,甚至是丝带绣,手头有什么材料她都能顺手做出有趣的东西来。几年下来,她的作品愈加丰富,技艺也愈加娴熟了。越来越多的朋友喜欢上她的创意作品,称其为"治愈系"的艺术,非常美好有力量——**生活中细节反映出 F 老师对美和艺术的追求,折射出 F 老师的洞察力、创造力、审美情趣和能力。**

* 资料来源:F 老师神交六年的朋友 YR 的微信文章:诗话|请看她心丝如花,一路走来一路盛开(2020.3.14)

◇ F 老师的牵线搭桥+结缘

> ……我跟 F 老师提了这个类似的课程,当时没有人参与,因为跨学科一开始可能就不叫跨学科。然后她说又有 G 老师参与,她也是从国外访学回来,她自己对生命这一方面好像也开了一个"U 型的认知"的课程,跟我研究的内容稍微有点相关。讲究这种正念呀,觉察力,试图改变学生的一些行为模式……范老师介绍

[①] 陈静静.学习共同体:走向深度学习[M].上海:华东师范大学出版社,2020:175—176.

我和G老师认识,我们就见了面,就像这样聊聊天,她兴致勃勃,我也热血沸腾,因为我们可能在自己的成长道路上都已经走出来了,而且知道经历的意义所在,所以都想去支持到学生,然后就一拍即合。因为根据她的成长史,对于她的心理路程也好,走过的路也好,见识体验也好,她都有比较成熟的体验和方法。我这边根据我跟的不同的老师,学习到了一些不同的系列课程……根据自身的经历自己走出的这条路,她就必然信手拈来,碰到学生遇到这种情况的时候,她就知道他到底是卡在哪,怎样能去带领他走出来。譬如说不停地摸手机或者旷课,或者是睡觉,他就是卡在这个地方,他能觉察到自己会发生改变……后来G老师又把T老师加进来,因为T老师是学生物的,对生命的起源、宇宙空间、人类进化史、生命的诞生比较了解,对人生的难得就讲得比较专业一些……这个还真的是要感谢范老师对我们西南交大跨学科课程的推进。我跟她说报了名,当年第1次没有机缘,第2次她又把我介绍给了G老师,然后G老师又把T老师拉进来,我们三个人就开了这门课程。**(2019.11.12 16:38,X大学附近某酒店)**

主要是W老师发起的,我是受邀请参加。感觉与我的想法一致,就接受了……当初吸引我进入这个团队主要有几个方面的原因:一是学科背景。我本科学习的是土木,研究生学的是医学病毒,之后读博士是生物材料,感觉跨学科非常有利于研究的开展;二是教育背景:我本科就读的是西南交通大学,研究生到了武汉大学。两个学校差异非常大,一个严谨,一个自由,都有优点和缺憾,我以为现代的大学应该海纳百川;第三是学生因素:生物学发展迅速,由此产生了太多的新概念,影响着未来。但是感觉学生在此方面还有很大的不足,期望着通过不同的途径传递生物的知识。基于以上原因,我非常积极地响应王老师的号召,进入这个团队。**(2019.12.10 14:44,T老师微信语音访谈)**

……主要是觉得应该给学生做生命教育这一块内容。因为学校里经常有学生,特别是到毕业季的时候,总是有些学生想不开,有些得抑郁症,有些学生自杀。这些惨剧给我比较大的触动,所以我就想开一门课程来讲一下,就是对学生进行生命教育。正好,我又把这个想法给我们学校教务处的F老师讲了,告诉她对学生进行生命教育特别重要,想让学生正确地认识生命的过程,正确地面对生命中的一些问题。F老师对整个学校的这些老师们的一些看法了解比较多一点,她就说W老师好像也有这方面的一些想法。所以后来我们俩就合在一块,讨论了一下整个课程的内容和结构,因为还没有谁开过这样的课程,也没有太多的参考。

我的意思就是想让学生理解生命来之不易,每个人的生命都是非常精彩的,需要我们去珍惜。同时,我们要了解我们生命的去向,对自我有一个比较深入的了解……

(2) 关键事件的触发

$$\left\{\begin{array}{l}2015年4月西交大首届教师教学能力提升研修班——F教授基于项目的\\首场教学工作坊午间沙龙——9期教务处的跨学科研讨\\学校跨学科通识课程立项获批的契机——自我成长过程中对教师角色的\\认知与定位——茅以升学院的首次开课实践\end{array}\right.$$

(二) 目标与愿景

1. 创建愿景:《悠然见君子》是一门以儒家君子观为核心,以从游育人为理念,将选课学生置于君子(虚拟)书院内,通过名师、大儒、优生等讲授指导以及学生自发组织等形式,引导学生以内修知识、方法、情怀,外修表达、沟通、行动,致力于培养新时代君子的人格养成的通识体验课。(* 来源:君子虚拟书院公众号)

"……课程的确只是一个媒介和桥梁,我们的目标是构建您所讲的成长共享空间,即我们讲的从游共同体或者课程育人共同体"**(2021. 2. 17 与孔老师微信语音访谈)**。

2. 课程目标与基本任务

《生命之舞》是一门向内探索生命的跨学科通识课程。以促进大学生认识生命真谛,觉察自我力量为目标。"它的基本任务是激发学生珍惜生命、感恩生命、珍惜大学时光及自己宝贵一生的谦卑心;同时通过觉察练习,探索自己在学习习惯、专业选择、人际交往、兴趣爱好等方面的无意识制约,助其在心智、思维方式、行为模式上发生改变,使其成长为一个真正对自我负责、心智成熟,具有创新能力、评判思维的优秀学生,继而成为大写的人,以达到高等教育的真正目的和意义。

——(引自《生命之舞》课程大纲的描述)

(三) 跨学科课程团队的教学探究与创新行动过程

1. 《悠然见君子》跨学科通识课程团队的案例剖析

$\left\{\begin{array}{l}\text{自组织学习模式＋从游模式(课程启动前的准备、开课过程与结课式:学生的课程}\\\text{收获汇报与心得)}\\\text{君子虚拟书院(公众号)}\\\text{君子书院微信交流群}\\\text{君子书院主讲团队 6 人——团队成员的构成:教龄、职级、专业背景}\end{array}\right.$

(1) 跨学科课程及团队形成与发展的过程突破了时空局限的教学共享空间、场域的创设,通过显性与隐性课程的渗透,完整地呈现出这一跨学科课程团队所具有的教学共享空间的五个核心要素:目标＋资源＋活动＋规则(自组织模式＋共生互惠关系等)

A. 团队创立与成员构成的多元化(参见课程团队构成表 5-2)

表 5-2 《悠然见君子》跨学科课程团队成员构成

团队成员	性别	年龄	教龄	专业背景	职称/职务
K 老师	男	40 岁	15 年	区域经济学	助理研究员/副书记
L 老师	女	30 岁	5 年	马克思主义理论	讲师
Z1 老师	女	34 岁	10 年	电力系统及其自动化	讲师/团委书记
D 老师	男	40 岁	13 年	工学	研究员/副所长
M 老师	女	42 岁	15 年	管理学	教授/副院长
X 老师	男	43 岁	14 年	新闻学/比较文学	副教授/副院长
Z2 老师	男	32 岁	5 年	载运工具运用工程	讲师/副科长

借助自己多年工作经历(两个群的群主、学校校友会和校办工作九年的经历)建立的广泛良好的人脉资源,多渠道寻找匹配的团队成员,逐渐形成多层次、同质与异质兼具的,以课程负责人为主导的,杰出校友(业界的院士、优秀校友)＋不同专业背景、不同职级与岗位,由 7 个不同学院和研究院以及校行政部门的优秀教师和管理者＋学长朋辈组合而成的多元人员参与的课程团队。课程先后得到 X 大学的 S 院士(高速轮轨之父)、Z 大学等著名大学儒学研究方面著名教授的指导,由 S 院士出任名誉院长,还

邀请了全国优秀教育工作者、全国五一劳动奖章、中国新闻奖、全国优秀青年基金、腾讯科学探索奖、竢实扬华奖章获得者等在各领域卓越发展的教师、校友、学生参与授课。

深受梅贻琦的"从游论"(良好师生关系)的启发。本人系学生工作出身,经济学专业,现为力学学院副书记。多年来,我观察到现有的教学体系中教师不负责学生的总体成长,师生关系中教师与学生是分离的,跟从游(跟随)理念不一致,而辅导员的工作应该是基于学生生涯成长的。因此我开始探寻学生工作与课堂教学融合的育人体系。(2020.7.12 13:54—14:40,微信电话访谈,根据提前拟定的半开放式访谈提纲问题提问)

——**基于亲和人脉关系的团队**:合作顺畅,基于共同价值观、对学生成长的共同关注,**建立紧密的师生与生生关系(多元互动关系)**。课程创建之初到课程学习过程直至课程结束之后,通过多元化的相关课程活动逐渐培育:从选课宣传——自我介绍撰写与指导(第一次深度交流)——年度总结计划(第二次深度交流)——年度总结计划——朋辈导师入群——学员通过选择朋辈导师完成自然分组——第一次最佳作业(自我介绍)评比(朋辈导师推荐各组最优、全班评选最佳)——第二次最佳作业(总结计划)评选。其间还进行了君子新媒体的多项任务:更新书院师生名单推送、更新德风奖名单、寒假的课程任务等)。

形成共生互惠的关系(相互欣赏与理解、信任)——虚拟的线上及时沟通与交流+跨学科课程中承担相应任务。

良好关系其实是一种价值观的认同,是一种共识,什么共识?就是我们这些人身上都有一个特点,就是爱学生,特别愿意去将自己的时间精力放在培养学生上面……在这个过程中我能强烈地感受到他愿意在学生身上花的时间精力比我还多……**D老师(科学家身份)** 也是特别愿意去帮助学生,很少有这种大教授愿意对自己带的学生的论文辅导得特别细致,但是他就是其中的一个。他对学生特别好,他学生也特别多,他花了大量时间在他的学生上。正是因为我们的这种共同的理念,才让我们觉得合作起来完全没有障碍。**(2020.7.12 13:54—14:40,微信语音电话访谈,根据提前拟定的半开放式访谈提纲提问)**

B. 跨学科课程的设计组织与实施评价

a. 跨学科课程目标设计——使学生了解和掌握"儒家君子观";使学生了解和掌握"新君子六艺";使学生立志成长为"新时代君子"

定位为通识课,是一种讲座式的体验性质课程,能给予学生各方面体验:君子之风、表达沟通。我总体负责拟定课程框架,细分领域由聘请的优秀老师完成。

b. 课程的前期准备工作(2021.2.17,与孔老师微信交流)

访谈者:孔老师的跨学科课程团队应该是一个完整的教学共享空间,我想作为重点分析,也许还要访谈您和团队的其他老师。到时候需要您的支持。

K老师:谢谢X老师的肯定,我全力配合。

访谈者:我以为是你们和学生的教学创新性实践与相关情境的互动生成过程。

K老师发给我《四川省一流本科课程申报书——悠然见君子》第8稿(提交学校版)。

访谈者:您确实倾心于学生的成长,课程是媒介和桥梁。

K老师:课程的确只是一个媒介和桥梁,我们的目标是构建您所讲的成长共享空间,即我们讲的"从游共同体"或者"课程育人共同体"。

访谈者:目前我认为教学共享空间就是一个整合概念,实践共同体+共享空间(也可以视为场域),二者是互构关系。

K老师:这些都是教育专业术语。

访谈者:常交流。目前已经开到了11期,多少年了呀?

K老师:3年。

访谈者:你们一年是三个学期吗?

K老师:课程班进行了6期,因材施教班2期,力学拔尖班2期。因材施教班是一年一期,采取个别辅导的形式。

访谈者:明白啦,相当于同步的几类。

K老师:对,都是以从游模式来进行的。

K老师:选课宣传——自我介绍撰写与指导(第一次深度交流)——年度总结计划(第二次深度交流)——年度总结计划——朋辈导师入群——学员通过选择朋辈导师完成自然分组——第一次最佳作业(自我介绍)评比(朋辈导师推荐各组最优、全班评选最佳)——第二次最佳作业(总结计划)评选。其间还进行了君子新媒体的多项任务,比如更新书院师生名单推送、更新德风奖名单等。寒假里面有很多课程任务,这样保证了紧密的师生关系、生生关系的构建,为下学期正式授课奠定了良好的关系基础。

c. 课程内容选择和处理

课程以原创的"新君子六艺"为内容框架,以"文质彬彬　然后君子"为方法论,设计了文(外在)、质(内在)两个维度的跨学科课程,其中"文课"由表达、沟通、行动三部分构成,"质课"由知识、方法、情怀三部分构成。

维度	文			质		
子项	表达	沟通	行动	知识	方法	情怀
课程安排	形象表达	人际沟通	课程自组织	前沿科学体验	时间管理	儒家君子观
	社群表达	组织协调	君子新媒体	人文艺术体验	生涯规划	拜访大儒名师
	媒体表达	团队协作	君子科创营	儒家文化体验	创新创业	参观大国重器

图 5-6 "新君子六艺"课程内容体系

*图表来源:K 老师 2020 年省一流本科课程申报书

d. 课程组织与实施

君子躬行之课程自组织——首先是对选课学生进行"班长—组长—组员"的有机分组,并给每个小组配备朋辈导师(上一届课程优秀学员);然后施行课程自组织模式,课程负责老师安排好每次课程的主讲人后,由班长轮流组织各小组负责某次课程,包括:对接主讲人、制作海报、主持课程、微博直播、内容实录、微信推送等全部流程。此外还组建了君子新媒体团队和君子图书馆团队,各自负责相应实践任务的运行。

新君子六艺之课堂教学

序号	类别	模块	课程	主讲	介绍
1	质	知识	轨轨天下 超导未来	沈志云	中国科学院、中国工程院院士，君子书院名誉院长
2	质	知识	儒家君子观与一群鱼的故事	孔祥彬	力学学院副书记，孔子75代孙，高级职业指导师
3	质	知识	心理学与幸福人生	雷鸣	心理研究与咨询中心副主任
4	质	方法	新君子六艺	孔祥彬	力学学院副书记，孔子75代孙，高级职业指导师
5	质	方法	疫情下的时间管理	黄雪娇	土木学院团委副书记，辅导员
6	质	方法	学习征途上的八个锦囊	姚铭	机械学院16级本科生，埃实扬华奖章得主
7	质	方法	我的烦恼，和你一样	吴凡	力学学院16级本科生，埃实扬华奖章得主
8	质	情怀	中国战"疫"中的生命联结	郭琳	天津医科大学辅导员，全国优秀教育工作者
9	质	情怀	武汉45天——亲历新冠肺炎抗击现场	王鑫昕	《中国青年报》记者站站长，中国新闻奖得主
10	质	情怀	何妨吟啸且徐行——我读苏东坡	孙红林	力学学院副书记，孔子75代孙，高级职业指导师
11	质	情怀	人生意味最忌浅薄	孔祥彬	力学学院副书记，孔子75代孙，高级职业指导师
12	文	表达	PPT的正确打开方式	张鹏飞	信息学院辅导员，交大PPT协会指导老师
13	文	表达	与新媒体共舞	任凯利	校团委副书记，交大Kelly说创始人
14	文	表达	非虚构写作	许金砖	党委宣传部副部长
15	文	沟通	君子如玉，让人舒服的能力	孔祥彬	力学学院副书记，孔子75代孙，高级职业指导师
16	文	沟通	九型人格打造创业团队	苗苗	国家一流课程负责人，行为大数据研究院执行院长
17	文	沟通	有效沟通，自我介绍与面试答辩	孔祥彬	力学学院副书记，孔子75代孙，高级职业指导师
18	文	行动	君子课程组自组织实践	孔祥彬	力学学院副书记，孔子75代孙，高级职业指导师
19	文	行动	君子科创营科创实践	孔祥彬	力学学院副书记，孔子75代孙，高级职业指导师
20	文	行动	君子图书馆运营实践	孔祥彬	力学学院副书记，孔子75代孙，高级职业指导师
21	文	行动	君子新媒体运营实践	孔祥彬	力学学院副书记，孔子75代孙，高级职业指导师

图 5-7 《悠然见君子》第7期(2020年春期)排课表

* 图表来源：K 老师 2020 年省一流本科课程申报书

课程自组织流程

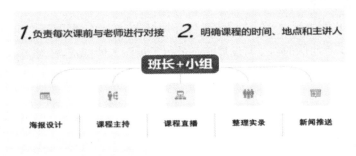

图 5-8 《悠然见君子》课程自组织流程

* 图表来源：K 老师 2020 年省一流本科课程申报书

◆ 课程自组织之结课活动——《悠然见君子》第七期线上结课式活动：全程参与＋点评＋观察、思考。第七期结课式(含汇报实录、结课视频、精彩点评)伴一曲《幽兰操》，请君一阅《悠然见君子》第七期结课报告：课程特色凝练＋点评。

◆ 课程活动之邀请学生到家里做客＋到Ｓ院士客厅听故事——**隐性课程：利用不同专业领域榜样的示范与潜在影响，在观摩学习中受到熏陶。**

◆ 君子书院(1. 书院课程：《悠然见君子》＋《大学之道》＋《项目支持》＋《经验推广》＋《开启合作》； 2. 从游师生：书院师资＋学生名单＋德风奖； 3. 躬行君子：君子自评＋君子图书馆＋君子科创营＋学生感悟)在虚拟维度的教学共享空间——线上交流(打破时空局限)的形式开展——详见"君子书院"微信公众号：君子书院是一个传承儒家君子观的现代虚拟书院，根植于源远流长的儒家文化，追仿孔子从游育人之法，通过研习、思辨、教练、躬行等方式，构建师生从游共同体，给予学生儒家文化的熏陶、修德赋能的平台和成长发展的指导，致力于培养文质彬彬的新时代君子。儒家文化之课外阅读——课程专门建设了实体性的"君子图书馆"(搜集自建立以来图书资源的累积情况和学生借阅情况，以及所撰写的代表性读书心得)，提供儒家传统经典文化等相关书籍供学生借阅，在学期中要求学生撰写一篇经典阅读心得体会。以梅贻琦的"从游论"(学校犹水也，师生犹鱼也，其行动犹游泳也。大鱼前导、小鱼尾随，从游既久，其濡染观摩之效，自不求而至，不为而成……引自《大学一解》)作为引领的教学理念，探索与创建了课堂内外多渠道整合的"从游"实践育人模式：通过名师、大儒、优生等的讲授、指导及潜在影响，通过学生自组织等形式，引导学生内修知识、方法和情怀，外修表达、沟通、行动，以养成新时代人格健全的"君子"。将课堂的"走出去"与知识的"学进来"相融合，注重课前的推广、课程前期的精心安排与策划和课后的记录，重视学生在学习过程中的表现，摒弃一次性终结性的课程评价。

2.《生命之舞》跨学科课程团队的案例剖析(访谈文字＋文本分析)

基于与《生命之舞》跨学科课程团队三位老师的面对面访谈和后续的微信语音、电话访谈，结合本课程大纲以及学生课程学习反馈报告，概述本课程设计、组织与实施，对这一跨学科课程团队的创建与发展状态进行了更深入的剖析，针对当前高等教育培养体系中生命教育缺失的问题，凸显生命教育对于大学生健全人格养成的独特价值。

(1) 跨学科课程设计、组织与实施

A. 课程内容的选择与设计

围绕"生命""自我""死亡"三个模块设置课程,用理论讲授和实践教学相结合的方式推动学生的学习。

四个部分三个模块(《课程大纲》的描述):

- 宇宙中的生命:生命从何而来——从整个宇宙空间、生命进化史的维度去考察生命,让学生了解生命起源,领悟生命是人类历史发展的产物、宇宙奇迹,体会生命难得,生发对生命的尊重、爱护和珍惜之心——讲述"生命"的起源、发展,**让同学们认识到生命力量的来之不易,以认识生命、珍惜生命为起点,推动思维方式的转变。**

- 我与家庭:感知自我——觉察在专业选择、学习动力、行为模式、思维方式、价值观、信念等方面的无意识影响,提高觉察力。

- 悦纳自己:找到内在力量——接纳自己,感受自己内在的真正力量,在专业选择、学习动力、行为模式上等生命的各个方面,真正追随内心作选择——**觉察自己的学习、兴趣、人际交往、情绪模式,通过体验和觉察练习,不断突破、穿越并找到自我的力量并发生改变。**

- 于有限生命中活出无限风采——感恩生命的每个经历;体验生命的有限与短暂;珍惜生命,在有限生命中活出无限风采——"死亡"部分,体会生命难得,**推动学生正视现在生活的可贵,找到积极、正向、活在当下的力量。**

B. 课程组织与实施——以 W 老师的"自我觉察"课程为例

让同学们通过冥想的方式达到静心,在冥想过程中觉察自己的念头,在"觉察"之中放松专注地发掘自身的力量,开启自我内在之旅的探索。理论与实践教学相结合,在教授"何为觉察?为何觉察?"等理论知识的同时,带领学生进行课堂"自我觉察"练习,布置课下的"觉察"练习,促进学生养成日常觉察的习惯,从而在"觉察"中发现困扰自己的学习、人际、情绪模式,并力图突破,使自己的大学生活真正发生正向的、积极的改变,成为一个内心独立、有力量和自我负责的成年人。一开始,W 老师让大家将椅子围成圆圈,放下手机,调低灯光,在舒缓的轻音乐的伴随下,让同学们以最轻松的姿势进入冥想状态,聆听自己的呼吸,观察自己的身体及感受、情绪、反应等。冥想结束后,是理论讲述部分,讲述"觉察"的定义,"无意识概念"和"静心"的意义等。随后,W 老师邀请同学上台进行角色扮演,以直观的方式向同学们展示,大学生学习、兴趣、人际、情绪等困住自己的无意识对自己的生命产生的潜在影响。

资料来源:跨学科课程——生命之舞:与生命相知,和自我相识

……这种形式基本上来讲,譬如说我们一开始是 T 老师,她讲生命的起源,她讲"生"这一块,我讲中间的"活"这一块,G 老师讲"死亡"这一块。之间也是在开课之前,要去相互讨论,每个人着重地讲哪一块,中间要有一个衔接……可能我们就通过微信,有什么想法沟通一下,更多地通过网上这种交流,因为平时可能都很忙。谁讲哪一块 W 老师已经规划好了,在学生反馈意见之后老师会碰个头,再聊一聊怎么改这个课程,或者说怎么去提升这个课程。**(2019.11.12 16:38,X 大学附近某酒店)**

……这样的话,我们就把它分成了三个模块。一个模块,就是生命来之不易,就是从宇宙的进化,宇宙大爆炸一直到生命的产生,这个过程是非常漫长的,也就是说每一个生命,它承载的不仅仅是你这一期生命,你也承载着整个宇宙发展的一个记忆,它是非常精彩,非常独特的一个东西。那么这一部分我们就需要从宇宙到生命这块,我们需要对生命,生物啊比较了解的老师来讲。所以我们就请了生物学院的 T 老师来讲。他对这一块比较感兴趣,也有一些研究。而我呢,是对临终关怀这块比较有研究。我以前做养老项目做得比较多,对养老院,特别是临终这一块,还有一些安养院,安养病房、安宁病房这些老人接触比较多一点儿。所以觉得我们的生命当出现的时候,大家都在欢呼,但是当生命要结束的时候,其实是更值得去关怀的。我对这一块比较感兴趣,感觉这一块在中国整个的传统文化,包括在我们学校教育中比较缺乏。所以我就讲死亡这一块。**(2019.12.25 晚,微信语音访谈 G 老师)**

C. 跨学科课程团队持续发展所面临的问题(制约因素)
- 时间冲突与协调
- 沟通场合与形式(课程开始之初+课程结束+线上的微信沟通为主、线下面对面实质性沟通较少,交流频率和机会相对较少)
- 课程设计中几大板块的融合度(几大板块课程内容团队成员的了解与熟悉程度)
- 课程团队成员之间关系的融合度(相互关系的建立与维护+成员的个性特征)
- 课程资源的共享问题(共享经验库的建立)

并没有整合得很好,合作得并不是特别的密切。分成几个模块之后,老师们按照自己的模块在做,大概会有一些交流,但不是很深入。(**2019.12.25 18:30,G老师微信语音访谈**)

◇ 跨学科课程及其团队合作的准备(团队成员的关系)

一需要包容心;二需要配合意识;三需要了解其他老师的内容;四需要根据团队的整体要求,调整自己的讲授内容……主要活动形式是聚餐,边吃边聊(**交流频率、形式和机会相对较少**)。

二、行动者的体验与变化

基于参与跨学科课程团队教师的访谈文字以及修课学生课程报告的文本和Nvivo质性软件词频分析,描述参与教师和学生动态性的体验感知以及实际发生的变化,呈现参与行动对教师自身与学生健全成长的影响。

(一)教师参与过程的体验与变化

1. 教师参与的体验与收获

K老师:首先是**归属感**,你会觉得在这个世界上你有这么多志趣相投的人,他们愿意花时间精力在这些可能别人看来觉得没什么意思的事情上面,没有什么收入收益的事情上面,它会给人归属感,以及一种**成长的感觉**。就是进入到这样一个团队里面来之后,就会觉得自己在教学设计、教学方法、教学理念等方面会有很多提升。第三个就是**成就感**,即一分努力,一分耕耘,一分收获,就像学生现在对这个课程这样推进,这种小小的成就感,就一点一点地会激励着我去做更多的尝试(**延续性的经验——持续发展的条件和动力**)——例如2020年力学拔尖班开设新的跨学科团队课程《大学之道》中K老师开拓性的、探索性的尝试与实践。服务于全面育人的目标:从新生研讨开启到课程团队介绍再到课程内容介绍,富有特色的学生个人自我介绍,让学生能够以一种悠然的方式成为一名君子。同时从小的团队来讲,我们几个老师也是志趣相投的,也都是在不同领域里边的,也算是比较优秀的人物,所以我们之间也是一种**互相支持,互相欣赏,互相学习**的过程。(**"从游模式下的学习共同体"**,K老师)

S老师:教务处的课程实践支持和交流平台的搭建加上教发中心给予的理论学习

和提升的机会,这些支持很重要很及时。教发中心依然在继续,但没有升级;教务处不像以前那样的支持了,都是按教改和课程建设项目式的支持。

S老师是学校首批跨学科创新课《运动、科技与智慧人生》的负责人。这门跨学科课程是面向全校学生的跨学科通识选修课,2017年曾获得西浦全国教学创新大赛二等奖,2020年获得国家首批一流课程认定。**多渠道获得认可,可获得进一步探索的驱动力**。(S老师微信留言回复,2021.3.25)

X大学K老师访谈原文引用:"……学校应该有一种氛围和鼓励的制度,它一定是有组织意图的,是能体现出学校的导向的。在这样的一个**框架**下,学院有相应的工作,比如说也有工作量的计算方法,也有对于课程的**项目的支持**……"

2. 教师参与教学改革与创新后的变化与影响力

(1) 觉察力更敏锐+知识的融会贯通("融合")+对学生心灵活力与学习主动性的引导与激发

更多鼓励积极互动……更多地去激发邀请学生……对学生有更多积极的回应——学生感受到被看见被接纳被支持,一年回复了学生5万字——对学生的引导力。(第一次面对面访谈,第二次微信电话访谈 2020.10.7 17:10—17:49。W老师前后两次访谈文字的质性三级编码分析)

(2) 期望的知识传递与理念渗透及对学生影响

增进了学生对生命、对生命去向、对人生规划的思考。

(3) 影响团队成员对教学的理解与实施

通过深入了解其他老师的讲解内容与讲解思路,我对于自己的教学内容与教学形式有了更深入的认识。因为教学的目的是使学生能力水平提高,因此要根据学生的特点,调整自己的一切选择,提高教学效果,不以学生能力水平的提高为核心的教学都是失败的。

课堂不是一个声音的飘荡,而是师生之间思想的交流与碰撞,要享受自己的课堂,享受和学生在一起的思维碰撞。(引自W老师微信电话访谈)

跨学科课程的延续和拓展性的思考与探索:基于关注学生整全成长的思考;基于学科与专业课程的融入与渗透。尤其是教师自身通过专业外的课程学习与训练的完善与提升在课程中的渗透——催眠技术的运用唤起学生对自我内心的认知与理解,建立师生之间更为密切的联结,教师观察并体验到学生所呈现的变化,教师理想与期待的教学愿景得以实现。正如国际工程协会的《教育2020年工程师:适应21世纪工程教育》报告中所描述的:"教师们将体验到学习新事物和建立新伙伴关系带来的智力上的兴奋,并能够把更多的精力集中在他们真正关心的事情上,比如开展更重要的研究,真正改变年轻人生活,为社会作出贡献。"[1]

(二) 学生参与后的体验与感悟

教师教学改革与创新的尝试与成效,通过"课程评价及改革成效"(课程学习体验调查+学生评教)、学生课程作业报告以及学生结课汇报,结合访谈文字,从侧面呈现跨学科课程团队合作、共享对师生的影响,师生教与学过程的体验,尤其是对教师专业发展及学生健全成长的影响,学生的学习收获和对深层参与式学习的推动等。也是跨学科课程团队合作成果得以公开的方式:可供他人交流、评议、反思及在此基础上进行建构,符合教学学术理念指导下教学法的探究。

1. 学生对课程的评价

(1)《悠然见君子》,究竟是一门什么课?摘取选修过该课程同学的回答:

> 是一门授人以渔的,不仅提升眼界还增长学识的素质培养课。
>
> 有思想,有趣味,有温暖的优秀能力养成课。
>
> 在从游模式下,引领同学们与校内外的犬儒们进行思想碰撞,进而养成君子品行和修养的一门课。
>
> 文质彬彬,然后君子。这是兼具人文情怀与学术素养的一门课……
>
> 详见链接:网上有人问《悠然见君子》是学啥? 47位同学举起了手
>
> **毕业后继续深造学习的课程首期学生的反馈:**"通过这门课,我不仅找到了成为更好的自己的路径,且K老师对我关爱有加,传授给我很多生涯规划、温和待人、靠谱做事的方法……这门课程最大的魅力,就是授课人身上的人格感召,比如

---

[1] National Academy of Engineering. *Educating the Engineer of 2020: Adapting Engineering Education to the New Century* [R]. Washington, DC: The National Academies Press, 2005. https://doi.org/10.17226/11338.

S院士的高瞻远瞩,K老师的文质彬彬,D老师的坚韧不拔……"

(2) 结课式中学生的自组织汇报(详见课程微信公众号)

这门跨学科课程及团队的影响力在校内外与课程内外持续扩展,表现在:每一届参与过课程学习的学生学业或其他方面所获成就与高度认可;连续六个学期成为X大学最火也最难选上(选上率为21%)的选修课之一;在国内相关院校多次被邀请做报告分享经验,获得同行一致好评;课程团队负责人K老师成为2022年《大学》杂志第1期封面人物,人物专访推出《跨界:用辅导员的方法开出"最火选修课"》;课程获得省级一流课程立项等。

K老师是此次会上最耀眼的一颗星!相信接下来你会在更广的场域发挥能量——F老师2020年8月25日在北京理工大学组织的中国教学学术国际年会"学习组织专题工作组"微信群中发表的评论。

2. 学生的体验与课程报告反馈

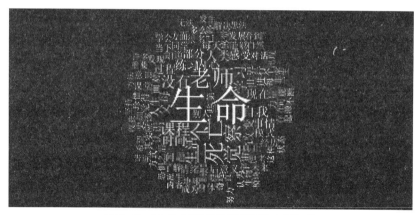

图 5-9 《生命之舞》学生课程报告之词汇云

◇ **高频词:生命、死亡、觉察、自我、对话、改变、意义、时间,等等**

学生对自我内心有觉知后,对生命更加感恩、感激与珍视,对死亡有了理性认知与理解,能够不断探寻生命的意义与价值。通过这一跨学科通识课程的开设,一定程度上弥补了当前我国大学教育中相对忽视和缺失的生命教育,助力于学生的健全人格养成。

第三节 大学组织中结构与行动的关系

一、大学组织变化的教与学情境

X大学教务处与教师发展中心,基于整合系统创变理念进行双螺旋合作,构建起"教师发展与教学创新支持体系"。通过学习型组织五原则,强化学习功能,以适应高等教育发展趋势、大学发展战略及教师发展需求为前提,动态开展系列教师发展长线项目和教改教学创新项目的长线支持,包括首开课教师培训、教师教学能力提升研修项目、各级各类教学竞赛等;教务处打造以学生为中心的质量保障体系、开展教改项目研究、组织系列教改研讨、建设系列创新课程,推动范式转变,促进教师与学生的潜力与创造力的发挥和全面成长,形成促进教师专业发展的双螺旋支撑,为教师持续成长与专业发展搭建平台,创设教学变革的组织情境。

通过(1)教师工作坊;(2)跨学科午间沙龙:教务处依托茅以升学院在两个学期内连续组织了9场跨学科课程并建设午间研讨沙龙;(3)跨学科课程内部交流,形成多路径的实践共同体。在多元内容和多路径实现机制支撑下,鼓励教师自组织构建教学创新实践共同体,促进师生成长的实践的多元、民主而开放平等发展的教师群体,促使参与群体的整体性发展和参与个体实践水平的提高。不同学科的教师、课程团队能够通过共同体激励、共同体交互、共同体协作、共同体知识与技能的学习等参与方式实现群体的跨学科协同+拓展/叠加发展。

二、教师教学探究与创新的阶段性变化及影响

(一)教学探究与创新的阶段性变化

帕克·帕尔默(Palmer,P.)最为关注的是植根于每一位教师心灵的力量,他认为,就像任何真实的人类活动一样,教学不论好坏都发自内心,教师在教室里的复杂表现某种程度上是其盘根错节的内心活动的投射,对学生和学科认识有赖于教师关于自我的知识。"当优秀教师把他们和学生与学科结合在一起编织生活时,那么他们的心灵就是织布机,针线在这里牵引,力在这里绷紧,线梭子在这里转动,从而生活的方方面面被精密地编织伸展。"[①]参与教学探究与创新的教师往往都有共同特质:教育情

---

① 帕克·帕尔默.教学勇气[M].吴国珍,余巍,等,译.上海:华东师范大学出版社,2005:11.

怀、自生动力以及关注学生成长成才的真心。

有情怀的老师,想去做一些事情的老师,他是真心喜欢这个事,不在乎其他的东西。所以和这样的老师合作起来会比较顺,因为合作是**自带动力**的。所以目前我觉得,这种参加进团队的准备就是,你是带着一颗热爱学生的真心,愿意为学生成长成才服务的心进来的,我觉得这才是最重要的。

大学的教学创新与变革行动会经历一定阶段,呈现出动态变化特点。首先,在大学组织提供的教与学情境中,一部分教师会基于对教师职业的理解和原动力,也就是自己内心推崇与秉承的教育教学价值,即自我的认同与完整需要,以及学生的健全成长,采取相应的教学探究与变革行动,以不断实现更高远目标,而不会完全受限于制度规范的外部约束,满足于因循守旧、故步自封;其次,跨学科课程及其团队的创建与运行,使参与教师通过课程这一载体,实施与运行过程中的持续交流与联结,以及团队的"组团输出"(公开场合的分享),对课程实施不断深化与迭代。跨学科的教师实践共同体的构建,更好地满足了教师之间彼此联结的需要,将关注集中于共同目标,为原先相对孤独的教师个体提供帮助。从彼此发现到提供相互支持和机会,建立信任关系以促成发展共享愿景与共同理念的具有内聚力的共同体形成,他们在这里有了表达共同愿景的心灵语言和安全的物理场所与精神空间,会感受到各种在教学历程中面临过的相似痛苦、迷茫,可以宣泄、"吐槽"不满和失望,或抱团取暖。在有共同经历的人群中找到归属感,感受与体验到心理安全与相互理解与尊重;得到认可和受到鼓舞;第三,教学发展中心与教务处作为组织结构的情境性条件的支持,会从外部促使这些教师通过参与行动而发生变化并扩展其影响。在跨学科课程的创建和发展过程中结成的实践共同体通过课程迭代精练其成果,进而寻求走向公开的机会,接受同行、领域专家及学生等多元主体的评价,其影响力与辐射力从校园内到跨校园到国际层面,反过来推动实践共同体不断审视和修正自己的探索实践;最后,教师及其实践共同体参与的变革实践对外在制度的修订与完善具有渐进性影响,会围绕大学人更重视的价值予以调整。重视教学价值的文化及其相关制度的形成,会增进教师教学探究与创新实践。行动者既获得了实践参与过程的内在奖赏,也得到外部认可与奖赏,会驱使他们更主动积极地投身于持续的实践改善工作中。因此大学中的管理者应思考如何重新定位、重构与优化组织结构,使其保持变革的活力,能唤醒更多教师教学探究与创新的内在激情和动力,投身于变革行动中,在二者的交互影响与作用中促使大学重教学价值的文化得以重生。

(二) 教学探究和创新的扩散与校园、国际国内影响

1. 跨学科课程的迭代与升级

跨学科实践共同体三年时间开设 64 门跨学科课程,并带动教师专业发展进入良性循环,短短的几年内投入教学创新的青年教师成长迅速,形成价值共识,共建课程,打造出一批国家级、省级、校级的一流课程,共同指导学生,让学生真正受益。所产生的显著效果引起社会关注,在国内外发挥了辐射引领作用。

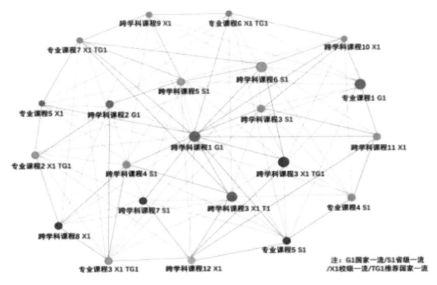

图 5-10 跨学科课程的迭代与升级

2. 校内推广应用成效

跨学科实践共同体引导教师主动提升教学能力,拓展学生受益的广度和深度。自共同体搭建以来,针对跨学科建设、一流课程建设、如何上好一堂课、促进深层学习策略系列研讨等话题组织研讨活动共计 89 期/次,参与教师累计千余人次。开设的 64 门跨学科课程(2 000 余名本科生选课,覆盖全校 60 余个专业),打造出创新课程 212 门,开展读书活动吸引"两微"关注达万余人,跨学科课程学习后大量学生主动参与各类创新竞赛,项目成员指导获全国奖 10 余项,在扩大学生受益面的同时,为学生创造了更有意义的学习经历。

3. 校外辐射与国际国内影响效应

跨学科教学成果持续积累沉淀,并不断在国内教学会议中交流与分享,产生了较大影响,吸引众多高校参与交流千余人,并多次在全国教育教学相关会议上做主题报告。2018年至2020年举办三届教育质量提升与教学创新高级研修班,吸引了来自十多所高校的管理人员与教师150余人组队参加。2020年11月以首批50门国家一流课程的数量名列全国高校第17位,成为该排名前20位中唯一一所211高校,共同体中众多青年教师参与课程设计与建设。另外利用线上资源,打造 TEC 跨学科自由交流平台,吸引了校外众多教师加入,跨学科共同体理念与实践方法逐渐深入其他高校教师的发展与课程建设中,获得国内高校的广泛称赞。

跨学科课程在国际上受到认可与获得赞誉。《运动、科技与智慧人生》《从代码到实物:造你所想》两门课程受到国际教育大师肯·贝恩教授的高度赞誉。2021年《运动、科技与智慧人生》课程案例被普林斯顿大学《超级课程——未来的教与学》一书收录,由普林斯顿大学出版社出版,与哈佛大学、普林斯顿大学的教学创新案例一起作为在国际起示范作用的重要的超级课程案例,是美国著名教育学家肯·贝恩教授的最新力作。全书共17章,收录了贝恩教授在美国、中国、新加坡各学校走访时收集到的具有重大突破的教学案例,其中包括美国哈佛大学、欧林工学院、西北大学及新加坡杜克国立大学等多个世界名校。《运动、科技与智慧人生》的案例列在第十章,着重介绍课程跨学科的学习。作为重要教学创新案例收录到他的新作《Super Courses》,并由肯·贝恩教授在多个国际会议上加以介绍,跨学科课程及团队的实践探索产生了较高的国际影响力。

＊详见:一门"超级课程"——VATUU 为途教学信息服务平台 http://jwc.swjtu.edu.cn/vatuu/WebAction? setAction = newsDetail&viewType = web&newsId = 1FAF8AC8E37EACD4

2020年8月,在北京理工大学召开的国际教与学学术研讨会上,西南交通大学推出24人的教学创新团队,分享了16门创新课程;2021年受邀参加在厦门大学召开的国际会议,参会者对 X 大学的跨学科教学创新理念与实践给予极大肯定,在国外的影响力也持续扩大。

三、教学共享空间的动态生成模型

以《悠然见君子》《生命之舞》两门跨学科通识课程及其团队的创建与发展过程,呈现 X 大学基于校本情境的教学探究与创新行动;在此基础上概括了组织情境同 X 大学教师跨学科课程团队的教学探究与创新行动的阶段性变化及其在校园、国际国内的辐射力与影响效应。基于 X 大学的实践探索经验和参照加莫兰等既有的分析框架,总结提炼了大学组织教与学情境作为结构与身处其间行动者及其教学探究与创新行动之间的交互关系模型(见图 5-11),呈现我国大学基于校本情境的教学共享空间的动态生成过程。

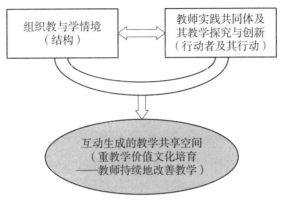

图 5-11 教学共享空间的动态生成模型

这一过程体现了大学组织提供教与学情境(作为结构)与通过教学探究与创新行动结成的教师实践共同体(行动者及其能动性)之间的交互关系,这一动态生成机制关注组织情境、教学与学习的互动,互动的过程是以上三个主题如何与共享空间的五要素:愿景、资源、关系、规则和活动,通过或隐或现的重教学价值的文化渗透与传播、政策制定、活动或关键事件的实施,使行动主体与组织情境交互影响、相互作用,并产生一定教学学术文化创新结果,使基于校本情境的教学共享空间得以创生。教学实践的变化是教师通过在实践共同体中的探究与学习的回应和反馈,教学实践的改善有助于大学组织教与学情境的优化。大学组织的结构与教师教学探究实践之间的关系是交互影响双向反馈的,并且可能随着时间的推移而改变。大学组织情境作为结构性条件会对教学探究实践有所应答,教师教学探究实践也受到组织情境的约束或激励。大学教师理解和认可了教学的复杂性和不确定性,他们就更倾向于形成共享信息和相互支持的合作网络。当紧密的合作关系形成并能植根于一种强调持续改进的教学质量文化中,教师之间社会关系的强度和质量进而更深入广泛地影响教学实践。

第六章 大学教学共享空间建构机制与策略

第一节 教学共享空间建构机制

一、教学共享空间建构的影响因素及其作用

"机制"一词最早源于希腊文,原指机器的构造和工作原理。主要可以从两个方面理解和把握。一方面是事物各个部分的存在是机制存在的前提,因为事物有各部分的存在,就需要协调好各部分之间的关系。另一方面则是需要以一定的运作方式来协调各部分之间的关系,从而发挥作用。借用社会学视角的理解,机制是在正视事物各个部分存在的前提下,协调各个部分之间关系以更好地发挥作用的具体运行方式。

基于中美大学教学共享空间建构的实践探索的典型案例,提炼出可资借鉴的经验,结合本研究对教学共享空间的含义、构成要素、特征等本体论问题的探讨,以及以吉登斯"结构二重性原理"的结构—行动互动关系的理解,本研究将教学共享空间的建构机制凝炼为:结构性因素、能动性因素和贯通性因素作为影响教学共享空间建构的三大类关键因素,通过一定运作方式达到相互协调、交互影响,从而发挥其各自作用。处于大学组织情境(结构性因素:资源与平台、管理规则/机制/制度等)中的大学人(教师、学生、管理者)基于承诺、协商与胜任力等能动因素的触动,通过主动参与教学探究与变革的各种形式的活动与交流分享,在其中建构起合作共赢的相互信任关系(贯通性因素),创生具有共同目标、共享价值与信念及累积教学经验库的实践共同体,培育重教学价值质量文化,进而推动大学教师持续改善教学(参见表6-1)。

表 6-1 教学共享空间建构的影响因素

结构性因素	资源(活动)＋规则
能动性因素	承诺＋协商＋教学胜任力
贯通性因素	参与＋交流 ➡ 信任关系

(一) 结构性因素及其作用

1. 结构性因素的含义与构成

社会科学中的"结构"一般表示社会系统的持久特征。吉登斯则将"结构"理解为制度中循环反复采用的规则与资源。[①] 规则具有构成性与管制性两方面特性,也就是在意义构成方面的作用以及与制约的密切联系。[②] 基于吉登斯对于"结构"含义与特征的解读,结合安东尼奥和艾伦在一篇论文中从三个关键特征入手所给予的"共享空间"的界定,以及本研究对于教学共享空间含义的理解,认为"结构性因素"主要指大学组织提供有关教与学的资源、活动及其相应的管理规则或制度等。**资源/活动**:课程材料、设施和供应;教学计划、准备与实施的可用时间与空间(物理维度的有助于面对面交流与互动、表达、分享与展示等的实体空间及其相应设施、家具配置与网络、多媒体技术设备、教学应用软件与系统支持下的有利于协作与互动的虚拟维度空间);教师指导及教与学相关其他目的支出与花费资金的权力;持续的、具内聚力、合作性和反思性的教师专业发展活动等。**管理规则/制度**:主要指对资源分享活动制定相关的管理制度与规则,也包括大学相关的教学质量管理、评价与激励制度等。

2. 结构性因素的作用

在大学教学共享空间建构的过程中,结构性因素既是教师教学探究与创新的中介也是它的结果。作为大学组织教与学情境的结构性要素,既可能是大学教师选择积极行动的驱动因素,也可能制约教师的教学探究与创新行动。因此,它兼具使动性与约束性特征。

结构性因素为大学教师的教学探究与创新行动提供了可能基础和条件,创建了教学共享得以发生的场域,结构性因素,与大学教师教学探究与创新行动之间有相互依

[①] 安东尼·吉登斯.社会的构成:结构化理论纲要[M].李康,李猛,译.北京:中国人民大学出版社,2016:22.

[②] 安东尼·吉登斯.社会的构成:结构化理论纲要[M].李康,李猛,译.北京:中国人民大学出版社,2016:18.

赖相互制约的关系。作为结构性因素的重要组成的教师管理制度设计的逻辑会对教师是否认同制度、如何采取行动产生至关重要的影响。因此,在大学组织的教师管理制度的设计和制订过程中,大学管理者应秉持人本取向,摒弃功利主义的价值取向,使之能引导和激励教师基于对教学高价值的认同、对于自我与学生持续成长意义的理解以及秉持相应教育信念,选择和采取合乎教师职业应然价值追求和目标的积极正向行动。完善的结构性因素能为教师新的教学路径探索提供支持性情境。教学变革与组织情境联系既依赖于教学优先的观念,也有赖于优质而充沛的教学资源。大学组织所提供的结构性因素作为教与学情境,若能契合不同职业生涯阶段教师的发展需求与意愿,有助于驱动教师基于教学理解、信念和承诺等而实施教学探究与创新。大学相关职能部门管理者要注重设计和组织可持续的、内聚力的、反思性和合作性的大学教师专业发展活动,这将有助于吸引教师的主动参与和交流互动,能促使教师不断反思自己的教学行为,使教师的教学知识、能力得以提升,培植起更为坚定的教育教学信念和恰当的教学理解,能以教学学术理念重新审视与理解教学,教师及其构成的实践共同体通过持续的实践探究不断优化与精练教学,更聚焦于学生学习潜能激发与主动性的焕发,更有效地发挥他们在学生健全发展方面的引领作用。

(二) 能动性因素及其作用

1. 能动性因素的含义与构成

能动性因素是指使个人和群体认同和采纳大学教学变革与创新或教学质量提升的新流程、机制与规则,并将其纳入与内化到自己的行动中的一大类影响因素。主要包含了承诺、协商及教学胜任力(由作为大学专业人员的教师具备的与教学质量提升相关的教学知识、能力及其教学理解/信念构成)。

2. 能动性因素的作用

个人和群体的**承诺**描述了对组织目标和工作程序的认同程度。由对组织的归属感及感知到自己作为组织程序的重要组成部分而决定的。大学通过各种变革项目与方案,发展一系列共同价值与共享目的、领导期望和服务标准等,以便增强组织成员的参与感及其成效,使组织成员中的个体与群体能充分感受到有价值和有机会增值的归属感,这些因素是促进和支持大学教师个人与群体积极参与教学变革进程,有助于提升教学质量的重要因素。教学成为大学主要职业承诺的程度将对教师怎样投入时间和能否主动参与进学科文化中产生重要影响。**协商**也是高等教育机构成功,实现教学质量提升的重要因素和先决条件。教学质量作为一种潜力或可能性,是通过大学教育场景中的各利益相关群体及其与教育环境的协商得以实现的,而并非大学教育环境的固有特征或必然结果。高等教育质量是在大学教职员、学生和所处教育教学情境之间的交互作用和协商过程中得以发展的,通过融合了模仿、争议、妥协和重建的复杂过程的对话与互动,个人的行为、参与和认知总是同他人,包括组织情境与其他组织成员的参与和活动相互联系与依赖。通过交流、协作、支持、分享以及相互鼓舞中的协商与合作,大学组织中的个体通过与大学提供教与学情境(作为结构)及组织成员之间的交互作用与联系达成意义的协商从而获得发展。同时教学质量是通过教学和学习过程的专业化不断提升的,教师**教学胜任力**是教学质量文化创生的重要影响因素。大学通过各种形式、渠道和平台构筑的教学支持体系,设计和组织良好的教师专业发展活动,致力于促进教师教学知识、能力的增进和对教学理解的优化,通过教师专业素养的不断提升,为大学教学变革能力的生成和发展提供了潜能。

(三) 贯通性因素及其作用

1. 贯通性因素的含义与构成

贯通性因素是对于组织提供教与学的情境或结构,与组织成员的行动及其能动性发挥之间具有中介调节作用的必要因素。贯通性因素主要由教学探究与创新的行动者的参与、交流及其在此基础上建构的信任关系构成。

2. 贯通性因素的作用

在组织内,沟通和参与对于建立组织成员的集体承诺,协调不同群体的亚文化至关重要,它们通过协调结构性因素与能动性因素关系以明确组织发展的方向感,对参与教学探究与创新实践的教师内部以及与外部的沟通进行调节,以达成一致。教师作为行动者在组织提供的场域下参与教学学术引领下的实践探究与革新,共同在场情境和跨越时空范围的相互观摩、评议、交流、分享与展示,通过任务协作完成、问题磋商与解决等多种形式的参与和互动,基于对教学价值认同和组织承诺形成共生效应,更易于建构彼此尊重与合作互惠、相互学习与共同成长的信任关系,而信任关系是激发个人和集体努力的必要条件,也反过来成为将质量潜力转化为植根于文化现实的先决条件,体现在组织象征性的符号、人工制品、价值观、仪式等元素中。教师作为行动者通过参与和交流所建立的相互信任关系作为中介,有助于结构与行动之间的多向交互影响,进而催化二者各自的变化。在参与教学探究与创新行动过程中,教师作为行动者从相对疏离的微妙关系,到完成复杂教学任务和扎根于通过大学教学持续改善以培育优良文化的紧密联系的变化,可促使专业发展结果有意义地改变。教学质量文化培育依赖于组织中个体参与者的高度认同感和归属感,不完全由外部控制和管理决定。创造教学质量文化的条件是组织的领导者与成员之间有效地沟通,能鼓励教师积极主动参与探究实践,以激发整个组织的信任。其中关系维度上的变化作为描述文化的一个向度,应该是体现文化意义的共享空间生成的标志。

影响教学共享空间建构的因素是多种类、多层次的,它们之间的关系不是简单的叠加,而是有机的综合;它们的作用不是单方面的、单向的,而是多向的、多方面的。要从整体与系统观出发,辩证地分析、研究和把握各大类因素之间的相互关系及各自所起的作用。这三大类因素之间的交互作用、相互联系、相互影响,具有不可分割性,在教学共享空间建构过程中的作用不可或缺。

二、教学共享空间建构机制的本质

大学教学共享空间的建构过程,本质上可理解为渐进式的大学教学文化变革过程。结构性、能动性和贯通性三大类因素是影响和制约教学共享空间建构机制的关键影响因素,它们在建构过程中发挥各自作用,相互联系、相互影响。大学组织为大学教师提供了教学探究与创新的资源(活动),支持教与学创新的管理制度、体系与路径,推动教师教学学术引领下教学发展的机会与平台。处于大学这一组织情境(**结构性因素:资源**及管理**规则**/机制/制度等)中的大学人,尤其是作为主体的教师,在参与教学探究与创新行动中的教学胜任力(教学知识、能力)得以增进与提升,基于对教学更深入的理解与坚定信念,使教学的原初动力得以激发。这一探索与实践过程需要大学教师秉持先进的教学理念和教学取向,对自己教育实践的反思与研究能力保持敏感的习惯。基于承诺、协商与胜任力等能动因素的触发,在进一步参与行动、交流互动的过程中,基于共享价值与目标、集体决策与共同经历等建构起相互信任与合作关系(贯通性因素),使作为结构的因素与行动者能动性发挥之间相互联结与贯通,形成一个以在参与和交流基础上形成的信任关系为中介或关键联结点的"结构——关系——行动"的新的理论分析框架。大学通过搭建平台、咨询交流、实践研究与分享辐射等方式形成内修外联的教学创新文化圈的良性循环机制,不断激发教师的教学热情和教学理念创新,帮助教师寻找到教学生涯的意义,提升教师的教学学术水平,促使教师们通过持续实践改善,以实现培育重视教学高价值质量文化的愿景。

教学共享空间是教学学术走向公开和纵深发展到一定阶段的必然产物,也是一种全新的生成物,它的建构体现了大学教学变革与创新的过程及其结果。脱胎于大学组织情境创设既有结构,更有赖于作为行动者的大学人能动性的发挥。理想的教学共享空间的建构是一个动态变化、互动生成与发展的过程,而非一次性建成的静态不变的结构。教学共享空间作为一种在教学学术理念引领下教师发展的新的支持性机制或新路径,需要教师的实践探究、院系和学校的空间创设、结构调整和政策制度完善等方面的促成。教学共享空间建设也可视为教师专业发展路径的新方向,是从原有的资源—技术取向走向文化引领型的一个更新机制,是一个渐进式的大学教学文化变革的过程,其标志是在变革的深度和渗透性两个维度上呈现质的变化,最关键的表现是大学认可教学高价值的质量文化的创生和发展。

第二节 教学共享空间建构策略

一、话语倡导与行动参与,彰显大学领导者的价值引领作用

(一) 大学高层管理者的话语倡导与行动参与

1. 话语倡导与价值引领

文化是一个复杂的、与情境关联的有持续演化特质的系列。它既受到人口、经济和政治等强大的外部因素影响,也被来自组织内部的力量形塑。这种内部动力有根植于组织的历史,也源自最直接参与组织运作的人所持有的价值观进程和目标。[①] 文化的核心包含了共享的假设和信念,在某种程度上指引院校成员决策和形成主要的事件和行动。[②] 在建构一个具有凝聚力的大学图景方面,所有大学人的主动参与都能发挥其应有的作用。在这一过程中大学管理者、教师和学生通过参与相应事件和活动所赋予的意义贡献于大学愿景的制订与实现。大学高层管理者的领导力更具有符号或象征意义,是通过刺激更好的学习和参与机制,从更宽泛意义上而言,领导力体现在指南性使命的清晰阐述和对共同目标教学的强调上,也通过选聘认同学校愿景与使命的教师得以实现。

美国迈阿密大学《2018 年质量保障计划》(*Quality Enhancement Plan 2018*)的制

---

① Tierney, W. G. Organizational Culture in Higher Education: Defining the Essentials [J]. *The Journal of Higher Education*, 1988,59(1):3.

② Kuh, G. D., Whitt, E. J. *The Invisible Tapestry: Culture in American Colleges and Universitie* [R]. San Francisco: Jossey-Bass, 1988:42.

订,设立了专门网站作为交流平台,明确表达其建立的目的在于:通过对话和讨论,增加本科生课程学习的良好体验,帮助教师更加专业地进行课程教学,创建促进创新教学法实施的空间。制订这一计划的过程是一个有机的一致性进程,充分体现了全员参与式的民主管理进程。学校主管教育创新的领导者在其中的话语倡导与价值引领作用尤为明显。2015年,在迈阿密大学第六届校长胡利奥·弗伦克(Julio Frenk)就职的第一个100天,实施了深入的、大学范围的听证会,会见学生、职员、教师、校友、董事和共同体领导者,听取大学正在面临的机遇和挑战,并设置了一个虚拟邮箱,接收到超过1 500条提交建议。从这两方面搜集到的信息和意见成为了大学《新世纪的路标》未来策略计划制定的关键基础。这个策略性计划方案直到2016年秋季都在大学共同体成员中进行分享和讨论,并且在2016年8月和9月在大学的三个校园的会议厅,大学共同体成员同大学校长和其他领导聚集一起,对这一创新方案进行讨论并加以精练。它其中明确阐述了大学实施教育创新的目标:"通过提升师生的参与式体验,投入学术技术和鼓励教室新的教学法路径追求教与学的创新";补充的目标是发展归属的文化,"……加深对大学共同体差异性和全纳性的承诺,建构归属的文化,让所有的共同体成员能感受到价值和增值……"①

2. 行动参与与资源调配

大学教学变革的可持续性,既有赖于高层领导者行动上的参与和提供的支持鼓励,更有赖于他们对物质资源和社会资源两方面的充分协调和恰当配置。大学教师实践共同体能够成功创建、持续发展并产生深远影响,有赖于管理层的高度支持,如制定相应机制认可、奖励参与实践共同体的教师,能提供保障开展活动的充足经费激励教师持续参与。在迈阿密大学的策略性计划实施过程中,负责大学教育创新的副教务长被赋予了清晰明确的职责:"成为一个合作性的前瞻性思考者,促进大学教与学使命通过学习科学的应用和探索以及创新性教学法实践的发展得以实现。"他也负责将教育创新结果简要报告给教务长和执行副校长。在计划的附录部分对参与管理和领导这一计划的全部职位的相应职责进行了全面描述。在X大学跨学科课程团队的创建和发展中,大学教学发展中心组织开展了持续六年的各种研修活动,大学高层领导者都积极参与,主持隆重的典礼与仪式,真诚寄语教师,表达对教师持续成长和教学创新的殷切期待,发挥自己的非权力性影响力的感染和示范作用,并且通过自己拥有的权力

---

① https://discussion.miami.edu/about-the-qep/index.html

性影响力尽可能调配学校所能提供的相对充沛的支持性资源,包括给予教师和教师发展者更多的用于教学探索与创新的空间和自主权,对各种研修活动、培训项目、教研项目、学术会议以及聘请校内外专家所需经费的大力资助等。

(二) 依靠变革型领导力,提升教师组织承诺

1. 变革型领导力的内涵与独特价值

自1978年社会学家詹姆斯·麦克格雷格·伯恩斯(James MacGregor Burns),在《领导力》(*Leadship*)中提出"变革型领导力"概念,1985年,伯纳德·M. 巴斯(Bernard M. Bass)提出变革型领导行为理论以来,变革型领导理论在领导力研究中处于重要地位。伯恩斯认为变革型领导是领导者与下属之间成熟度和动机水平相互提升的过程。变革型领导者能使下属对工作的重要性和价值更为敏感,能为了组织利益而转变自己的利益。巴斯等认为,变革型领导是一种领导者与员工之间相互影响和作用的过程,领导者通过愿景激励、个人魅力、精神鼓舞和员工形成共同的价值取向等,使领导者与员工的工作动机得以共同提升,从而能产生超过期望的工作结果。[①] 变革型领导力也体现在领导与员工之间的关系上,整合了领导者行为及其对员工的有利影响。领导者的主要行为包括描绘愿景、传达使命感、表现出决心以及向员工表达高绩效的期望;对员工的有利影响包括对领导者信心的产生,使员工感到愉快以及使员工产生对领导的钦佩或尊重等。[②] 巴斯将变革型领导力概念化为7个基本构成要素。在后续研究中,他认为尽管理想化影响力和领导感召力具有独特的建构,但实证研究通常并不能表明二者的明显差异,因此将多因素模型减少为6个构成要素。[③] 国内研究者结合巴斯以及大卫·沃尔德曼(David Waldman)等前期研究者的观点主张,用领导魅力和领导感召力这两方面内容来测量和表述变革型领导力。[④]

---

① 于博,李霖. 变革型领导对员工组织承诺的影响机理分析[J]. 社科纵横,2009,24(12):53—55.
② Waldman, D. A., Ramirez G G, House R J, et al. Does Leadership Matter? CEO Leadership Attributes and Profitability Under Conditions of Perceived Environmental Uncertainty [J]. *Academy of Management Journal*, 2001,44(1):134–143.
③ Bass, B. M., Avolio, B. J. "The Implications of Transactional and Transformational Leadership for Individual, Team, and Organizational Development", In R. W. Woodman &W. A. Pasmore (Eds.), *Research in Organizational Change and Development*, 4: pp. 231~272[M]. Greenwich, CT: JA1 Press,1990.
④ 陈永霞,贾良定,李超平,等. 变革型领导、心理授权与员工的组织承诺:中国情景下的实证研究[J]. 管理世界,2006(1):96—105.

2. 培育变革型领导力,增进教师组织承诺

大学组织为教学探究与创新所能提供的情境应该如何优化与完善,高层领导者在这样的核心议题与相关政策和治理结构的解释方面应发挥关键作用。大量实证研究表明,在不同的组织和文化中,变革型领导力与成员的组织承诺等领导有效性指标呈正相关关系。① 变革型领导力是领导者通过让组织成员意识到所承担任务的重要意义和责任,激发成员的高层次需要,使其为团队、组织的利益而超越个人利益的过程。变革型领导能够通过提升组织成员内在价值的层次和水平,在领导和成员之间创建共同的愿景和组织目标进而影响组织承诺。他们对成员组织承诺的影响机理,是通过目标设置,由外到内的自我效能感和目标自我一致性的转换过程进而对组织承诺发生影响的。② 那么,大学管理者应如何培育和发挥变革型领导力来增强教师的职业承诺,进而促进他们生成与发展恰当的教学理解、坚定的教学信念及教学创新行为呢?

"组织承诺"是美国社会学家贝克于1960年首次提出的组织行为学概念,他认为承诺是由单方面投入产生的维持"活动一致性"的倾向。③ 组织成员对组织的承诺源于他们对组织的一种责任感,这种责任感是由某些社会准则内化进而影响员工对组织的相应行为的。学者约翰·梅耶和娜塔莉·阿伦(John P. Meyer & Natalie J. Allen)基于前人对组织承诺的分类研究提出了"二因子承诺"理论并编制了量表。④ 之后阿伦和梅耶对组织承诺进行了更为全面的探讨,并提出了由感情承诺、持续承诺和规范承诺三要素组成的组织承诺学说。⑤ 组织承诺可理解为个人认同以及他参与进特别组织的相对力量。它由认同,即组织成员信仰并认同组织目标和价值(认同);参与,也就是愿意为组织利益付出相当甚至是额外努力的意愿;以及忠诚,指对继续留在此组织有强烈意图和愿望等三方面构成。⑥

---

① Chen, L. Y. An examination of the relationship between leadership behavior and organizational commitment at steel companies [J]. *Journal of Applied Management and Entrepreneurship*, 2002,7(2):122.
② 于博,李霖. 变革型领导对员工组织承诺的影响机理分析[J]. 社科纵横,2009,24(12):54—55.
③ Becker, H. S. Notes on the concept of commitment [J]. *American Journal of Sociology*, 1960(66):32.
④ Meyer, J. P., Allen, N. J. Testing the side-bet theory of organizational commitment: some methodological considerations [J]. *Journal of Applied Psychology*, 69:372-378.
⑤ Meyer, J. P., Allen, N. J. A three-component conceptualization of organizational commitment [J]. *Human Resource Management Review*, 1991,1(1):67.
⑥ Yousef, D. A.. Organizational commitment: a mediator of the relationships of leadership behavior with job satisfaction and performance in a non - western country [J]. *Journal of Managerial Psychology*, 2000,15(1):6-24.

变革型领导者可以利用愿景激励、德行垂范和领导魅力等形成良好的组织环境与氛围等组织支持,将对组织成员内部动机的激发作为中介,为成员的组织承诺发挥调节作用。一方面,变革型领导者须具备清晰描绘与阐明组织成员需要,使他们信服并愿意接受共同愿景的能力,并且能通过合适方式使这一愿景转变为组织成员共同努力的目标和具体行动的方向,从而有效地发挥愿景的鼓舞力量;同时领导者自身对愿景应抱有坚定信念,并乐于为愿景的实现竭其所能并承担相应风险。共同愿景是在客观分析组织现实内外情境的基础上,通过大学利益相关群体成员之间的协商与评估,勾画出来的组织远景规划和未来发展蓝图。一般包括了大学未来发展蓝图及其蕴含的价值、阶段性目标与任务等。愿景代表着组织理想的未来状态,这一可能未来的表达需要通过审慎建构的形象、标语、意义陈述等的交流,能有效管理变革的领导者创建这些愿景的象征性表达。① 善于管理变革和具有远见的领导者,他们能将组织成员的自我概念和期望与阐明的组织愿景及其蕴含的价值观相联系,能吸引组织成员参与进愿景创建与实施相应变革的决策中,使组织成员能充分感受到自己是组织愿景中的利益相关者,通过增加决策程序上的公正,最大化地降低组织成员对组织变革的抵制,使组织成员能真正认同组织的价值观和目标,激励他们能为实现组织共同愿景付出应然努力,增进他们的组织承诺。

作为世界顶尖水平之一的斯坦福大学,2016 年 9 月 1 日履职的第 11 届校长马克·泰西尔-拉维尼在 2022 年春季学期写给全校师生的信函中的表达,清晰地展现了变革情境中卓越的大学领导者,能有远见地勾勒群体发展目标,让组织成员看见愿景并不断向前迈进。"……我还将重点介绍我们专注于气候和可持续性的新学院,我们努力在今年秋季开学,使这所新学院正在获得进一步的动力……研究项目涵盖从清洁能源技术到减轻气候变化对生物多样性和人类健康的影响等方方面面……斯坦福大学的第二座太阳能发电厂也于 3 月中旬上线,这将使我们能够实现重要的可持续发展里程碑,即生产足够的可再生电力,超过我们主校区的消耗量……"(**彰显大学愿景蕴含价值之一**:维持地球的可持续生活)一所有追求的大学促进卓越本身并不是目的,而是促进其**使命**的一种手段,即**造福社会**。斯坦福大学愿景的创生过程与表达,充分体现了大学利益相关群体的民主参与决策过程,凝聚了斯坦福大学共同体成员的期望,

---

① Zaccaro, S. J., Banks, D. Leader visioning and adaptability: Bridging the gap between research and practice on developing the ability to manage change [J]. *Human Resource Management*,2004,43(4):370.

因此能成为大学多元主体共享目标与追求价值,凸显了共同愿景在激励组织成员行动上的意义和价值(参见表6-2)。

表6-2 斯坦福大学愿景及其蕴含价值

愿景	陈述	斯坦福大学的愿景包括四个受我们共同体理念启发的主题 贯穿这些主题的承诺是确保我们的研究和校园的公平和包容,在研究和教育中嵌入道德规范,并与我们校园外的合作伙伴互动,向我们的当地和全球共同体学习并回馈社会。致力于在我们的校园和研究中营造一个多元化和包容的环境,并致力于解决我们社区的种族正义问题
	创生三阶段	征集想法(4—6月) 识别主题(7—10月) 计划引导行动(11月—次年5月)
蕴含价值		1. 维持地球的可持续生活 2. 加速人类的问题解决 3. 催化各领域的发现 4. 为成为社会公民和领导者做准备

* 根据斯坦福大学网站资源整理

另一方面,变革型领导者自身良好的人格特质、丰富的学识与高超能力所构成的领导魅力与角色示范作用对组织成员具有强烈的感召力,更易于建立他们在组织成员中的威信,促使组织成员作出正向反馈与实施积极行为。领导者若想成功展现新的行动方式以及在组织变革中的模范作用,他们尤为需要注重自身的形象管理与建构。因为组织成员可以通过从观察领导者以及他们如何管理变革中学习。他们会对领导者展现的信心和能力作出积极正向的回应,相反则会对领导者表现出的焦虑、不确定或悲观情绪作出消极反应。另外,富有感召力和领导魅力的领导者也会对教师角色认知与定位、工作动机和行为产生积极影响。他们通过让教师清晰地意识到自身对于整个组织的作用与价值,为教师提供有意义并且富于挑战性的工作机会,增强教师的自我效能感和影响力,从而给教师创造一种强烈的意义感。

例如,"有影响力的实验室"是斯坦福大学践行组织愿景蕴含价值中的<u>"加速人类问题解决"</u>,扩展大学公共影响力的新模式。大学教师或研究者作为斯坦福<u>共同体成员参与</u>本地和世界各地面临的复杂多侧面的社会难题的解决,承担了富有挑战性的工作,能充分体验到工作价值和意义感,并且通过各种<u>公开途径分享</u>他们的知识与见解以及解决关键问题的方式,创建具有<u>公共影响力的文化</u>,发挥大学在对世界有目的地影响方面的关键作用和责任(参见表6-3)。

表 6-3 有影响力实验室——公共影响的新模式

使命和愿景	使命:使学者团队能够与来自公共、社会和私营部门的领导者合作,利用人类创造力、严格的证据和创新技术解决社会问题。 愿景:通过重塑社会科学的研究和开发方式,加速高等教育在解决最具挑战性社会问题方面的影响。
共享的价值与原则	共享价值:致力于通过以问题为中心的合作伙伴关系来改善人类福祉,为紧迫的社会问题创造新的证据、想法和解决方案。 指导原则:1.对大学所需取得进步的角色保持谦虚;2.工作和运营中的观点、经验和视角的多样性;3.计划和实践中的公平和包容;4.对新方法和想法的高风险容忍度,认识到许多投资可能会在没有明确解决社会问题的情况下产生有意义的进展;5.工作和所学内容的透明度和开放性;6.科学严谨和高标准的证据和研究;7.跨学科、学校和机构的好奇心和合作;8.不懈地关注改善人们生活的成果。
创建目标	1.加深对具体的现实问题的理解;2.生成有关问题关键原因的假设;3.设计和测试潜在的解决方案;4.捕捉和分享关于什么有效,什么无效的见解;5.确定适应和扩展有前景的方法的机会。
资金投入模式	运行有竞争力的流程来配置投资。每年发布一次提案征集。学术领域的专家评审和网络中的领先行业人员对提案的科学前景和潜在的公共影响进行审查。根据"社会影响的重要性""科学贡献""从科学到影响力的路径""可靠的合作伙伴及富有专长和能力的团队成员""对教育贡献的潜力"等标准予以评估启动实验室资助的申请。投资 3 亿美金用于新一轮驱动的"影响力实验室"。
公共影响衡量标准	1. 确保团队拥有取得进展的工具、资源和合作伙伴。 2. 团队正在生成实用的解决方案对其进行测试,并能分享他们的知识和见解。 3. 询问支持的影响力实验室是否为目标成果的具体进展作出贡献;影响当权者的决定;塑造关于这些问题的公开辩论;改变社会解决关键问题的方式等。
团队与合作伙伴	团队:由一名教职员主管、三名副主管和一支由专业员工组成的核心团队领导,他们负责管理运营、运行我们具有竞争力的投资流程和项目,并为教职员、学生和合作伙伴提供额外资源和支持。 合作伙伴:聚焦于问题解决的来自世界各地的政府、企业、非营利组织、社区和慈善组织的学者和实践者。

* 根据斯坦福大学网站资源整理

◆ **2021—2023 年受到资助的六个实验室**(每个实验室每年获得 25 万美元资助)

1. 人工智能移民融合与移民政策实验室
2. 孟加拉国的清洁砖制造
3. 少年拘留后的教育
4. 为所有人的环境保护的斯坦福 RegLab
5. 作为药物食品安全实验室
6. 生殖健康与自主

二、学校转变制度设计逻辑,赢得教师价值认同

(一)厘清制度设计逻辑与行动的关系

1. 两种制度设计逻辑

(1) 遵循结果性的逻辑(logic of consequentiality)

结果性的逻辑是行动被行动者主观评估行动的可选择性过程的结果驱动所指引的。基于结果分析与考虑的行动通常包含了对行动结果的选择、周到细致的评估与考量和偏好驱使的选择。① 它的关键特征是在选择之间的算计的存在。被结果性逻辑驱使的行动者参与一些形式分析以评估他们决策的未来结果,追随结果性逻辑的行动因此包含了根本上有限理性程度的信息处理进程和程序,这使得它依赖于行动者匮乏的认知能力和驱使显著形式的非完全理性行动、对结果的连续性关注或缺乏远见的学习。② 根据制度理论对社会行为模式的理解,在解决教师对职业的认同与投入问题上,大学管理制度设计可遵循结果性的逻辑,即假定个体是基于对自身行为的可能后果的估计,特别是在计算和比较收益及损失时作出的具体决定和行为选择。③ 在这样的逻辑推理与指导下,大学管理者通常会采取利益激励与分层分配方式的制度设计,明确区分了不同行为选择的收益大小,进而决定了教师对教学和科研方面的相应投入。这样的体制设计在一定程度上形成了一种善于"算计"的文化。④ 这种文化"鼓励"教师通过结果衡量所获利益多少采取相应行动,一些教师似乎不再将持续不断地改善教学实践视为职业应然责任或使命。这就意味着教师在结果性逻辑指引下,会选择尽量多做所获实际利益更多且能使自己不断"增值"的事情,而不情愿去做真正重要的事情。

(2) 遵循适当性逻辑(logic of appropriateness)

适当性逻辑是基于规则或基于认可的行动追随被规则引导的路径,管理在某种程度上应更好地成为基于规则或认可的行动,追随被规则指引的路径。⑤ 规则是对界定

---

① March, J. G. , Simon, H. A. *Organizations* (2nd ed)[M]. Oxford: Wiley-Blackwell, 1993:7.
② Simon, H. A. . A Behavioral Model of Rational Choice [J]. *Quarterly Journal of Economics*, 1955:99-118.
③ 詹姆斯 G. 马奇. 决策是如何产生的[M]. 王元歌,章爱民,译. 北京:机械工业出版社,2007:44.
④ 金帷. 探寻大学"卓越教学"的动力机制——基于某"985 工程"高校院级教学组织管理变革的案例分析[J]. 中国高教研究,2016(4):97—100.
⑤ March, J. G. , Simon, H. A. *Organizations* (2nd ed)[M]. Oxford: Wiley-Blackwell, 1993:8.

情形的固定应对。规则概念是宽泛的和包括了内隐、外显行动规划的各种形式,因此"被规则指引"呈现相当宽泛的意义,比如自动地跟随熟悉的常规,确认一个规范,勤勉地遵守一个新的法律,慷慨地胜任一种责任等。适当性逻辑并不主要地指道德的和审美适当性,而关键特征依赖于与情形和规则的匹配,它被考虑为基于认可的行动逻辑。① 与结果性的算计性逻辑相比,适当性逻辑主要是基于直觉的行动,包含更少的信息处理和对潜在利益的考量,更多受到常规化、专业化判断与直觉影响。

两种逻辑是所有意义行动的基本要素,两种逻辑对每种行动都是可用的,人的行动会追随其中主要的逻辑,也可能受到两种逻辑的混合影响。制度设计若能遵循适当性逻辑,会形塑院校合理价值观、准则与规范以及寄予期待,引导教师去认识与明辨行动的合理性与正当性。这种制度设计通过传递给教师组织重要且有价值的信息,使他们通过对制度所秉持的信念和欲彰显价值的接纳与认同进而影响与塑造他们的行动。

2. 恰当处理逻辑与行动的关系

"结果性的逻辑"和"适切性的逻辑"是捕捉组织两种行动模式的不同逻辑。是基于仔细地计算还是根据规则或认同来行动是其根本特征上的区别。有关这两种逻辑的研究在有限理性和社会科学的大量研究中扮演重要作用,它们提供了分析和理解驱使人们行为的认知机制的概念起始点以及细节与局限性。赋予了不完全理性行动者(个人、群体、组织)的行动逻辑的特征,帮助人们更好地理解和预测他们的行为。两种逻辑与行动的关系是多侧面的,它们为认识论和实践提供了几点启示:一是行动归因于逻辑既会是主观的也会是客观的,每种逻辑都能被一个行动者接受或输出(直觉地/仔细考量地);二是逻辑间的转变是普遍的和权力性组织机制的核心;最后两种逻辑的分析性力量源于他们提供阐释性或启发式的比照。同样行动在结果性逻辑和适当性逻辑转换之间的比较能揭示关键差异,我们应避免误解或过度拓展行动的两种逻辑的意义。结果性逻辑到适切性逻辑的区别打开了令人迷惑的组织世界的大门,建构起关于非完全理性的行动、行动者和结果之间的关系。两种逻辑提供了一个有限理性的整合框架,有助于促进人们理解对于随时间进化稳定的行动模式,为个人的、组织的合法行动提供有力、现实和相对简洁的解释。

---

① March, J.G., Simon, H.A. *Organizations* (2nd ed)[M]. Oxford: Wiley-Blackwell, 1993:8.

(二) 健全制度的设计与实施,驱使教师价值认同与行动选择

1. 学校完善管理制度,引导教师价值与信念认同

制度学派认为:"组织面对两种不同的环境:技术环境和制度环境。这两种环境对组织的要求是不一样的。技术环境要求组织有效率,按最大化原则组织生产……制度环境要求组织服从'合法性'机制,采用那些在制度环境下'广为接受'的组织形式和做法,而不管这些形式和做法对组织内部运作是否有效率。①更多的实证研究证明,"教育组织越来越只愿意制定和传播那些被证明是有效率的规则,而不再是大量制定那些只有着合法性的规则。"②

通常意义上我们可以从利益与信念认同这两个维度来考量行动者的制度认同状况。研究者通过对西方经典理论框架"制度—行动"的修正形成一个以制度认同为关键联结点的新理论分析框架:即制度供给——制度认同——制度行动。③这一新框架更完整地探究了组织制度与教师制度认同以及行动选择之间的关系,能更好地理解制度化过程是否得以实现,须着重考察个体对制度是否认同,进而更好地解释个体行动选择的差异与结果,从整体上考察制度运行的各种机制的逻辑关系来认识其相互作用,并关注到了制度运行过程中每个主体的逻辑关联。④大学教师管理制度能否得到教师认同,既要看其是否符合个体的利益偏好,更要看其与个体所确认的价值与信念是否吻合。只有当个体的制度认同达到内化,并产生制度期待的行动,制度的工具性功能和制度化过程才得以实现。现实中教师个体之间的利益偏好与价值信念肯定是存在巨大差异的,那么好的教师管理制度设计应该更关注引导教师的价值认同,而不是仅仅诱导和强化教师的利益认同。

2. 通过制度认同及内化,激励教师积极行动

对于处于大学组织基层的大学教师而言,他们往往对宏观公共教育政策与其自身之间的关联并不太关注和敏感,但在宏观政策指引下,大学组织内部由制订的相应政策与管理制度所构成的特定情境,会在很大程度上促进或制约教师的行动取向与行为选择。吉登斯的结构二重性原理将人的行动看作是特定秩序下个体自主意识与

---

① 周雪光.组织社会学十讲[M].北京:社会科学文献出版社,2003:72—73.
② Rowan, B, Miskel, C.G. *Institutional Theory and the Study of Educational Organizations* [G].//阎凤桥.组织理论与高等教育管理阅读资料(第3卷).2007:100—102.
③ 卢晓中,陈先哲.学术锦标赛制下的制度认同与行动逻辑——基于G省大学青年教师的考察[J].高等教育研究,2014,35(7):35.
④ 陈先哲.学术制定变迁下学术人员的行动逻辑:理论框架与多案例研究[J].教育发展研究,2016(7):14.

所处结构之间双向互动的一种实践,被动性与能动性的双重属性是行动者所处结构所赋予行动的特性。① 从这一视角审视,大学教师的行动深深植根于特定组织情境,是他们根据组织环境进行选择的结果。

制度在影响个体行动时,个体主要是基于利益偏好还是文化信念角度的考量,一直是新制度主义理论不同流派争论的议题。"作为规则的制度"观点持有者,他们强调制度的工具导向,将个体做出的行动选择视为制度对其利益偏好的激励;赞同"作为信念的制度"的学者们,他们则认为个体的行动选择是出于文化信念与制度的共同建构。社会学家布迪厄也曾指出,行动者在一个场域中做出思考和选择一方面基于个体所拥有的能决定利益选择的资本类型,另一方面则取决于个体影响价值或信念选择的性情与偏好。利用"制度供给——制度认同——制度行动"的新理论框架审视当前大学教师管理中的评价制度,会甄别出这一评价制度的较明显的工具导向,侧重强化的是制度对个体行动利益偏好的刺激,其根本价值取向是功利主义的,对大学教师发展产生了诸多负面效应。

"价值取向"是以价值判断为基础,是主体对符合价值观的事物进行追求的心理与行为倾向,具有导向和制约实践活动的功能,可以调节、控制主体的行为方向,使其始终指向一定的价值目标。价值主体总是依据自身的价值取向对有关的目标、方向、手段及各种结果进行评价、判断,从而决定取舍。② 所谓功利主义的价值取向就是讲求实惠,注重行为是否有助于增进行为者自身的利益,反映在教师评价中是指一种丢失了教育理想、教育信念与教育精神的评价,代之以功利、有用与狭隘。功利主义取向的理性选择理论,更倾向于把人的行动视为个人基于成本与收益理性算计的策略性行为。这种策略行为一旦通过制度认可并获得了相关利益与回报,这种寻利性策略与行为便会在大学组织甚至高等教育体系内部,以人际交往的网络化方式进一步扩散和传播,构成一种相对病态畸形的集体行动生态。③ "重科研轻教学"的大学教师评价制度,既是为达成大学外部竞争和排名优势的策略,也是功利主义价值取向的典型表现。科研是一所大学获取声誉、资源并带来发展机遇和竞争力以及教师职称晋升的重要手段,科研成果有形的可量化的特征使其更容易被判断和衡量,进而能占据大学优先地

---

① 阎光才.政策情境、组织行动逻辑与个人行为选择——四十年来项目制的政策效应与高校组织变迁[J].高等教育研究,2019(7):38.
② 卢晓中,陈先哲.学术锦标赛制下的制度认同与行动逻辑——基于G省大学青年教师的考察[J].高等教育研究,2014,35(7):34—40.
③ 朱德米,李兵华.行为科学与公共政策:对政策有效性的追求[J].中国行政管理,2018(8):59—64.

位,教书育人需要教师投入很多时间和精力,其本质是尝试性和探索性的,教学态度与信念,教学行为与教学风格无法用统一标准衡量,教学创新更难以通过固定不变的形式保存下来且得到校内外或国内外同行认可,无法直接与教师职称晋升、个人名誉和地位直接挂钩。因此功利价值取向的教师评价制度会驱使某些大学教师将教学与研究仅视为自己赚取名利的一种手段,使他们时常会按照利益多少和相关程度来选择和采取行动,这势必会削弱教师对知识与学术的纯粹追求,强化一些大学教师盲目追逐科研绩效带来的切实利益与好处,而利益刺激的无限循环结果是人的物欲的极度膨胀,抑制了大学教师积极向上的价值追求与信念确认,从内在精神层面桎梏了大学教师的持续发展。

博耶将大学教学视为通过类比、运用隐喻和想象而建构起教师理解和学生学习之间桥梁的动态努力过程,也是一个需要教师精心设计、持续考查并和所教学科建立密切关联的程序。"……通过教室讨论、对学生提出问题的评论,教师实现对现成知识的转变和延伸,教师自身也在创造性的新的方向上被推动和提升。"[①]他的"教学学术观"能启迪大学教师,促使他们关注于教学过程所蕴含与应彰显的创造与探究的特性,能将教学视为自己神圣职责和生命中值得珍视的事业。这既需要教师自己在长期教育教学实践中体悟和理解,更需要大学通过人本化管理体现对教师的人文关怀来达成。因此大学教师管理应摒弃功利价值取向的教师评价制度,设计和采纳人本价值取向的教师评价制度,以推动教师的持续成长与发展作为评价的根本目的,让评价过程成为大学教师完善自我、展现自我和追求卓越的过程,彰显评价制度的激励与导向功能,引领教师对评价制度所倡导的价值与意义的理解与认可,引导教师确立合理的自我发展目标,能将学校的长远发展和教师个体自身的成长与发展紧密结合,使教师将评价中的各种外在的制度、规范内化为教师主体的自觉追求,进而采取恰当且合乎规范的行动。

大学教学具有创造性、个体性与集体性、延续时间长及劳动成果显现滞后等特点,影响大学教师教学效果的背景因素复杂多样,如课程性质和特征、学科特点、学生对所学课程的兴趣和对学习效果的预期、学生年级、班级规模、学生的性别与年龄、教师的职称与年龄、教学条件和教材选用等,因此对大学教师评价的内容应尽可能涵盖影响教师教育教学的多种因素,尤其注重将教师影响学生发展的潜在的难以观察和量化的人文因素,如教师对待教学的敬业精神、奉献精神、工作的主动性和创造性、合作精神

---

① Boyer, E. L. *Scholarship Reconsidered: Priorities of the Professoriate* [R]. Princeton, New Jersey: Carnegie Foundation for the Advancement of Teaching, 1990:23-24.

与行为等因素,都纳入评价视野。在设定评价指标体系设定的共性指标基础上,增加若干有价值的能体现教师独特的教学个性与教学风格指标。鼓励教师重视整个教学过程中职责的履行,重视自身素质的全面提升和学生健全素质的培养。另外还应重视教学过程评价,注重评价方式的人文化,体现对教师的生命关照和人文关怀。通过人本多元的评价让教师能获取丰富的反馈信息,强化教师恰当的教育行为,充分认可教师教育教学过程中付诸的努力和进步,认可教师的工作价值,激发教师的成就欲望。与此同时能促使教师反思教育教学中的优势与不足,分析存在的问题及原因,不断探寻解决问题的路径。促使他们能不断挖掘自身潜力,发挥自我约束的能力,更好地实现自我价值。人文化的质性评价方式更适合大学教师的工作特点,能体现对教师的需要、情感、价值和旨趣的关注,关照到教师的精神世界,将教师工作放在他们特定的工作与生活情境中去理解,更准确地把握教师工作实践中的观念、知识、价值与信念等诸多描述性的内容,进而激发教师主动而持续性的专业学习和发展的内在动机,实现教师评价的根本目的。

三、赋权增能的双轮驱动,增进教师的自主权和胜任力

(一)赋权教师,扩展教师教学自主与决策权力

1."赋权增能"在教师专业发展中的作用

教师是学校教育改进与完善的中心。因此,大学的教学变革应关注于增进教师有意义的集体参与,聚焦于组织目标活动的关键领域的机会和决策参与。教师赋权增能运动兴起于美国,有关教师赋权的研究最早出现在 20 世纪 80 年代晚期,直到 20 世纪 90 年代,教师赋权在教育改革领域中逐渐占据了重要话语权,成为促进教师专业发展的一个重要手段和策略。赋权增能与赋予教师权力、教师能力提升及自我效能感的增进等方面有着密切的关系。教师通过合法权利获得自身影响力的提升,体现了一种学校领导和管理上的变化。赋权增能于教师而言是一种教师专业发展历程,也是推动专业力量动态改变的成果。主要表现在:一是教师具备了专业发展的自主性,能够通过持续地学习与发展以有效地应对与处理自己的问题与困难;另一方面则是教师具备丰富的专业技能,有改进工作环境的信心,具备专业自主精神和专业判断力,能履行相关专业职责,能参与学校重大事件决策,通过提高自身专业素养促进学生深层学习和推动学校的改进,使教育职能得到更好地实现。教师的决策权力的增加,可以提升教师的教学兴趣与积极性,提高他们对工作与私人生活的自尊水平,改善教师之间的疏离

关系。①

赋权更是一种建构的产物,教师需要将个人的胜任力与所处情境提供的选择与自主机会结合起来,并能确证或展示这些胜任力。组织中的权力赋予主要体现为激发一个组织内部的自主、选择和控制、责任的经历或体验,并使个体显示出已有胜任力,支持与增进新的胜任力两个方面。赋权增能主要指向个人力量的获得,个人意见得到尊重,并且能对与自己相关的计划与决定施加影响,推进自身表现的改进以及组织的发展。② 赋权增能对教室实践的影响主要依赖于教师关注焦点的变化,它对教学质量的提升、学生学习动机的促进与学术表现的积极影响,往往是通过对学校教学的组织间接发生作用的。"赋权是教学的灵魂和心脏,它不可能由软弱无力之人去实现。就像消极被动的教师绝不可能培养出积极主动的学生,反应迟钝的老师绝不可能教导出思维敏捷的学生,漠不关心的老师绝不可能培育出充满爱心的学生。那么我们需要赋权教师吗?答案是只要我们想要杰出的学生不断从学校中涌现出来,我们就需要有赋权的老师。"③

2. 教师赋权增能的实现路径

在学校管理中要实现对教师的真正赋权,可以通过教师的决策参与、教师影响力、教师地位、教师自主权、专业发展机会以及自我效能感的增进等多种途径。1993年我国政府颁布的《教师法》明确规定,"教师是履行教育教学职责的专业人员。"作为专业人员,教师在从事教育教学活动中享有特殊的权利,这是一种职业特定的权利,是教师基本权利的重要部分。教师作为大学的受聘人,有权根据本人的知识水平和实际能力选择适宜自己的工作岗位;有权自主地选择教材、组织课堂教学活动;有权对学校的教育教学、管理工作提出意见和建议,通过教职工代表大会或其他形式参与学校的民主管理。当教师认为学校侵犯其合法权益时,可以向教育行政部门提出申诉。④ 相关法律法规中有关教师权利的条例规定教师享有"教育教学权",这并非仅仅指向教师具备在大学教室或课堂上课的形式上的权利,更强调教师应该享有教育教学领域和空间自

---

① 操太圣,卢乃桂. 教师赋权增能:内涵、意义与策略[J]. 课程. 教材. 教法,2006,10(26):79—80.
② Zeichner, K M. Contradictions and Tensions in the Professionalization of Teaching and the Democratization of Schools [J]. *Teachers College Record*, 1991,92(3):363-379.
③ Ayers, W. Work That is Real: Why Teachers Should be Empowered [A]. G A Hess (Ed). *Empowering Teachers and Parents: School Restructuring through the Eyes of Anthropologists* [C]. Nen York:Bergin & Garvey, 1992:26.
④ 汪晓明. 赋权增能:教师专业自主权实现的保障[J]. 教育探索,2009(6):144—146.

由自主的实质性权利。从根本上看,教师职业是一个需要自律的职业,访谈中多个教师关于"教师是个良心活……"的说法很形象地描述与表达了这一职业的独特特征。这意味着教师在从职生涯中,外在压力和硬性规章制度只能让教师最低限度地完成学校规定的工作任务或使教师不逾越相关管理规则,但不能激励教师追求持续进步和向更高水平迈进。教书育人的责任与使命更多需要教师的自我约束与管理,教师自主性的激发和基于对教师职业的理性认知与信念才能促使教师更热情地投入教学,驱动教师不断学习与精炼教学。

3. 扩展教师教学自主与决策权力

赋权于教师,一方面体现在教师专业发展方面,需要大学提供相应路径和充沛资源。具有赋权感的教师能有效地处理其情绪、知识技能和资源,在面对教学工作的复杂、艰巨以及情境变动时对教学工作提出新要求,以及社会对教学专业性低估而导致教师工作中的无力感会减少,能胜任教学工作,获得自我价值感和自我满足感;另一方面,赋权于教师也意味着教师角色的调整。教师能对自身职业身份和承担角色的理解与认同,以尽量消减模糊不清的角色定位的负面影响,确保教师对自身重要性有清晰理性的认识,提升其社会角色参与的主动性和积极性;最后也体现在学校实施赋权的决定和投入方面。大学要为教师提供参与对自身有重要影响的决策的机会、平台与空间,营造和培育信任和共享的学校文化。学校管理者应该调整角色定位和领导方式,多采用参与式决策和柔性管理,让教师能民主参与学校重大决策的讨论和制订进程,激发教师对大学的组织承诺,提供机会让教师与学校、院系管理者之间交流,共同商讨和创建学校愿景。在学校制订直接影响教师的政策与管理制度的过程中,管理者要尊重教师意愿,充分考虑和采纳教师的想法与意见,充分体现教师在大学管理中所拥有的权利和自我价值。[①]

(二) 内在赋能于教师,促进自我反思与提升教学胜任力

1. 促进教师持续多元反思,增强自我内在力量

教师赋权增能主要由内部与外部权力构成,其主要含义是个体对自身内在力量的感知并且通过在与他人互动之中得到进一步展现,这是一种自发性的、源于内部的和

---

① 蔡进雄. 授权抑或授权赋能? 论校长如何运用授权赋能领导[J]. 人文及社会科学教学通讯,2003,13(5): 62—79.

有价值的活动。① 教师的赋权增能不应只是从外部环境获得,也不只局限于权力或权威层面上。教师赋权增能应该是基于教师对自己专业能力认知基础上,经过教师个人的不断反思与发展,在此基础上积极参与学校决策的过程。② 因此教师在行动中与行动后的反思应成为自我赋权增能的重要组成部分。

美国实用主义教育家杜威首先将"反思"概念运用于教师教育领域,并予以了系统阐释。在《我们怎样思维(经验与教育)》一书中,杜威将"反思"(反省式思维 Reflective Thinking)界定为对某个问题进行反复的、严肃的、持续不断的深思。曾先后任教于哈佛大学和麻省理工学院的唐纳德·舍恩教授,长期致力于研究杜威的哲学思想,专注于推动与促进教育者如何更有效地指导专业工作者胜任实践工作。基于杜威"探究"概念的继承与发展,舍恩通过研究进一步指出:"行动和反思是互补的……行动拓展了反思,而且反思将回馈到行动与行动的结果。彼此相互回馈,互相设定界限,是行动的意外结果引发了反思,而令人满意的行动的发生将反思的历程暂时画上句号……探究的持续性将引发思考与行动的持续交织。"③因此行动中和行动后的反思成为舍恩实践认识论的核心观点。当实践者面临现实情境中的困惑与问题时,力图将自己已有经验库中所存储的过去经验运用于问题情境的解决,而情境会对此进行反馈。与以往情境相似的部分问题采用这种单向路径的学习方式可以得到解决,但由于实践情境往往具有复杂性、变动性、独特性与不确定性等特征,现实情境中的许多问题必须依靠双向反馈路径的学习才能应对和解决。④ 因为"在真实的实践中,问题并不会以给定的方式呈现在实践者面前,而是需要在混乱、繁杂和不确定的材料和情境中去构造……当我们设定了问题,就是选择了我们将要处理的情境中的'事物',就界定了我们的注意范围,赋予了事物一种让我们判断其缺陷和需要改变的方向的那种一致性。"⑤舍恩将反思理解为实践者与所处情境的种种问题间的对话与互动过程。也就是之前对问题的框定与解决等出现偏差时情境会反馈信息给实践者,实践者必须借助

---

① 操太圣,卢乃桂.院校协作脉络下的教师专业发展:赋权与规训的争拗[J].高等教育研究,2002,23(6):58.
② 康晓伟.西方教师赋权增能研究的内涵及其发展探究[J].比较教育研究,2010(12):87.
③ 唐纳德·A.舍恩.反映的实践者:专业工作者如何在行动中思考[M].夏林清,译.北京:北京师范大学出版社,2018:280.
④ 董江华."反映的实践者"如何"在行动中反映"——舍恩专业教育思想及其对我国教师教育的启示[J].教育学术月刊,2013(8):10—11.
⑤ Schon, D. A. *Educating the Reflective Practitioner: Toward a New Design for Teaching and Learning in the Professions* [M]. San Francisco: Jossey-Bass, 1987:66.

"行动中反思""对行动的反思"等反思形式,经过与情境进行更深层次的对话,对问题进行重新框定。教师作为行动者通过持续地反思重新厘清问题——分析问题的特殊成因——探索性试验或假设检验寻找到此特殊问题解决的新观点或新路径、新方案——通过与情境的互动不断地确认与验证其适切性与效用——创生新的实践性知识。经历了行动中与行动后反思的实践认识过程,在与情境的交织与互动中生成新的实践性知识,教学经验库得以拓展。这一对话过程也是实践者与面临情境之间的持续互动中由于实践者的参与、探究与情境共同创建意义的过程。

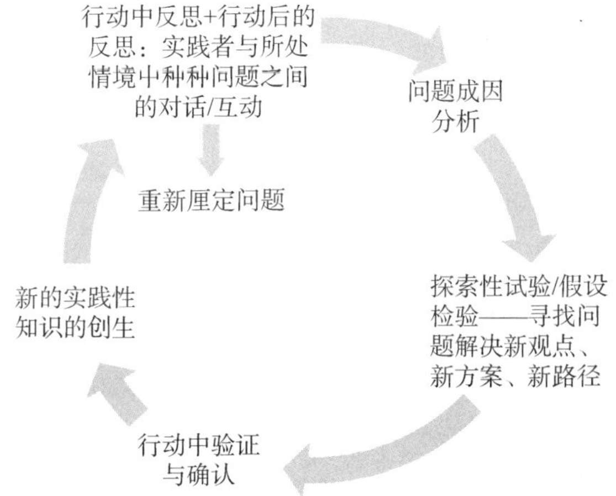

图 6-1 反思:实践者与情境的对话与互动

教师作为反思型实践者,需要对自己所处的教育实践情境保持敏感,能对自己的教育教学实践进行不断地研究与探索,进而上升为理性认识,再指导自己的教育教学行为不断地精练和改善。首先,教师要密切关注实践情境中的各种特定问题,能对这些真实的教与学问题作出积极的反应与深入理解,通过个体觉察、自我对话等内省式的反思方式,同时借助专家指导、同行之间交流合作、学生的反馈等多元视角和外部因素触发的反思方式的结合,能突破技术层面延伸到思想层面有关教学合理性的审视,去深入思考自己教育教学过程中的言语、态度和行为与情境之间的适切性,根据情境的正反回馈结果作出相应调整,竭力探索和达成更优质的教学目标;其次,教师在参与教学探究与创新实践的过程中,是在合作与交流、观摩与讨论中,透过同事的视界及他们的教室实践经验去更好地反观和审察自己的教学,可在某种程度上消减自我封闭的局限性。例如跨学科课程及其团队,创建之初团队成员的构成在学科背景、专业素养及个性特征等方面是同质性与异质性的结合与相互补充,在教学信念、态度与行为方式等方面原初的不平衡可能导致差异与矛盾,在合作与探究过程中,通过针对有助于创生优质教学的讨论、对话与经验分享,突破学科原有壁垒,获得相互的理解与支持,增进个人尝试变革的努力及愿意承受挫败的意愿,在集体中获得更多自我反思与批判的勇气,彼此之间相互包容与协调,珍视与接纳多元化和有差异的意见。在教师实践共同体形成与发展过程中,既共同探索与解决实践情境的现实问题,生成与积累教学共同体财富,也增进彼此对共享价值与信念的认同,形成互惠与信任的关系,在精神与情感上相互归依,齐心协力地追求促进学生健全成长的共同目标;最后,在反思中对自我的重新界定和自我更新。古德森曾指出:教师的行动与个人过去的生活历史密不可分。教师过去所发生的一切生活内容,会慢慢发展成为足以支配教师日后思考与行动的"影响史",对教师后续的经验选择与重组产生无所不在的影响。① 教师以自身作为审视对象,通过对影响自己教育教学生涯的个人经历的回顾与反观,去更好地把握从教过程中自我意识和角色定位的变化,了解自己教学上的优势与特点,接纳自己的缺陷,勇于将真实的自我呈现在同事与学生面前,敢于正视和直面自己面临的困惑与担忧,洞察自身与学生内心的担忧与恐惧,以此为契机竭力建立能赋予教师生命力的与学科、学生之间的联结,实现自我的更新与突破。

2. 教师参与多元化的专业发展活动,提升教学胜任力

教师的赋权增能,是当教师能充分感受到他们所做工作的意义和价值并且自己能够胜任,他们的努力和成就能够被认可时,让他们的自尊得到满足从而所获得的心理上的赋权。基于对赋权增能尤其是自我赋权增能含义的理解,教师通过增进教学胜任力,提升自身对教学的掌控感和自我效能感,能够在专业发展过程中,与同行交流与互动过程中得以充分地表现和确认,是其中至关重要的方面。大学教学实践改善的主体在于教师,教师的自主更新是一个阶段性的、动态发展的过程,是教师个体内在专业知识结构的更新、行为习惯的改变和精神境界的提升。② 教师必须通过大学校园内外正式与非正式的不断学习,主动参与持续的、具内聚力、合作性和反思性的专业发展活动以及与同行之间的交流、互动,其所拥有的教学信念与知识、能力等教学胜任力才能得以进一步提升。大学教学变革需要教师用教学学术理念引领,重新审视当前大学教学

---

① Goodson, I. Studying the Teacher's Life and Work [J]. *Teaching & Teacher Education*,1994,10(1): 29-37.
② 田莉. 教师赋权增能视野下的学校改进:内涵及策略[J]. 教育理论与实践,2014,34(11):3.

情境的复杂性、动态性和不确定性，促使教师教学取向从以知识为核心的教学转向为理解而教。在建构关系、拓展和应用知识、反思经验、清晰阐述所知以及创建属于自己的知识等方面。为理解而教意味着教学设计能刺激学生心智活动的发生，强调通过学生主动性学习的意义建构和知识发现。为理解而教需要教师正视教学的不确定性，关注学生的理解而灵活地调整他们的教学进程，及时回应教学中的问题。理解性教学构成双重进程的联结，一方面是理解性教学与社会关系之间的动态关系，另一方面则是构成在教与学之间的双向反馈回路。要实现这种教学取向上的转变，需要教师持续不断的学习与参与的内在赋能，重点关注于教学法知识的增进、教学研究能力的提升及教育教学信念的确认。基于教学问题解决的反思性实践和合作性的同伴互助，教师可以获取精神上的支持和实践建议，通过教师之间相互探讨与规划、观摩彼此课堂，进而建构起专业的实践共同体，通过在集体中的交流与分享获得对实践改善经验的进一步确认，这样既增强了教师对自我价值的认同，也可促成教师持续地投身于参与交流和实践改善的努力中，进而构建起相互信任的互惠共赢的人际关系。

四、教师发展者领导力提升，加速推进大学教学变革

（一）教师发展者提升领导力，发挥"边界扳手"作用

大学教师发展者领导力的提升，目的在于更有效地发挥其专业引领作用。在教师专业发展策略制订与实施进程中，教师发展者需要确立合理的领导力观和教学发展观，理性地审视自己在教学变革过程中的作用，并且能掌握一定的加速教学与推进教学发展变革的策略，遵循相应原则。

1. 变革情境中教师发展者的领导力及其作用

当今时代，大学发展面临无数机遇和变革挑战，社会和公众对大学质量的期望日益提高，技术的整合、教师的更新与流动以及教学学术的持续发展等都对大学的传统价值和实践形成变革压力。变革情境和压力影响到教师发展实践，也悄然改变着人们的大学体验和对于大学教学的传统信念。因为大学处于动态和不确定的情境中，教师发展者作为专业人员，需要充分发挥他们在教师发展中的领导潜能与作用，加速解决大学所面临的问题与应对变革趋势。研究者基于帕克·帕尔默（Park Palmer）设计有效教学的进程，即个人的认同与整合、于共同体中的认知及教学与学习等方面，从特别的视角探索了概念化的领导力整合进教师发展实践的内在作用，将各种有效的领导力特征融入抽象的领导力概念中，旨在给教师发展者与个人、项目与院校之间有差异性

的工作提供一个统一框架,让大学同事们都参与这一领导力视角的探索进程中。①

领导力具有设置目标和创建取得这些目标方式的互惠进程的特征,由此提供了与教师发展实践的联结点。领导力依赖于领导者和追随者之间关系的一种共享精神发展和促进同时致力于院系和大学目标。② 其作用和发挥进程在于促进群体的人们能以富有成效和有意义的方式一起工作。领导者领导力是通过创建一个共享愿景,赋予他人能在许多水平上进行交流,刺激他人以不同方式思考和超越,将个人考量传递给他人,提供一种帮助他人完成有价值的活动和感受到被欣赏的组织氛围等得以体现的。③ 在教师发展情境中,领导力成功的实践特征既表现为教师发展者能轻松地清晰阐述并运用加速变革的特别策略,也表现在创建支持性的环境和学习机会的教师发展实践中,或能够更系统地应用有效的领导力原则引领复杂任务。

2. 秉持推动教师发展的领导力观

对于教师发展而言,最根本的在于对自我、学科和共同体的认知。这种认知的深度和广度需要倾听和反思,主动地分享领域、目标、资源以及问题解决。④ 有效的领导力强调善于倾听、交流和咨询以及拥有充分地把握内外情境的知识。因此,教师发展首先在于帮助学术共同体感受和理解所处情境的复杂性。教师发展者作为"边界扳手"的隐喻,它意味着其关键作用在于发挥加速跨越教师、学生、管理者和外部利益相关者共同体的领导力;其次,对于有效教学发展的另一个重要进程是在共同体中的教学。主要体现在教学变革源于对自我、学科和所处情境形成力量的认知,关注于它们之间怎样相互联结。教师发展者和参与教师分享他们的专长,发展新的方式理解和加速教与学,也在更宽泛的情境中加速个人和院校对于难题的解决;最后,当变革的需求是系统的或对大学既有价值和规范形成挑战时,那么最佳的变革策略是在共同体中的学习。因为在共同体中的学习是一个满足支持成功变革进程条件的过程。包括:建构变革需求的共享的感知;具有共同体发展中计划和清晰阐述的目标、提供支持变革的

---

① Taylor, K. L., Schnwetter, D. J. *Faculty Development as Institutional Leadership: Challenges, Frameworks and Strategies*, Workshop presented at the Society for Teaching and learning in Higher Education Annual Conference 2021.
② Ramsden, P. *Learning To Lead in Higher Education* [M]. Routledge, 1998:116
③ Lucas, A. F. *Strengthening Departmental Leadership: A Team-building Guide for Chairs in Colleges and Universities* [M]. San Francisco: Jossey-Bass, 1994:47
④ Taylor, K. L. & Schönwetter, D. J. *Faculty Development as Institutional Leadership: Challenges, Frameworks, and Strategies* [R]. Workshop presented at the Society for Teaching and Learning in Higher Education Annual Conference, 2001.

基础设施、组织文化的考量以及发展在共同体中关键多数人的支持等方面。它强调教师发展的领导力具有互惠、合作与加速等特征,而不局限于直接性影响与作用。教师发展者应充分利用教师学习共同体建构对于不同职业生涯阶段教师的影响和作用。关系、交流和共同体对于职业生涯中晚期教师具有关键影响。他们的需求、动机、脆弱不同于职业生涯早期的教师,需要教师发展者及相关组织能及时地回应,进而影响和决定他们能否持续地投入时间、精力与热情于需要关注的领域。若能吸引他们参与进学习共同体中,通过建立教师之间、师生之间配对的"学习中的伙伴关系"、邀请从事项目的成员参与学习共同体的会议、分享教与学观念的研讨会、校园外与教学有关的各种会议等非正式形式和环境,通过与其他教师和学生讨论议题,通过阅读小组的对话与交流,到做项目以及与共同体其他成员的共同工作等,获得更多的学习机会,使他们从知晓其他教师对知识基础和教学方法知识的重组处理的必需性中受到启发,通过高意义感的获得重新焕发其生命活力。

(二)教师发展者运用加速变革策略,推动教研组织和文化变革

1. 掌握加速变革策略,推进教研组织的优化与重构

通过前期调研和结合相关研究表明:我国大学基层教研室的主要困境表现在缺乏长远的可持续发展的愿景与目标;成员之间的关系相对疏离;组织管理的规则模糊而不具体以及教学改革与探究的实质性活动匮乏等方面。大学教师教学发展中心在"愿景与任务""组织属性与定位""资源配置与服务"等方面也存在诸多局限,不同类型与层次大学教师发展中心发展严重不平衡的状况。作为大学两种最主要的支持教师教学发展的共享组织,并未能充分发挥其作用和实现其应然功能。作为代表秩序与维持原则的大学组织结构这一脉络背景,与象征流动与改变的大学教学变革之间,实质上有着相互依存的共生关系而并非完全对立冲突。教师发展者如何发挥其角色价值与引领作用,重新定位大学组织结构中蕴含的力量与优势,驱动教师教学变革的原动力以消减或破解大学组织结构中影响教学变革的桎梏与阻力?

一方面,教师发展者需要理性地思考大学教研室和教师教学发展中心"何以存在"的根本问题,明确教师教学发展组织的应然属性与独特定位。它们在校园的物理位置、空间配置以及所能获取资金,是体现它们在大学组织结构中的存在感和衡量其身份重要程度的标识。作为教师教学发展的支持性组织,它们应该既是教师能寻找到同行交流教学法事宜和实践资源的"庇护所",也是能帮助教师与跨越大学校园更宽泛的创新网络之间建立联结的地方。教研室本应定期开展教研活动,充分利用同行教师专

业背景,鼓励教师对教学敏感的问题意识和注重教学研究,通过相互交流、探讨教学问题与困惑,充分发挥优秀老教师的传帮带作用和中年杰出教师在教学研究上的引领作用,不断累积可共享的优质教学资源,营造促使教师潜心钻研教学,不断进取,形成良性竞争与合作关系的教研氛围和具有专业特色的教研室文化,增强教研室凝聚力,使教研室能成为教师迅速成长的沃土和专业归属家园。[①] 其中,教学专题研讨活动的定期组织与持续开展,对提升本专业教学质量、更新与完善教学内容以及改进与创新教学路径、方式具有重要促进作用。通过课程设计与规划、学情调研与分析以及教学评价优化等主题开展一系列活动,为大学专业教学改革提供切实保障;通过教学专题的合作研讨,从中汲取教研室成员的集体智慧和力量,强化教师教学问题意识,激发教师教学探究的欲望并能付诸于教学实践持续改善的日常行动中。

大学教师教学发展中心需要重新统筹规划职能交叉、功能相近、人员相同的部门,以大学教师发展为工作的核心议题协调好"人"和"事"的关系,以优化和推动教师发展的组织建设。[②] 因此教师发展中心的首要任务在于倡导教师作为教学者的关键作用与责任,能致力于探究、提供证据与文字记录、知识建构与交流,能引导教师教学发展的方向。教师发展者能清晰描绘与阐述相关共享组织与所在大学定位与使命相一致与匹配的组织愿景、目标任务,设置教师发展的合理期望并切实履行职责。作为教师发展者需要具备真诚、热情、可靠、开放、公正、承诺、胜任力等关键品质与素养,才能更有效地发挥其引领和模范作用。X大学参与过首届研修班,与F老师有过交往的老师们,在多个公开场合表达过将F老师视为引领自己专业发展的"关键人物",并用"能量发射塔"的隐喻来形象地描绘F老师作为教师发展者的独特个性品质与卓越的胜任力,她扮演了一个真诚的破冰者,以无威胁的方式表达新观点,"点亮"了老师们心中怀有的教学创新的"火苗",以跨学科教育为突破口,以跨学科课程及其团队创建与实践作为新工科教育教学创新的根本路径,驱动了"从研修班到超级课程"的大学教学变革。

另一方面,教师发展者通过管理上承诺的培育,为教师参与教学变革创建积极的环境。教师发展者作为跨越边界的"中介",要了解和熟知共同体成员,并能敏锐感知大学内外情境及其变化,善于协调学校与院系管理者和教师间的关系,善于捕捉机会,擅长倾听、交流与沟通,能提供及时的反馈、认可与奖赏机会。一是教师发展者能通过

[①] 熊岚. 高校教研室功能的回归与重建[J]. 现代教育管理,2010(6):35.
[②] 刘之远. 美国大学教师发展组织专业化建设:困境、破解及借鉴[J]. 外国教育研究,2017(3):101.

畅通的渠道与大学负责教学与学术事务的管理者沟通和汇报工作。通过这种直接报告的方式以及学术反馈,能将大学高层和院系管理者对教师发展和理解发展中心的需求与成就的真诚的相关信息及时地传递给教师,使管理上对教学高价值的支持可视化;二是教师发展者能及时向学校教学变革方案的倡导者反馈信息,邀请他们在中心开展重大活动与事件中发表讲话,同时还能协助他们解决学校组织层面面临的更大的教学挑战与难题,并寻找机会承认他们对于中心的影响和感谢;第三,教师发展者还可以动员院系领导参与开发,鼓励各院系教师参与中心组织的重要项目,与他们一起评估教师需求并收集计划的想法,也可以邀请学院领导参与新教师入职的午餐会,在院系领导呼吁下中心能为院系部门提供和定制主题多样化的相关研讨活动。

因此作为联结角色的教师发展者,应针对初任教师、职业生涯中晚期教师等不同群体进行问卷调查与访谈,对不同院系主任及其他管理者的焦点小组访谈,基于研究证据以便能对处于不同职业生涯阶段教师以及院系发展需求进行界定、分析与评估,围绕和针对不同院系和教师差异化需求,设计适切的教学探究行动方案和多元化的项目与活动,以实现教学共享组织在促进教师及院系持续发展方面的特定优势。这样也有助于教师发展者更好地理解大学文化和所处情境并沉浸于学校文化中,有利于教师发展人员同大学共同体其他成员之间建立良好关系,也为他们提供更广阔的视野去不断思考和探寻教学实践问题的解决方案,能更有效地维持和延续大学教学探究和变革进程。

2. 教师发展者引领合作探究,培育组织成员间的信任关系

教师的专业发展是长期受到关注议题,从20世纪80年代中期以后,由关注于教师群体维度的职业地位提升的专业化运动,转向了追求个体内在素质的连续不断提升的专业发展过程。那么教师发展者应如何发挥其引领作用以促成教师教学发展的有效性?

一方面,教师发展者需要催生加速变革的教师专业发展活动,保证有效的领导力和管理。专业发展活动作为推动大学教学探究与创新的关键机制的声明备受许多教师质疑。因为现实状况是大学的专业发展活动被视为教师工作必需或外在规定任务,它们与实际的教学工作与问题解决联系甚少,许多专业发展活动并不能对教学实践产生实质性影响。比如工作坊作为一种典型孤立的事件或活动,通常会引起教师的持续关注,是因为工作坊能提供给教师新的工具使用方法或技巧应用的直接方式,因而被教师视为好的且有用的。但诸如此类的教学专业发展活动并不能带来持久的有意义

的变化结果。专业引领、同伴互助和自我反思等成为当前推进教师专业发展的主要路径，这些专业发展路径各具优势和特点，在其具体组织和实施过程中，如何设计主题和利用多元化的活动与形式，才能更好地满足不同职业生涯阶段教师的意愿和发展需求，具备怎样特征的专业发展活动才能吸引教师的主动参与和持续投入，能够为教师整个专业发展提供系统化和过程性的支持呢？

首先，教师发展者需要保持与教师对"教学发展"的理解的匹配性。因为教学发展者和大学教师角色定位与承担职能上的差异，他们各自对于作为教师"发展"意味着什么的理解上存在一定差异，而他们对于"教学发展"概念上的理解差异会相互影响。教师发展者需要通过多元途径了解和把握大学教师是如何理解"教学发展"的，也就是"成长与发展"对于教师的意义、教师会选择怎样的发展方式以及其中暗含的关注与意图等；其次，教师发展者需要创造机会扩展教师对于"教学发展"的理解。因为作为教师对"教师成长与发展"的概念理解越局限，达成教学发展的方式或路径越局限。教师对"教学发展"的理解与他们从事教学发展的路径之间存在一定的内在联系，也就是教师所采纳教学发展路径或方式会在某种程度上反映和折射教师的教学发展观。

从教育发展视角看，教学发展至关重要的考量是作为教师的教学与发展意味着他们总是处于变化的情境中。因此大学教学发展应持续地致力于提供量身定制的支持，匹配于教师对于教学及其发展的理解。教学发展者应秉持一种扩展的专业发展视角，能设计和组织实施可持续的、具内聚力的和合作的、反思性的专业发展活动，引导教师教学实践真正的变化。教师在参与具备这些特征的专业发展活动过程中会进入良性循环的发展轨道，能唤醒和激发他们通过持续学习与实践改善的动力。虽然不是所有的教师都能追随这种路径，但那些能参与其中的教师会深受影响和鼓舞，能帮助他们形成新的视角、态度和愿景。因此拥有一个有远见与承诺、有时间和精力，并且在创建、发展、维持和评估这些专业学习项目和服务方面引领的教师发展者尤为重要。

另一方面教师发展者应鼓励教师合作共事，培育教研合作文化。研究证实教师需要同行间彼此的支持，他们有着较为强烈的与学科内外同事合作的愿望。事实上，结识其他教师和分享关于教学的想法经常被描述为参与教师发展项目的主要收获之一。教师之间关于教学的对话彼此互相借鉴，通常提供了一种教师个体调整自己课程的想法或策略的路径与方式，也提供了教师会利用这一基于同事推荐的发展机会的更多可能性。教师发展者在召集教师进行有关教学改善的讨论方面发挥着重要作用。通过教学发展中心或教务处等组织的正式或非正式的研讨会、午餐会、工作坊、教学圈子、基于教学项目的研究群组等,可以极好地营造一个融洽的交流环境,召唤和吸引一批富有教学热情的优秀老师,并为他们提供好的建议,引领、促进与新教师、指导助教教师、指导本科生参与研究项目的教师以及教授大班课程、新生课程的教师,对在技术不断变化下的不同教学法运用等感兴趣的多元教师群体之间的讨论,进而促使各自拥有的显性和隐性知识、积累的教学探究经验在彼此之间的顺畅流动与传播。教师发展者特别要善于利用和发挥学院基层学科教研室或学校层面跨学科教学团队的优势和力量,推进和吸引更多教师个体能更主动地投身于教学探究与创新实践。

"作为一种明确的社会现象,信任是在人们的交往中产生和维持的,而交往是由社会结构力量支持并使之成为可能的。"[①]大学组织成员,尤其是作为教学探究与创新行动主体的教师,在参与和交流过程中基于双方价值观的认同和对教学的共识,在问题解决的思想碰撞中、成员想法的相互融入,以及克服困境的相互鼓励中,在合作成果的公开展示和获得认可后的成就与满足,以及相互欣赏的个人特质与教学胜任力中,由于志趣相投并伴随交往关系过程的变化和深入,动态性地建构彼此之间的信任。在复杂变动的大学场域中建立的信任是基于相互依赖的角色关系,对角色职责和期望的认知与理解的特殊的关系信任,"学校的参与者清楚地表达了他们对他人的义务感,相反也使得其他人能够更好地认识到这种意向性"[②],这种关系信任有助于增进互动效率以及维持持续互动与合作的可能。这种伙伴型的亲和的信任关系一旦建立,反过来会促进交往双方更频繁地互动和交流,一方面可以充分利用相互间思想交流和观念碰撞的集体智慧,包括他人实践探究所积累的成功经验的分享与汲取,使教师克服个体教室实践经验的相对狭隘性和局限性;另一方面也有助于消减教师原来固有的个人主义文化的缺陷及其导致的孤立感,能在其中获得更多情感上的依托和归属,孕育教师合作共赢、重教学价值的文化。

---

① Weber, L. R., Carter A I. *The Social Construction of Trust* [M]. New York: Springer, 2003:19.
② Bryk, A. S., Allensworth, E., Luppescu, S., et al. *Organizing Schools for Improvement: Lessons from Chicago* [M]. Chicago: University of Chicago Press, 2010:139.

结语

面对信息化时代对大学教学变革提出的挑战与机遇，顺应世界高等教育质量提升的共同趋势，大学内部通过探索多元化与更为健全的机制支持教师持续不断地改善教学实践，培育植根于大学现实情境的教学质量文化，应是推进我国大学教学改革走向深入和教学质量提升的根本路径。

本研究采用质性研究取向与路径，通过目的性抽样和典型性逻辑，选取J大学两个专业学院基层教研室和B大学国家级示范教师教学发展中心，美国迈阿密大学和斯坦福大学以及我国的X大学作为典型案例开展实证研究。本研究数据采集主要运用访谈法，并辅以文本分析和参与式观察，利用Nvivo质性软件的文件分类、编码与创建备忘录以及词频聚类分析，在对我国大学教学共享组织的现实情境与问题反思基础上，描摹美国大学从非专门化到专门化的建构路径与实践样态，提炼可资借鉴的经验，呈现我国大学基于校本情境的教学共享空间的实践探索历程与机制，基于经验数据和结合相关理论，归纳教学共享空间建构的关键影响因素及其作用机理，揭示教学共享空间建构机制及其本质，探讨了促进教学共享空间建构的相应策略。本节将反思本研究的局限，展望研究的未来发展方向与价值期望。

一、本研究的局限

第一，本研究采用目的性抽样原则和典型性逻辑，选取了多个案例作为研究对象，但所选取个案的典型性和外推性价值有待于进一步确证和扩展。

第二，研究方法运用上若能辅以定量研究，通过问卷调查等方式搜集更充分、全面的数据，可从更大程度上提高研究结论的可靠性和准确性，补充质性研究所获证据的不足，进一步验证质性研究结论的科学性。

第三,缺乏不同编码员编码一致性检验。质性研究中的访谈文字编码工作相对繁杂,如果有同伴同事协作背对背地编码,可以进一步提高编码的一致性和可靠性。本研究质性分析中的编码是笔者一个人反复提炼和通过与研究对象之间的交流和讨论最终确认的,未来研究可以吸纳其他研究者参与共同编码,尽量克服和避免独立编码的不足之处。

第四,对个案的分层同质化研究尚需加强和补充。由于教学共享空间表现形式与实践探索路径的多样化和异质性,需要对能体现教学共享空间异质性的总体进行分层同质化处理,也就是对这一复杂、混合、多维度现象进行分层研究,通过分层同质化处理进行归类和提纯,这样有助于提高典型个案的代表性。本研究个案与其分类可以进一步细化,类别的抽象层级有待于提升,从教学共享空间的多种类型划分与类型的抽象层次上予以完善,以扩展本研究的外推性价值。

二、未来研究展望与价值期望

(一) 未来研究展望

展望未来,大学教学共享空间的建设会面临许多问题与挑战。挑战之一是创造和维持需求的问题。即如何保持教学共享空间的开放性、吸引力和活力,以吸纳更多教师与学生积极主动地参与其中,以促进教师教学学术的可持续发展。教学共享空间的活力依赖于教学学术走向公开。因为教学学术的知识成果具有合作性的、跨学科的和实践改善取向的独特特征,教学学术能否发挥其在高等教育变革中的独特价值,进而影响大多数教师的日常工作方式,依赖于它是否在实质上促进共享空间的创生,是否能促进教师更有效地使用、建构与发展他人实践探究成果之上的教育教学知识。挑战之二是围绕实践需要的问题。如何有效地管理教学共享空间,即如何对基于教学共享空间中他人工作之上的引证和建构的分享惯习、规则建立与文化培育。

从现状来看,大学教学共享空间无论在规模、差异性和动力上都在不断生长。种种迹象表明大学教学共享空间已具备了建构的现实基础以及必要性与迫切性,也呈现出多元化、多层面的实践探索样态。为贯彻落实《教育部关于加快建设高水平本科教育　全面提高人才培养能力的意见》(教高〔2018〕2号)和《教育部关于深化本科教育教学改革　全面提高人才培养质量的意见》(教高〔2019〕6号)等文件精神,2021年7月,教育部高等教育司颁布了《关于开展虚拟教研室试点建设工作的通知》(教高司函〔2021〕10号),将基层教学组织建设作为促进高等教育高质量提升的必然要求和重要支撑,提出了明确的试点建设目标和原则、建设任务和要求,将虚拟教研室试点建设作为着力推进信息化时代新型基层教学组织建设的重要探索方向与路径。从政策导向角度看,标志着在信息化背景下我国大学教学共享空间建构在实践层面探索的正式开启。教育部办公厅发布了《教育部办公厅关于公布首批虚拟教研室建设试点名单的通知》,全国439个虚拟教研室入选,其中课程类237个、专业类137个、教研类65个。X大学"跨学科课程教学创新改革虚拟教研室"成为首批教育部试点建设虚拟教研室。2022年4月22日,X大学召开了教育部"跨学科课程教学创新改革虚拟教研室"启动大会,学校党委常委及副校长、虚拟教研室主任、工程训练中心、高等教育研究院等单位负责人、学校首批入驻跨学科课程团队教师代表、合作伙伴单位代表以及来自全国20多所大学的教师等共200余人参加了启动大会。虚拟教研室主任做了题为"构建跨学科创新平台,打造教研新生态"的报告。基于前期实践探索的扎实基础和积累经验,这一虚拟教研室开辟了教学知乎+教研论坛+发起项目构成的"**教学研究**"栏目;课程案例+同步开课+发起课程构成的"**跨学科+**"栏目以及教学Moment+新闻公告+发起活动的"**教研活动**"等三大栏目与服务项目,通过微信公众号+钉钉等多平台高效快捷地推送相关信息与资源分享,利用线上+线下结合的模式持续推进新型教研组织建制的改革探索,以实现构建"互联网+"的共创与共享跨学科教研组织,创建跨学科课程群以进一步推动教师合作探究,积累与提供优质教学资源与针对性的教学服务,培育开放的、互动的、参与式的教研生态愿景。

虚拟教研室建设在实践层面的推进,一方面确证了教学共享空间建构研究的现实价值,另一方面也为大学教学共享空间建构这一主题的未来研究指明了方向:充分运用信息技术,探索与创新突破时空限制的多元化的形态与模式,增进教学共享空间的活力与吸引力;探索新型教学共享空间的管理新思路与新范式,培植教学探究与创新的土壤,进一步激发和唤醒教师的教学活力和热情,促进更多教师能持续地投入教学改进与研究中,通过有效的管理,推动优质教学资源的共建共享。

概言之,教学共享空间的建构需要政府、大学、院系和教师的协同努力,不断探索更理想、更灵活多样的教学共享空间及其运行机制,探寻新的路径与策略解决共享空间在保持开放性、吸引力和活力以创造和维持教师需求方面的问题,以及围绕空间实践建立与培育分享惯习、规则及文化以实现有效管理的挑战,更好地发挥教学共享空间建构在变革时代的应然价值。

(二) 本研究的价值期望

高等教育质量观的哲学基础是"人是目的"。大学有何作用？高等教育的发展方向是什么？我们对此有何期待？我们必须持续地对此进行思考并对高等教育中的应然问题作出回应。哈维与格林(Harvey & Green)的高等教育质量观，对高等教育质量的评估原则和价值标准进行了改革，从而使高等教育质量观在本质上发生转变。这一质量观更关注教育的内在价值，关注于引领个人对德性与幸福的知识追求过程中实现自我的人格健全和圆满。正如赫钦斯所言："不能把教育作为当前社会运动的奴仆，不管这种社会运动是经济的还是政治的，因为，大学之所以为大学，其合理性在于它们不断地在我们眼前呈现体现对人类最高能力持久的信任的教育机构所体现出来的永久价值。"①通过探求知识与追寻真理来获得个人的自由和完整，使个体人格不断趋近完善，最终实现自我约束和规范，这是基于实践理性对高等教育质量观终极目的的反思，也是大学教育的真正使命。

教师的教学经验和学生的学习经验并非脱离于他们所处的教学环境而孤立存在，而是通过他们与大学组织提供教与学情境的交互作用而不断建构的。因此教师应将从教生涯视为重要的生命探索历程，应着眼于创建良好的课堂教学环境，关注于自我和学生在这一过程中独特的积极的感知与相应体验，注重通过课堂内外、线上线下的对话、交流与互动，去唤醒与激发自身和学生内在学习激情和兴趣、好奇心和探索冲动，引导学生能采用多元化的深层学习策略，使其潜能不受禁锢地发展，同时也让教师实现自身的认同与完整。教师若能致力于教学学术理念引领下的教与学模式的探索，将有助于师生实践共同体的形成，其共有特征是共享价值和愿景、合作学习、实践与应用、相互信任的人际关系、共享领导、支持性的条件和结构。融合个人发展与组织创新为目的的同向共振，组织外在赋权和教师内在增能的双轮驱动，使教师个体价值得以充分释放，促成教师间通过参与和交流相互浸润，以创新教学理念、全面育人的使命担当为持久动力。在教学探究与创新实践过程中的共同体共生效应将推动大学组织从外源性行政命令驱动向形塑组织成员的共同信念和价值观转向，使实践共同体作出相应选择和付诸积极行动。教师教学探究与创新及其成果走向公开与学生的深度学习整全发展之间的相互促进，将促成师生双方的共同成长。正如帕克·帕尔默先生在《教学勇气：漫步教师心灵》一书中所描绘与期待的景象："好的教学是对学生的一种亲

---

① 罗伯特·M·赫钦斯.美国高等教育[M].汪利兵，译.杭州：浙江教育出版社，2001.39.

切款待……通过提供款待,一个人就像参与了所有人可依赖的社会结构的无穷尽编织……教师对学生的亲切款待产生一个更亲切地款待教师的世界。"[1]教学历程提供给教师无数与学生相遇的机会,也是师生通过知识和情感的双向反馈与交流生成美好关系的机会,在其间师生共创教学相长的脉络情境,教师发挥为年轻人服务的创造力的同时也实现了自我的更新与完善。

---

[1] 帕克·帕尔默.教学勇气:漫步教师心灵[M].吴国珍,等,译.上海:华东师范大学出版社,2014:44—45.

附录

一、访谈提纲

◇ 访谈提纲 1

1. ××老师好！您是哪年开始参加工作的？能给我讲讲您所在教研室的基本情况吗？（基本构成、成员之间亲疏关系、开展活动情况、制度与领导等，以及是如何形成与发展起来的）

2. 从教以来，您所在的教研室对您影响大吗？（怎样影响的？）

教学生涯中，您在教学过程中遇到困惑、问题，一般怎样解决？（您认为最有效、最喜欢的方式是什么？自己摸索/向同事请教/其他方式）是否有关键他人或事件影响您早期专业发展？能讲讲其中的故事吗？

3. 您感受到的教研室（学院）的氛围如何？（成员之间的关系如何？相互尊重的水平/信任/支持/合作）

4. 如果在您教研室现有基础上进行变革，建设有助于教师交流与分享教学改革与研究成果的场所、平台（教学共享空间）您认为最需要的条件/最缺乏的条件是什么？（顺便问一句：您知道我校有教师教学发展中心吗？）

5. 您认为从院系（学校）层面对教学革新与研究的支持度如何？（政策、资源、组织管理）？体现在哪些方面？（是否有分享、合作、交流的文化？——是否认可教学的高价值？）

6. 您认为教学共享与发挥教师教学革新（自由）之间存在矛盾与冲突吗？

7. 如果有机会（场所/平台），您是否有意愿与同行分享与合作（教学改革与研究的经验）？

8. 目前中国大学普遍存在"重科研轻教学"的倾向，你怎样看待和处理教学与科研之间的关系?

◇ 访谈提纲2

1. ××老师好! 您是哪年开始参加工作的? 能给我讲讲您所在教研室的基本情况吗? (基本构成、成员之间亲疏关系、开展活动情况、制度与领导,以及是如何形成与发展起来的)

2. 您从教以来,您所在的教研室对您影响大吗? (怎样影响的?)

3. 教学生涯中,您觉得对您最有影响的关键事件(人物)是什么(谁)? (正面的/负面的),您觉得主要是怎样产生影响的?

4. 上次您提到您任教研室主任期间的基本情况。例如曾精心组织过"**学科发展沙龙**"(时间、地点、议题)。您能讲讲当时前后的具体情况吗? 例如,同事间网上交流的微信群(参与人数、主要议题、参与意愿与参与效果)?

5. 您所在团队是我校唯一一个省级的青蓝工程教学团队,应该说是非常优秀的团队。您能讲讲这个团队的形成和发展过程吗?

6. 如果在您的教研室的现有基础上建设教学共享空间(简单理解,实际上就是建设一种教师之间探讨教学实践即教与学问题,交流与分享教学改革与研究成果的场所、平台,以促进教师教学学术发展和学生的深度学习),您认为有现实的迫切需要吗? 最需要的条件/最缺乏的条件是什么? (局限于专业层面)

7. 在院系、学校甚至校际层面上建设教学共享空间,您感觉最需要/最缺乏的是什么? (顺便问一句:您知道我校有教师教学发展中心吗?)

8. 目前中国大学普遍存在"重科研轻教学"的倾向。你怎样看待和处理教学与科研的关系?

9. 您认为提倡教学共享与教师教学个性发挥之间存在矛盾与冲突吗?

◇ 访谈提纲3

1. 咱们的跨学科课程团队是怎样建立起来的? (建立的初衷是什么? 目标或愿景是什么?)

2. 当初吸引(或不吸引)您进入跨学科课程团队的原因是什么? (您当初为什么会选择加入这个跨学科课程团队?)

3. 您认为教师参与跨学科课程团队需要有哪些方面的准备?

4. 这个跨学科课程团队建立后经历了怎样的发展过程? 遇到了哪些问题? 这些问题又是如何解决的?

5. 在跨学科课程团队中你们是怎样合作、互动的？（主要的合作与互动形式？活动形式？开展活动的场所？）

6. 在跨学科课程团队中的合作与互动对您的发展（尤其是教学改革与创新、教学探究方面）产生了哪些方面的影响？这种影响是如何发生的？

7. 您认为对跨学科课程团队中教师的持续参与而言，什么条件和资源是必需的？

8. 作为教师而言，最理想（最佳）的跨学科课程的发展与实施水平是什么？

9. 跨学科课程团队发展过程是怎样容纳教师发展的起伏波动的？

研究目的

通过考察教师参与一个可持续性跨学科课程团队的体验（经历），获得对可持续性跨学科课程团队的教师发展过程的理解——基于跨学科课程团队教学为教师提供可持续的、合作的有关教师发展的程序及必需条件——基于这种课程的教师发展模型，研究对其他有兴趣实施相似课程的院校的可迁移性和可分享性。

二、资料接触单示例

1. 此次接触让你印象最深的主要议题或主题是什么？
- 教研室主任的素质（学术＋教学＋人格或德性）
- 教研室主任与教研室成员（同行）的关系（尊重＋关照＋公平）
- 教学督导（评价）对新教师教学发展的影响（应该如何反馈对教师的教学评价？）

2. 就每一个研究问题，简述此次你接触得到的（或未得到的）资料。
- 教研室凝聚力的形成与教研室主任素质之间的关系
- 教研室主任的单打独斗
- 教研室主任应履行的职能
- 教研室能否成为教师教学研讨与分享、合作的平台和场所的最关键因素？

从管理（没有相应的管理）、影响到氛围
- 教研活动开展与教研经费的关系

3. 此次接触中有任何冲击你的东西吗？——突出的、有趣的、示例或重要的东西？
- 教研室主任与成员（教师）间的人际矛盾与冲突及其原因
- 入职适应期的关键事件（人物）对教师教学发展的影响
- 教师教学发展过程中的自我（专业）认同感的形成、发展动力（自我发展意愿与

外部动机共同驱动)

4. 下次拜访此处时,你应该考虑哪些新的(旧的)问题?

- 如果你担任教研室主任,你将如何建设教研室?
- 以目前所在教研室为基础建设理想教学共享空间,你认为最欠缺的条件是什么?(愿景、资源、关系和规则?)

◆ **关于高等教育教学质量提升的七份政策文本清单(2001—2019年)**

1.《关于加强高等学校本科教学工作提高教学质量的若干意见》(教高〔2001〕4号)

2.《关于进一步加强高等学校本科教学工作的若干意见》(教高〔2005〕1号)

3. 教育部财政部《关于实施"高等学校本科教学教学质量与教学改革工程"的意见》(教高〔2007〕1号)

4. 2010年6月国家中长期教育改革和发展规划纲要工作小组办公室颁发的《国家中长期教育改革和发展规划纲要(2010—2020年)》

5. 教育部财政部《关于"十二五"期间实施"高等学校本科教学质量与教学改革工程"的意见》(教高〔2011〕6号)

6. 教育部《关于全面提高高等教育质量的若干意见》(教高〔2012〕4号)

7. 教育部《关于深化本科教育教学改革全面提高人才培养质量的意见》(教高〔2019〕6号)

后记

本书是在我的博士论文基础上修改完成的。当提交给出版社责任编辑时,似乎并没有特别轻松的感觉。那是因为这个写作过程历时太长,再就是当我去审视自己的书稿内容时,还是发现有诸多不尽完善之处。一位熟悉的朋友曾经这样说过:这个研究是一个关于这个主题的探索性研究,不可能期望一开始就有大的突破。只要你能对其中基本问题做一些尝试性的学理探讨就算是贡献。好吧,如果能将这个值得关注的主题,凝练美国大学从非专门化到专门化的建构经验,结合我国大学现实情境做一点本土化的阐释与探讨,使它的相关研究与实践都能有所推进,那这几年的努力也算是有了最好的回馈。

作为大学教师,一直关注于与自身工作紧密相关的教学问题。对教学学术议题的兴趣则萌芽于 2009 年前后的文献查阅过程中。基于文献梳理和结合自己的思考,先后申请和主持完成了几项省厅级课题,也逐步拓展了对这一主题的认识和理解。此后留意到美国印第安纳大学布鲁明顿分校主办有 1 份刊名为"*Journal of the Scholarship of Teaching and Learning*"的专门的教学学术期刊,从这份期刊上阅读到能体现教学学术最新研究成果的论文,尤其是阅读了博耶的《学术重思:教授工作的重点领域》英文原作,加深了对"教学学术观"及最新研究进展的理解和把握,为后续研究奠定了一定基础。自此进入该大学网站及美国、加拿大等其他著名大学网站浏览,也发掘到国外著名大学网站丰富而前沿的学术资源,进一步了解到教学学术在国外的最新研究进展,由此正式开启了对这一主题理论研究和实践发展历程的持续关注。

2013 年,有幸获得所在大学经费资助,申请到了美国匹兹堡大学国际教育研究中心访学 1 年。当时提交的拟研究项目是"美国大学教学学术发展研究"。访学期间,留意到作为世界顶尖大学之一的卡内基梅隆大学,当时已经开始实施与终身教职晋升政策相对应的教学型教授聘任与晋升政策。后经朋友引荐访谈了计算机学院教学型教授戴维·埃克哈特(David Eckhard);另外也访谈了主讲博士生课程《教育中的案例研究》的辛迪(Cindy)老师,包括对她推荐的匹兹堡大学教育学院年轻助理教授的访谈。此后,根据几次访谈结果和结合对卡内基梅隆大学官网上政策文本的分析撰写并发表相关论文,探讨教学型教授聘任对我国大学教师聘任与晋升政策改革的启示。2014年1月,在访学临近结束时,毅然"只身前往"美国中部的印第安纳大学布鲁明顿分校,与只有过电子邮件来往的大学创新教与学中心教学学术项目协调人乔治·雷莱(George Rehrey)先生做了面对面的访谈,他很热情地接待了我并带我参观了中心。通过实地参观和交流也获得了对美国大学教学学术发展在实践层面的直观感知。基于这次访谈和结合教学学术相关理论,撰写《美国印第安纳大学教学学术发展经验及启示》一文,加深了对这一主题的理解。大雪天驻留布鲁明顿小镇,偶遇美丽的晚霞,利用回程转机机会在印第安纳州首府波利斯市中心闲散地游览的情景仍历历在目,给予我特别的印象与体验。

2013—2014年访学期间,绝大多数时间是在住所附近的卡内基社区图书馆以及匹兹堡大学的图书馆里度过的,还有匹兹堡大学和卡内基梅隆大学学院里那些可以随意驻足与交流的公共空间。非常喜欢那里舒适、宽敞、安静的环境,家具设施齐全、网络流畅,随处可用的充电插座,还配备有便捷的打印复印设备以及咖啡饮料点心等。访学回国后的2015年10月参加了北京理工大学主办的"高校教学发展网络"年会,主题为"教学范式变革——从教师中心到学生中心",结合发表论文做了有关教学学术议题的分享。也了解到"高校教学发展网络"[Chinese Higher Education Development (CHED) Network],是2013年由14所著名大学教学发展中心共同倡议创立的跨校合作组织,愿景是通过教学发展者以及一线教师之间的交流、分享、协作、互助,推动和促进大学教学发展,共同追求高等教育领域的教与学质量提升。2017年,参加了为期两天的北理工教学促进与教师发展中心精心策划与组织的"高等学校教与学学术研究方法研修班",高温酷暑之下与来自30多所大学100多名教师和教学发展中心管理者一起学习、交流、反思与成长,在这里欣喜地发现居然有这么多对教学有热情的大学老师,也遇到了不同学科的新朋友,创建了一个即时交流的跨学科教师研讨与互动的共享空间。2017年还参加了西安欧亚学院主办的第二届"欧亚教师发展论坛",会议期间在中心负责人戚主任和李老师带领下参观校园,欧亚学院校园公共区域和各楼栋里各种设计优美、布局合理、功能齐全和灵活的教与学公共空间,让前去参观学习的国内无数公立大学教师艳羡不已。2019年,参加了浙江大学教育学院、杭州市上城区教育局主办的"重生:2019老校园的有机更新学术研讨会",被杭州著名小学优化与重构过的学校公共空间所吸引。在这里深切感受到新的共享空间设计与规划理念已慢慢渗透于教育者内心，也欣喜地看到在富有教育使命和情怀的教育学者、学校领导者以及建筑设计师们的共同努力下，老校园的正式与非正式学习空间正在发生静悄悄的革命。发达城市中小学的校园共享空间建设已如火如荼，实践层面的推进促进了我对共享空间建设主题价值的认识和对研究前景的憧憬。对共享空间的体验浸润，帮助我在确定研究的分析框架初期，尝试将不同场合与机缘"邂逅"的各种形式空间作为教学共享空间的多元载体或雏形形态予以研究。

2015年进入南京大学教育研究院开启了人生一段新的学习旅程。在修习博士生课程同时努力寻找适合自己的研究方向和研究问题。在深入系统的文献阅读过程中，"the Teaching Commons"这一概念闯入视野。它由卡内基教学基金委员会副主席胡博和高级学者哈钦斯提出，基于促进教学学术走向公开和纵深发展目的。借助于信息与学习共享空间相关研究的启发，将这一英文概念翻译成"教学共享空间"。基于前期对教学学术研究的长期关注和研究基础，察觉到这一概念及其蕴含理念的前瞻性，也与自己一直关注的大学教师教学发展和自我从职生涯中面临专业发展和归属问题有着某种特别的关联。2016年以"我国大学教学共享空间建构及其影响研究"为题申报课题，申报过程中得到南大教研院老师们的精心指点，当年获得国家社科基金教育学一般课题立项。惊喜而意外，这既是对这一研究问题的价值认可，也为后续研究提供了充足经费支持和更好机会。之后不断寻找各种机会聚焦教学共享空间论题的深入探索。2017年我参与为期两天的北理工教学促进与教师发展中心精心策划与组织的"高等学校教与学学术研究方法研修班"。研修期间，美国东北大学高山教授（K. Takayama）做了主题为"Going Public: Disseminating Your Findings and Establish New Collaboration"的系列报告。她的报告让我更加明确"走向公开"对于教学学术深入发展以及成果传播的重要意义，对我后续研究有极大启发。2018年10月，参加西安交通大学主办的CHED年会，"邂逅"了西南交通大学的跨学科课程团队，在线"结识"了热情爽朗富有教学创新热情的范老师，直到2019年利用机会到西南交通大学的实地考察与访谈，"偶遇"同样前来做调研的小胡博士，相谈甚欢，在整个研究过程中她给我很多富有启发性的建议。2019年参加上海交大中国高校第一届教学学术年会暨上海交通大学第四届教学学术年会，聆听来自全国70多所大学400多名参会教师分享自己践行教学学术的鲜活故事。每一次的外出研讨和交流都在无形中帮助我进一步厘清研究思路，明确本研究的核心问题，修正与完善自己的研究设计。

从关注教学学术议题到聚焦于教学共享空间的问题探索,重点转向关注于空间实践及实践中行动者的社会关系,探讨教学共享空间建构的互动生成机制。在这一过程中,自己的学术兴趣、体验和相关问题得以融合。问题聚焦后,研究过程中通过进一步系统阅读有关定量与质性研究、扎根理论的系列书目和期刊论文,参加工作坊、研修班、学术志平台系列课程等,进一步系统学习与掌握科学规范的研究方法与工具。回想自己从教学学术主题关注到教学共享空间建构研究,延续了近15年,追踪相关主题的专业期刊、国际教学学术学会网站与年会信息、代表性学者的最新研究成果、著名大学网站相关信息等。整个研究过程艰难而缓慢,自己好像一只"蜗牛",但保持不变的是对这一研究主题的探索兴趣和热情。

在本书撰写过程中得到很多老师、同事和亲朋好友的支持、鼓励和指点。首先要感谢我的导师——博学、儒雅、豁达、幽默风趣的王运来老师,感谢您的"知遇之恩"。当年您回复邮件的"公平竞争、择优录取"短短几字至今还深深印刻于心,是南大公平的遴选机制,当然更有老师对我大龄的"不嫌弃",让我拥有了重回校园的珍贵学习机会。也常常感慨自己是有多幸运能遇到南大教育研究院那些低调、淳朴、亲和、博学而睿智的老师们,他们的为学为事为人是永远值得我学习的。其次要感谢我的同事、同门和朋友们,尤其是贾书记、小代、钦芬、峻岩,还有范怡红教授、阳斌博士、文梅博士和小胡博士、红惠、滔娜师姐、燕菲师妹等,还有所有接受过访谈的那些充满教学激情的老师们,恕我不能一一尽数。无论是平时工作还是研究过程你们都给予了我许多无私的帮助和鼓励,在与你们研讨与交流过程中获得了力量。还要感谢匹兹堡访学期间结识的朋友,在异国他乡的这个陌生而美丽的城市,各种机缘巧合结识了来自天南海北的你们,学习之余有空聚在一起聊天、做饭、运动,还有结伴旅行,度过了非常美好而自由的一段时光,也是于我后来转变有重大影响的一段人生经历和关键事件。也要感谢华东师范大学出版社及彭呈军先生的帮助,本书能得以顺利出版,得益于他的认真负责和宝贵修改意见。最后还要感谢我的家人,是你们默默的付出与心理支持给了我更多突破困境的勇气与努力前行的动力。

课题的顺利结题和书稿付梓完成,算是阶段性目标的实现。漫长的读博与写作过程让我深切感受到自己理论积淀的不足和写作的困难,归根究底还是缺乏对所学理论的融会贯通。"学海无涯乐作舟",所幸的是伴随这艰难的研究与写作历程的,更多的体验是阅读的收获与喜悦,这也赋予了我下一阶段对自我的期待:读自己喜欢的书,做自己欢喜的事,过充实而有意义的人生。